全国高等教育自学考试指定教材
营养、食品与健康专业（独立本科段）

健康教育与健康促进

（2006年版）

（附：健康教育与健康促进自学考试大纲）

全国高等教育自学考试指导委员会　组编

主　编　张竞超
编　者　（按姓氏笔画为序）
　　　　王　琪　王小雪　刘会平　孙增荣
　　　　张竞超　李敬永　席　薇
主　审　汪培山
参　审　汤乃军　常　春　董　宣

北京大学医学出版社

JIANKANGJIAOYU YU JIANKANGCUJIN

图书在版编目（CIP）数据

健康教育与健康促进（2006年版）/张竞超主编.
—北京：北京大学医学出版社，2006（2024.11重印）
全国高等教育自学考试指定教材
ISBN 978-7-81116-056-7

Ⅰ．健…　Ⅱ．张…　Ⅲ．健康教育－高等教育－自学考试－教材　Ⅳ．R193

中国版本图书馆 CIP 数据核字（2006）第 065917 号

健康教育与健康促进（2006年版）

主　　编：	张竞超
出版发行：	北京大学医学出版社
地　　址：	（100191）北京市海淀区学院路 38 号　北京大学医学部院内
电　　话：	发行部 010 - 82802230；图书邮购 010 - 82802495
网　　址：	http://www.pumpress.com.cn
E - mail：	booksale@bjmu.edu.cn
印　　刷：	北京信彩瑞禾印刷厂
经　　销：	新华书店
责任编辑：	暴海燕　　责任校对：靳新强　　责任印制：罗德刚
开　　本：	787 mm×1092 mm　1/16　印张：14.75　字数：359 千字
版　　次：	2006 年 8 月第 1 版　2024 年 11 月第 11 次印刷
书　　号：	ISBN 978-7-81116-056-7
定　　价：	32.00 元

版权所有，违者必究

（凡属质量问题请与本社发行部联系退换）

组编前言

21世纪是一个变幻莫测的世纪，是一个催人奋进的时代。科学技术飞速发展，知识更替日新月异。希望、困惑、机遇、挑战、随时随地都有可能出现在每一个社会成员的生活之中。抓住机遇，寻求发展，迎接挑战，适应变化的制胜法宝就是学习——依靠自己学习，终身学习。

作为我国高等教育组成部分的自学考试，其职责就是在高等教育这个水平上倡导自学、鼓励自学，为每一个自学者铺就成才之路。组织编写供读者学习的教材就是履行这个职责的重要环节。毫无疑问，这种教材应当适合自学者增强创新意识、培养实践能力、形成自学能力，也有利于学习者学以致用，解决实际工作中所遇到的问题。具有如此特点的书，我们虽然沿用了"教材"这个概念，但它与那种仅供教师讲、学生听，教师不讲、学生不懂，以"教"为中心的教科书相比，已经在内容安排、形式体例、行文风格等方面都大不相同了。希望读者对此有所了解，以便从一开始就树立起依靠自己学习的坚定信念，不断探索适合自己的学习方法，充分利用已有的知识基础和实际工作经验，最大限度地发挥自己的潜能，达到学习的目标。

祝每一位读者自学成功。

本教材由全国考委医药学类专业委员会遴选作者、安排编写、组织审稿，保证了医药类自考教材的质量。

欢迎读者提出意见和建议。

全国高等教育自学考试指导委员会
2006年4月

前 言

健康教育与健康促进是一门涉及到行为与健康、行为干预、教育等相关理论、方法和实践的学科，是医学科学与行为科学相结合的产物。其利用的原则来自于医学、行为科学、教育学、心理学、人类学、社会学、传播学、经济学、管理学等，具有很强的理论性和实践性。行为对健康和疾病发生发展的影响越来越清晰地呈现在人类面前，在当今生活方式时代，人的行为与生活方式成为健康问题的主要影响因素，世界卫生组织（WHO）在2002年世界卫生报告中，将改善人们的行为作为当前减少疾病风险的最重要策略。而健康教育与健康促进理论的核心就是教育人们树立健康意识、养成良好的行为方式、并为其提供改变行为所必需的知识、技能和服务。健康教育与健康促进是初级卫生保健中不可或缺的重要组成部分。

目　录

健康教育与健康促进

第一章　健康及健康层次观 (1)
 第一节　健康观 (1)
  一、健康的概念 (2)
  二、健康观与健康教育和健康促进的发展 (7)
 第二节　健康的决定因素 (8)
  一、健康的影响因素 (9)
  二、健康影响因素细分学说 (10)
 第三节　疾病的自然史 (13)
  一、疾病与健康 (13)
  二、生命全程健康观与预防的价值 (14)
  三、健康与疾病的中间态 (15)

第二章　健康教育与健康促进的基本理论 (17)
 第一节　健康教育 (17)
  一、健康教育的涵义 (17)
  二、健康教育的发展 (20)
 第二节　健康促进 (25)
  一、健康促进的涵义 (25)
  二、健康促进的发展历程 (27)
  三、健康促进的活动领域 (29)
  四、健康促进的基本特征 (31)
  五、健康促进的基本策略 (31)
 第三节　健康教育与健康促进的社会作用和任务 (33)
  一、健康教育与健康促进的社会作用 (33)
  二、健康教育与健康促进的任务 (35)
 第四节　健康教育与健康促进的相关学科 (36)

第三章　行为与健康 (38)
 第一节　人类行为的特点 (38)
  一、行为、行为要素与行为过程 (38)
  二、人类行为的生物学基础 (39)
 第二节　行为的心理影响因素 (39)
  一、需要、动机与健康相关行为 (40)

二、认知与健康相关行为 …………………………………………………………………(43)
　第三节　健康相关行为 ……………………………………………………………………(43)
　　一、促进健康的行为 ………………………………………………………………………(44)
　　二、危害健康行为 …………………………………………………………………………(46)
　第四节　健康相关行为改变理论 …………………………………………………………(46)
　　一、国内外健康教育实践中常用的健康相关行为改变理论 ……………………………(47)
　　二、知信行模式 ……………………………………………………………………………(47)
　　三、健康信念模式 …………………………………………………………………………(49)
　　四、行为变化阶段模式 ……………………………………………………………………(52)
　　五、健康相关行为的干预 …………………………………………………………………(54)

第四章　健康心理 ………………………………………………………………………………(58)
　第一节　健康心理的基本概念 ……………………………………………………………(58)
　　一、健康心理的研究角度 …………………………………………………………………(58)
　　二、健康心理的标准 ………………………………………………………………………(59)
　　三、健康心理的现状 ………………………………………………………………………(60)
　第二节　常见心理卫生问题 ………………………………………………………………(60)
　　一、情绪与健康 ……………………………………………………………………………(60)
　　二、个性心理特征与健康 …………………………………………………………………(62)
　　三、人际关系与健康 ………………………………………………………………………(64)
　第三节　心理健康的评估 …………………………………………………………………(66)
　　一、心理评估的概念 ………………………………………………………………………(66)
　　二、心理评估的内容 ………………………………………………………………………(66)
　　三、心理评估方法和量表 …………………………………………………………………(66)
　第四节　心理咨询 …………………………………………………………………………(67)
　　一、概念 ……………………………………………………………………………………(67)
　　二、心理咨询的意义 ………………………………………………………………………(67)
　　三、心理咨询的方式 ………………………………………………………………………(68)
　　四、心理咨询的原则 ………………………………………………………………………(69)
　第五节　心理健康的促进 …………………………………………………………………(70)
　　一、正确认识自己 …………………………………………………………………………(70)
　　二、正确的认识和适应环境 ………………………………………………………………(71)
　　三、保持良好的人际关系 …………………………………………………………………(71)
　　四、直面挫折 ………………………………………………………………………………(71)

第五章　传播与健康教育 ………………………………………………………………………(73)
　第一节　健康传播概论 ……………………………………………………………………(73)
　　一、健康传播的发展 ………………………………………………………………………(73)
　　二、基本理论 ………………………………………………………………………………(73)
　　三、传播的基本特性与社会功能 …………………………………………………………(74)
　　四、传播的分类 ……………………………………………………………………………(75)

五、传播结构与传播关系 ……………………………………………………… (75)

　第二节　人际传播 …………………………………………………………………… (78)

　　一、人际传播的概念 ……………………………………………………………… (78)

　　二、人际传播的特点和社会功能 ………………………………………………… (78)

　　三、人际传播在健康教育中的应用 ……………………………………………… (79)

　　四、人际传播技巧 ………………………………………………………………… (80)

　第三节　大众传播 …………………………………………………………………… (82)

　　一、大众传播的概念及特点 ……………………………………………………… (82)

　　二、大众传播常见障碍 …………………………………………………………… (87)

　第四节　影响健康传播效果的因素与对策 ………………………………………… (87)

　　一、健康传播效果 ………………………………………………………………… (87)

　　二、影响健康传播效果的因素与对策 …………………………………………… (88)

第六章　健康促进测量及其评价指标 …………………………………………………… (92)

　第一节　健康促进测量的指标体系 ………………………………………………… (92)

　　一、健康促进测量指标分类及作用 ……………………………………………… (92)

　　二、健康促进测量指标体系 ……………………………………………………… (93)

　第二节　健康促进测量常用指标及意义 …………………………………………… (94)

　　一、生理健康测量指标 …………………………………………………………… (94)

　　二、心理健康测量指标 …………………………………………………………… (97)

　　三、健康结果指标 ………………………………………………………………… (98)

　　四、社会健康测量指标 …………………………………………………………… (101)

　　五、生活质量评价指标 …………………………………………………………… (102)

　　六、卫生政策指标 ………………………………………………………………… (103)

　　七、社会经济测量指标 …………………………………………………………… (104)

　　八、卫生服务测量指标 …………………………………………………………… (104)

　　九、健康行为测量指标 …………………………………………………………… (105)

　第三节　健康促进测量指标的选择原则 …………………………………………… (105)

　　一、目的性原则 …………………………………………………………………… (105)

　　二、可行性原则 …………………………………………………………………… (105)

　　三、公认性原则 …………………………………………………………………… (106)

　　四、系统性原则 …………………………………………………………………… (106)

　　五、发展性原则 …………………………………………………………………… (106)

　　六、科学性原则 …………………………………………………………………… (106)

第七章　健康促进计划的设计 …………………………………………………………… (108)

　第一节　健康促进计划设计的原则 ………………………………………………… (108)

　　一、目的性原则 …………………………………………………………………… (108)

　　二、重点突出原则 ………………………………………………………………… (108)

　　三、整体性原则 …………………………………………………………………… (109)

　　四、前瞻性原则 …………………………………………………………………… (109)

  五、弹性原则 …………………………………………………………………………（109）
  六、从实际出发原则 ……………………………………………………………（109）
  七、科学性原则 …………………………………………………………………（109）
  八、参与性原则 …………………………………………………………………（109）
  九、多样化原则 …………………………………………………………………（109）
 第二节　健康促进计划设计的模式 ………………………………………………（110）
  一、PRECEDE 阶段　即诊断阶段或称需求评估阶段 ………………………（110）
  二、PROCEED 阶段　即执行评价阶段 ………………………………………（113）
 第三节　健康促进计划设计的步骤 ………………………………………………（114）
  一、需求评估 ……………………………………………………………………（114）
  二、确定优先项目和目标人群 …………………………………………………（115）
  三、确定计划目标 ………………………………………………………………（118）
  四、制定教育(干预)策略 ………………………………………………………（120）
  五、确定教育活动和日程 ………………………………………………………（123）
  六、确定组织网络与执行人员 …………………………………………………（123）
  七、确定监测与评价计划 ………………………………………………………（124）

第八章　健康促进计划的执行 ……………………………………………………（125）
 第一节　健康促进计划执行的 SCOPE 模式 ……………………………………（125）
  一、制订实施时间表 ……………………………………………………………（125）
  二、实施的质量控制 ……………………………………………………………（127）
  三、建立实施的组织机构 ………………………………………………………（129）
  四、实施人员的组织与培训 ……………………………………………………（130）
  五、配备实施的材料设备 ………………………………………………………（132）
 第二节　健康促进计划执行的要素 ………………………………………………（132）
  一、领导重视 ……………………………………………………………………（133）
  二、组织网络健全 ………………………………………………………………（133）
  三、资源保证 ……………………………………………………………………（133）
  四、人人参与 ……………………………………………………………………（133）
 第三节　健康促进计划执行中的教育形式 ………………………………………（134）
  一、社会教育 ……………………………………………………………………（134）
  二、城市社区健康教育主要形式 ………………………………………………（134）
  三、农村社区健康教育主要形式 ………………………………………………（135）

第九章　健康促进计划的评价 ……………………………………………………（137）
 第一节　概　述 ……………………………………………………………………（137）
  一、评价的概念 …………………………………………………………………（137）
  二、评价的性质 …………………………………………………………………（137）
  三、评价的目的及意义 …………………………………………………………（138）
 第二节　评价的分类 ………………………………………………………………（138）
  一、按评价内容分类 ……………………………………………………………（139）

二、按评价研究方法分类 …………………………………………………………(139)
　　三、按评价时间分类 ……………………………………………………………(139)
　　四、按世界卫生组织推荐的分类方法 …………………………………………(140)
　　五、按评价的主体分类 …………………………………………………………(140)
　　六、按评价的形式分类 …………………………………………………………(140)
　第三节　评价的基本程序 …………………………………………………………(141)
　　一、确定和阐明目标 ……………………………………………………………(141)
　　二、明确定义和测量标准 ………………………………………………………(141)
　　三、进行预评价和正式评价 ……………………………………………………(142)
　　四、资料收集 ……………………………………………………………………(142)
　　五、资料分析 ……………………………………………………………………(143)
　　六、结果报告和建议 ……………………………………………………………(143)
　第四节　评价的内容 ………………………………………………………………(143)
　　一、形成评价 ……………………………………………………………………(143)
　　二、过程评价 ……………………………………………………………………(144)
　　三、效果评价 ……………………………………………………………………(147)
　　四、结局评价 ……………………………………………………………………(148)
　　五、综合评价 ……………………………………………………………………(148)
　第五节　影响评价的因素 …………………………………………………………(152)
　　一、历史因素(时间因素) ………………………………………………………(152)
　　二、测试或观察因素 ……………………………………………………………(152)

第十章　学校健康教育与健康促进学校 ……………………………………………(155)
　第一节　概　述 ……………………………………………………………………(155)
　　一、学校健康教育的意义 ………………………………………………………(155)
　　二、学校健康教育的现状 ………………………………………………………(156)
　　三、学校健康教育的目标与原则 ………………………………………………(157)
　第二节　学校健康教育的内容和方法 ……………………………………………(159)
　　一、学校健康教育内容的选择依据 ……………………………………………(159)
　　二、中小学学校健康教育内容 …………………………………………………(160)
　　三、学校健康教育方法 …………………………………………………………(161)
　第三节　学校健康教育的评价 ……………………………………………………(164)
　　一、评价方法 ……………………………………………………………………(164)
　　二、评价指标 ……………………………………………………………………(165)
　第四节　健康促进学校 ……………………………………………………………(166)
　　一、健康促进学校的概念 ………………………………………………………(166)
　　二、健康促进学校的内容 ………………………………………………………(167)
　　三、健康促进学校的特点和优势 ………………………………………………(167)
　　四、开展健康促进学校创建工作的实施策略 …………………………………(168)

第十一章　妇女健康教育与健康促进 ………………………………………………(169)

第一节 妇女健康教育概述 ……………………………………………………… (169)
　一、妇女健康教育的概念 ……………………………………………………… (169)
　二、妇女健康教育与健康促进的意义 ………………………………………… (169)
第二节 妇女健康教育的方法 …………………………………………………… (170)
　一、大众传媒 …………………………………………………………………… (170)
　二、系统教育 …………………………………………………………………… (170)
　三、访谈法 ……………………………………………………………………… (170)
第三节 妇女健康教育的主要内容 ……………………………………………… (170)
　一、青春期健康教育 …………………………………………………………… (170)
　二、婚前健康教育 ……………………………………………………………… (171)
　三、孕产期健康教育 …………………………………………………………… (172)
　四、围绝经期健康教育 ………………………………………………………… (173)
　五、老年期妇女健康教育 ……………………………………………………… (174)
　六、妇女常见疾病的防治教育 ………………………………………………… (175)
　七、婴幼儿保健知识教育 ……………………………………………………… (175)
　八、家庭健康知识教育 ………………………………………………………… (175)
　九、妇女劳动保护方面的教育 ………………………………………………… (175)
第四节 妇女健康促进 …………………………………………………………… (176)
　一、妇女健康促进目标 ………………………………………………………… (176)
　二、妇女健康促进的策略与措施 ……………………………………………… (176)

第十二章 老年健康教育与健康促进 …………………………………………… (178)
第一节 概　述 …………………………………………………………………… (178)
　一、老年人和社会人口老化 …………………………………………………… (178)
　二、老年教育和老年健康教育与健康促进 …………………………………… (179)
第二节 老年人的生理、心理特点和行为特征 ………………………………… (181)
　一、老年人的生理特点 ………………………………………………………… (181)
　二、老年人的心理特点 ………………………………………………………… (182)
　三、老年人的行为特征 ………………………………………………………… (183)
第三节 老年健康教育与健康促进的内容 ……………………………………… (183)
　一、卫生保健教育 ……………………………………………………………… (184)
　二、心理卫生教育 ……………………………………………………………… (186)
　三、老年人的性教育 …………………………………………………………… (188)
　四、老年人的死亡教育 ………………………………………………………… (189)
　五、老年健康促进 ……………………………………………………………… (190)

参考文献 ………………………………………………………………………… (192)
后　　记 ………………………………………………………………………… (193)

附 健康教育与健康促进自学考试大纲

健康教育与健康促进课程自学考试大纲出版前言 …………………………………… (196)
目录 …………………………………………………………………………………… (198)
Ⅰ 课程性质与设置目的 ……………………………………………………………… (199)
Ⅱ 课程内容和考核目标 ……………………………………………………………… (200)
Ⅲ 有关说明与实施要求 ……………………………………………………………… (214)
附录 题型举例 ………………………………………………………………………… (217)
后记 …………………………………………………………………………………… (219)

第一章 健康及健康层次观

健康是人类生命存在的正常状态，是经济发展、社会进步、民族兴旺的保证。实现"人人享有卫生保健"是全人类共同的理想和目标。中国《宪法》明确规定：维护全体公民的健康，提高各族人民的健康水平，是社会主义建设的重要任务之一。健康教育与健康促进的目标是促进人群健康水平的提高。

健康是一个亘古不衰的话题。中国古代谚语描述健康为载道德之舟，载知识之车。外国谚语：健康不是一切，有了健康才有一切。近年来，健康被进一步认为是社会发展的资源而不是一种投资负担。世界银行《1993年世界发展报告》认为良好的健康状况可以提高个人的经济生产率，提高各国的经济增长率。因此，投资于健康是加速发展的一种方式。1999年WHO总干事布伦特兰博士指出：健康是强大经济发展的首要资源，增进健康是消除贫困的首要战略。总之，国际发展的共识是社会发展以人为本，人的发展以健康为本。

健康是人类生活中永恒的主题，也是每个人一生中追求的目标。但到底何谓健康，怎样才算健康，许多人也许会这样回答："身体没病就是健康"。这话虽有一定道理，但不完全正确，那么，怎样正确认识健康，健康的科学内涵究竟有哪些？下面就这一问题做一简要阐述。

第一节 健康观

保护、促进和维护健康是健康教育与健康促进的目标。由于人们所处的时代、环境条件、科技水平的不同，对健康的认识也是一个逐渐深入的过程，从"无病即健康"到形成了整体的、现代的健康观。对健康的解释和理解从"生物人"扩大到"社会人"的范围，把人的社会交往与人际关系和健康联系起来，同时也强调了社会文化、政治和经济对健康的影响；从人体健康扩大到群体健康，以及人类生存空间的完美。强调了人与环境的和谐相处，要求人们主动协调人类机体与环境的关系，保持人的健康与社会环境和物质环境的高度统一。对健康内涵的全面理解有助于指导健康教育与健康促进的实践。

1986年，世界卫生组织（WHO）在《渥太华宪章》中重申："应将健康看作日常生活的资源，而不是生活的目标。健康是一个积极的概念，它不仅是个人身体素质的体现，也是社会和个人的资源"；"为达到身心健康和较好的适应社会的完美状态，每一个人都必须有能力去认识和实现这一愿望，努力满足需求和改善环境"。

WHO《组织法》明确规定："健康是人类的一项基本权利，各国政府应对其人民的健康负责。"这一条款的基本思想是：健康是人类的基本权利，居民享有卫生保健的机遇是均等的，不论是城市居民还是农村居民都应如此；卫生服务的重点应从侧重城市转向农村，从重视高技术治疗转向预防保健的普及；努力提高居民的文化教育水平、营养水平和生活条件；打破卫生事业狭隘的部门封闭状态，动员社会各部门积极参与实现"人人获得健康"的战略目标；其主要目的就是为了实现社会公平。但是，由于社会制度、经济、文化等条件的不同，人类健康权利的平等和卫生服务之间差异的矛盾日益尖锐。正因如此，健康不平等与不公平一直是国际卫生政策所关注的热点，而且已经逐步成为世界各国卫生改革与发展的主要目标。尽管贫困人群的健康问题较为突出，但是，每个社会在健康领域的不平等与不公平现象不仅仅只涉及到那些最贫困的人群。在许多低收入国家，超过一半以上的人群生活在贫困线水平，但是整个国家的健康状况并不一定非常差；然而在一些高收入的国家，绝对贫困人群非常少，但是由于社会经济阶层的不同，也存在人群健康状况的不平等现象。尽管不是所有国家的政府都认为，收入与健康的不平等是政府与公共部门应该干预的问题，但是所有的政府都对促进经济增长的方式感兴趣。世界卫生组织所倡导的健康是减少贫困促进社会经济发展的一个关键性因素，如果改善居民的健康状况将对社会经济的发展产生着积极的影响。因此，居民的健康状况也逐步成为了每个政府优先关心的一个重要问题。

健康是社会进步的重要标志和潜在动力，作为一项基本人权，所有的人都应该获得最基本的健康资源，包括和平适当的经济资源、食物和住所、稳定的生态系统和可持续性资源的应用。而这些因素与社会和经济条件、物质环境、个人生活方式和健康都是密不可分的。

健康是一个动态的概念。随着社会经济、科学技术及生活水平的变化，人类对健康内涵的认识不断深化。

一、健康的概念

（一）疾病观——阐述健康概念之前首先要讨论疾病和医学

据远古病理学的记载，地球上出现生物的同时也出现了疾病，在我国殷墟出土的甲骨文中就有20多种疾病的记载，如疾首、疾目、疾足等。疾病伴随着人类发展进程的始终，在人类与疾病的斗争中产生了医学及其相关科学，人的健康也成为人类发展所追求的理想目标。认识疾病的本质是正确理解健康的基础，疾病与健康像一对孪生姐妹贯穿于人类的发展进程中。由于疾病对人类的生存和发展构成巨大的威胁，人类在生活和生产实践中逐步认识疾病的发生和演变特点，从而寻求对抗疾病的方法，健康也就成为人类追求的最高理想。根据人类对疾病的认识过程可以归纳为以下几种疾病观。

1. 本体疾病观

也称为原始疾病观，由于远古时期人类生产力极低，认知世界的能力十分低下，人类根本无法正确认识疾病的本质，只能把疾病看作独立于人体而存在的东西。于是就把疾病称为"中邪"、"着魔"或"神灵的惩罚"等，基于这种认识就形成了具有宗教、巫术性质的原始医学——巫医，这也是人类医学的萌芽。现在一些偏僻、愚昧的地区仍然存在这种疾病观和巫医。这种疾病观完全是由于人类对外部世界和自身认识的无能为力的表现，所以这种疾病观衍生的巫医具有非科学性。这一时期的医学的哲学史观是"神灵主义医学模式（spiritualism medical model）"。

2. 自然哲学疾病观

随着人类对疾病认识的经验积累，人类对人体和疾病产生了自然而朦胧的经验认识，如古希腊希波克拉底提出的四体液说（黄胆汁、黑胆汁、血液和粘液）、原子论和我国的阴阳五行论。这种自然哲学疾病观使医学由巫医逐渐变为一门科学。这一时期的医学的哲学史观是"自然哲学医学模式（nature philosophical medical model）"以及"机械论医学模式（mechanistic medical model）"。

3. 自然科学疾病观

随着近代解剖学、生理学、生物学、物理学和化学等学科的形成与发展，通过观察与实验使人类对疾病认识更加深入和准确，并且找到了有效的治疗方法，从而建立了现代医学的基础。现代医学的建立使人类大大减轻了疾病的威胁，人类平均寿命大幅度上升，生存质量明显提高。这一时期的医学的哲学史观是"生物医学模式（biomedical model）"。

4. 综合疾病观

第二次世界大战以后，世界经济的快速发展使人类的生活水平和生存质量明显提高，但人类却面临着新的疾病威胁，常见疾病的致病因素发生变化，据报道美国前10位死因疾病中，不良行为和生活方式居首位，其次是环境因素（包括自然环境和社会环境），而生物学和卫生服务因素排在前二者之后。不良行为和生活方式成为首要的致病因素，如不合理饮食、吸烟、酗酒、缺乏运动、性乱、吸毒等；再者巨额医疗费用的不断上升与医学卫生服务的抗病作用越来越不平衡，使人们开始怀疑自然科学在征服疾病过程中的作用和地位。人们开始认识到征服疾病不能仅仅从人的自然属性出发，还要充分考虑人的社会属性，征服疾病的重任不仅仅是单一的自然科学能够完成的，而应该根据人的自然和社会双重属性，综合自然科学和社会科学的成果来认识和征服疾病。这一时期的医学的哲学史观是"生物—心理—社会医学模式（bio - psycho - social medical model）"。

（二）健康概念的形成与演化

1. 健康观的认识过程

从历史发展过程来看，健康概念的沿革可分为几个阶段。远古时代，由于受本体疾病观的影响，认为健康是由鬼神迷信主宰的唯心观主导的，即人的健康是由鬼神决定的，人类无力抗争，特别是传染病的几次大流行更加剧了人们的这种认识。这种健康概念既忽视了人的自然性因素，又看不到其社会性因素。工业革命后进入近代社会，生产力开始迅速提高，解剖学和生理学等生物学科已经形成，但是对疾病的原因还无法揭示。由于受到"人是机器"的机械唯物论的影响，认为健康就像机器正常运转，保护健康就像维护机器，认为肉体的正常工作状态（无病）就是健康。这种健康概念忽视了人的社会性和生物的复杂性。

19世纪末，自然科学疾病观形成雏形，认为疾病是由于单一的病原微生物引起的，这个时代认为健康就是保持病原微生物、人体和环境（自然环境）三者之间的生态平衡，这种健康概念只涵盖了自然因素，忽视了疾病的多元病因。

20世纪初，随着医学的进一步发展、心理学的日趋成熟和社会生态学观点的提出，人们认识到疾病病因的复杂性（生物因素、遗传因素、后天获得性、心理因素），特别是认识到社会环境对健康的影响，从而使健康的概念延伸到社会因素、心理因素和个人行为，逐步形成了综合性协调发展的健康概念。

2. 概　念

1948年世界卫生组织（WHO）在其宪章中明确了健康的定义："健康（health）不仅仅是没有疾病和衰弱的状态，而是一种在身体上、精神上和社会上的完好（well - being）状态"。

这个三维健康观，可以说是人类在总结了近代医学成就的基础上，对健康认识的一次飞跃性进步。概括了时代的思潮流向，并把健康内涵拓展到一个新的认识境界，是至今为止应用最普遍的、认可度最高的健康概念。

1968年世界卫生组织进一步明确健康即是"身体精神良好，具有社会幸福感"，更加强调了人的社会属性。1978年世界卫生组织在《阿拉木图宣言》中提出"健康是基本人权，达到尽可能的健康是全世界一项重要的社会性指标"。从这一点可以看出，健康是人的发展的基本目标。1988年WHO在庆祝其成立40周年时宣称：WHO成立40年来做了三件对人体健康产生巨大影响的事，其中之一就是对健康下了一个科学的定义。

3. 健康层次

在三维健康观的基础上，可把健康分为三个层次。

第一层次（一级健康，或称躯体健康）是满足生存条件。其内容包括：①无饥寒、无病、无体弱，能精力充沛的生活和劳动，满足基本的卫生要求，对健康障碍的预防和治疗具有基本知识；②对有科学预防方法的疾病和灾害，能够做到采取合理的预防措施；③对健康的障碍能够及时采取合理的治疗和康复措施。

第二层次（二级健康，或称身心健康）为满意度条件。包括：①一定的职业和收入，满足经济要求；②日常生活中能享用最新科技成果；③自由自在地生活。

第三层次（三级健康，或称主动健康）为最高层次的健康，包括：①通过适当训练，掌握高深知识和技术并且有条件应用这些技术；②能过着为社会作贡献的生活。

4. 健康的特性

人体的健康状况始终处于变化之中，并具有相对性、动态性和可得性。

相对性：健康永远是相对的，不存在绝对的健康。

动态性：健康是一个动态的概念，只有使健康经常处于动态的平衡之中，才能保持和促进健康。健康和疾病是一个连续体，在这连续体中，存在着许多不同程度的状态，即从极佳的健康状态——很好的健康状态——良好的健康状态——健康——健康欠佳——极度不健康——死亡的变化过程。这种连续线的健康观反映了健康与疾病是一个动态的连续的过程，同时可以理解为在这连续体的每一点上，均有健康与不健康的因素存在。当健康的因素占主导时，则该个体表现出健康；当不利健康的消极因素占主导时，则该个体表现出不健康。个体在整个生命过程中，均在此连续体的两种状态中不停地移动。（见图1-1）

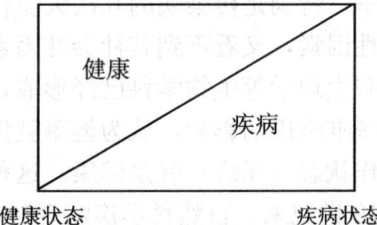

图1-1 健康与疾病的共存模式图

图中的最左端表示个体处于最完美的理想健康状态，最右端表示个体处于绝对疾病状态，完全丧失了健康且已无生存的希望。

可得性：每个人都可通过自身努力获得健康。如学习卫生知识，提高自我保健能力，改变不良生活方式以及合理营养、经常锻炼、改善生活及工作环境等。这也是健康教育与健康促进的意义所在。

(三) 健康概念的释义

世界卫生组织的健康定义得到人们的普遍认可，与以往的健康观相比有如下特点：

● 它指向健康而不是指向疾病，其内涵扩大了；
● 它涉及人类生命的生物、心理和社会三个基本侧面，突破了医学的界限；
● 健康不仅仅是个体健康，还包含群体健康以及人类生存空间的完美；

● 生物、心理和社会三个基本侧面形成了健康的三维立体概念，即三维健康观。

1. 生理健康

是指躯体的结构完好和功能正常，即肉体健康，无伤残无病痛，身体各系统无疾病，它是健康的基础。

生理健康具有相对性，人体通常不断地通过各种机制调节各种器官和组织的功能，以适应并保持与环境中不利因素之间的平衡，由于环境不断变化，因而躯体与环境之间的平衡是相对的。人类社会在发展、科学在进步，人们对疾病的认识不断在深化，因而不可能对躯体健康订下永恒的标准，目前人们认为的躯体健康只是限于利用当代科技手段对人体进行观察和测定，如果未发现异常即认为是躯体健康。

2. 精神健康

即心理健康、情绪健康和道德健康。

(1) 心理健康、情绪健康 人们是通过精神活动来实现自身的认知、情感和社交能力的。一个人精神健康与否，直接关系到能否积极地应对来自各方面的压力，能否卓有成效地工作并心情愉快地生活。故精神健康是一个人真正完整意义上的健康的一个基本组成部分。它是以生理健康为基础，并高于生理健康，主要指人的智力正常、情绪稳定、行为协调、积极向上、热爱生活、知足常乐、有良好的人际关系、有自知之明、心理特点与年龄相符合等。也就是说，在社会生活中有进取心、接纳心、宽容心。

我国古代就有"天人合一"思想，说的就是人与自然环境的协调统一。中医就非常重视心理健康，《卫生宝鉴》中说："心动则百病生，心静则百病息"，讲的"心动"就是心理失衡，进而导致生理功能紊乱，招致各种疾病产生；"心静"是指心理平衡，心理平衡各器官的生理功能就处于最佳协调状态，才会不生病或少生病。以上见解，今天对我们仍有借鉴意义。

有关心理健康的标准、心理状态评估和心理健康教育与健康促进的详细内容，请参阅本书第四章。

(2) 道德健康 现代社会中，人们在复杂变化的社会关系中活动，各种行为随时都可受到自身道德意识的评判。当一个人能够克服内心矛盾，作出合理的抉择并加以执行时，就会感到心安理得，否则就会产生不安和内疚，在影响健康的多因素中，人们还面临着外在的客观挑战与内在的主观挑战之间的有效平衡，当长期不能达到平衡状态，人的道德观念和道德行为将产生矛盾，造成内心紧张，这样的人即使躯体健康仍不能称之为健康。

所以，近年来，世界卫生组织主张把"道德健康"列入健康定义的范畴。即从道德的观念出发，每个人不仅对个人健康负有责任，同时也对社会健康承担义务，具有辨别真与伪、善与恶、美与丑、宠与辱等是非观念，能按照社会行为的规范准则来约束自己及支配自己的思想和行为。道德健康的最高标准是无私奉献，最低标准是不以损害他人的利益来满足自己的需要。

把道德健康纳入健康的大范围，是有其原因及科学依据的。善良的品性、淡泊的心境是健康的保证。与人相处善良正直、心地坦荡，遇事出于公心，凡事想着人民，便能无烦无忧，使心理保持平衡，有利于健康。良好的心理状态，能促进人体内分泌更多有益的激素、酶类和乙酰胆碱等，这些物质能把血液的流量、神经细胞的兴奋调节到最佳状态，从而增强机体的抗病力，促进人们健康长寿。相反有悖于社会道德准则的人，其胡作非为必然导致紧张、恐惧、内疚，惶惶不可终日。这种精神负担，必然会引起神经中枢、内分泌系统的功能失调，干扰其各种器官组织的正常生理代谢过程，削弱其免疫系统的防御能力，最终在恶劣心境的重压和各种心身疾病的折磨下，或早衰或丧生。

道德健康是人类健康体系的统帅，21 世纪的人类健康概念，建立在民主、平等、进步的道德价值体系之上。一个有道德的人，热爱生命、热爱人类、热爱和平、热爱劳动、保护环境，为建设更完美的人类社会努力奉献自己诚实的劳动；遵纪守法、热心公益、乐于助人、爱护公共财产；尊重妇女、保护儿童；尊重科学、坚持真理。只有在富于人道主义的高尚道德指引下，生理健康、心理、情绪健康、社会适应各方面方能有机整合，全面发展，促进民族素质的提高，推动社会的健康发展。

3. 社会适应完好

是指每个人在不同时间、不同岗位上对各种角色均有良好的适应，能胜任各种社会和生活角色。如在单位是好职工、好领导，在家里是好丈夫、好妻子，或是好父亲、好母亲。

社会方面的完美状态，则是指一种持续的、积极的内心体验，良好的社会适应，能有效地发挥个人的身心潜能和社会功能。

人是社会人，生活在由个体组成的社会群体中，社会适应良好是现代人社会生存的基础，如果个体不被群体接纳、个体与社会隔绝或是对抗，不仅是个体的不幸，同时也会破坏社会的安定。社会适应因而是 21 世纪健康概念中不可或缺的成分。健康的人与社会现实保持密切的联系，拥有和谐的人际关系，宽容大度，却又并不人云亦云、随波逐流，而是努力保持着自身人格的独立和完整。社会适应良好的人在现实生活中合理满足自身身心发展的物质需要与精神需要，不断调适和更新自己的思想观念和行为方式，与人类社会民主进步的总趋势同步发展，勇于接受挑战，适应环境的变革发展，改善和创造更有利于身心发展的健康环境，积极为社会贡献自己的聪明才智。

构成健康的三个方面并非孤立的或简单的相加，而是相互支持、相互影响，任何一方面的不健康，都会影响其他两方面的健康。当身体有病时，不但不能正常生活和工作，还会带来许多精神上的烦恼和痛苦。此外，许多事实证明，良好的心理状态可使人体的生理功能处于最佳状态或加快疾病的康复。反之，则会破坏其生理功能，引发各种疾病或加重原有疾病的病情。

（四）健康的标志

WHO 的健康概念具有划时代的意义，阐明了健康的内涵和意义，但是许多人认为在实践中此定义缺乏操作性。根据健康的定义，健康的判定指标是多元性和综合性的，健康与非健康（主要是疾病）的分界关键在于阈值的确定。机体健康的阈值指标比较容易确定，心理和社会健康的阈值由于受主观性和政治、经济、文化环境因素的影响，非常难于确定。健康与非健康的定性测定相对较容易，但定量测定较难。

1977 年 WHO 在第 30 届世界卫生大会上具体规定了到 2000 年时的健康标准，就使健康的概念具有了可操作性的意义，当近期目标实现之后，还可通过制定更高水平的标准为健康定义赋予新的内容。这种相对的动态的辨证观点使健康的定义具有了更丰富、更实际的意义。世界卫生组织提出的健康的 10 条标志是：

(1) 精力充沛，能从容不迫地应付日常生活和工作；

(2) 处事乐观，态度积极，乐于承担任务不挑剔；

(3) 善于休息，睡眠良好；
(4) 应变能力强，能适应各种环境的变化；
(5) 对一般感冒和传染病有抵抗力；
(6) 体重适当，体态匀称，头、臂、臀比例协调；
(7) 眼睛明亮，反应敏锐，眼睑不发炎；
(8) 牙齿清洁，无缺损，无疼痛，牙龈颜色正常，无出血；
(9) 头发光洁，无头屑；
(10) 肌肉、皮肤富弹性，走路轻松。

1999年世界卫生组织归纳和总结了人群实践的经验，又提出了身心健康的新标准，即"五快三良好"。

"五快"（躯体的健康标准）：快食、快眠、快便、快语、快行。

"三良好"（心理的健康标准）：良好的个性、良好的处世能力、良好的人际关系。

2000年世界卫生组织针对严重影响人们健康的不良行为与生活方式，提出了促进健康新准则或称健康四大基石：合理膳食、适量运动、戒烟限酒、心理平衡。如果能做到上述四点，便可解决70%的健康行为问题，就能大大降低高血压、脑中风、冠心病、糖尿病、肿瘤等多种疾病的发病率，使平均寿命延长10年以上。

健康的四大基石：

合理膳食：营养要全面均衡，每餐以八分饱为宜，主食米、杂粮搭配，减少动物脂肪和甜食的摄入，多吃新鲜蔬菜、水果、豆制品和牛奶，限制食盐用量，每天不超过6克。

适量运动：是预防和消除疲劳，保证健康长寿的一个要素。运动贵在坚持，重在适度，项目可因人而异。每周可做轻中度运动5次，每次20~30分钟，中青年可打球、游泳、长跑，中老年可快步行走、慢跑、骑自行车、爬楼梯、跳健身舞等，此外也可做气功、太极拳或散步等运动。

戒烟限酒：吸烟不仅使人成瘾，还会引发多种心脑血管疾病、癌症等疾病，是健康的大敌。任何年龄的戒烟都可获得健康上的真正收益。过量或经常饮酒则伤肝，容易引起肝硬化，甚至肝癌，因此饮酒要有节制，一日饮酒量不易超过15克酒精，相当于葡萄酒50~100 ml，白酒25~30 ml，啤酒0.5~1瓶。

心理平衡：保持心理平衡要做到三快乐：助人为乐、知足常乐、自得其乐；三个正确：正确对待自己、正确对待他人、正确对待社会；三个既要：既要尽心尽力奉献社会，又要尽情品味美好人生；既要在事业上有颗进取心，又要在生活中有颗平常心；既要精益求精于本职工作，又要有多姿多彩的业余生活。

世界各国也根据实际情况，纷纷研究并提出符合本国国情的健康的具体标准。有关健康状态的测量和具体指标，详见第六章。

二、健康观与健康教育和健康促进的发展

健康教育与健康促进的最终目标是提高整个人群的健康水平。由于人们所处时代、环境和条件的不同，对健康的认识也不尽相同，所以健康教育和健康促进的目标是反映时代的特点的。

现代健康观的确立奠定了"生物—心理—社会"的现代医学模式，为医学的发展开辟了崭新的前景、对健康教育提出了新的要求。根据WHO对健康的概念，有关政治的、经济的、社会的、文化的、环境的、行为的和生物的因素都可能促进健康或有害健康，关键是我们如何通过倡导健康而使上述各种因素变成有利于健康的条件。无疑健康教育与健康促进在这方面起着重要作用。健康教育与健康促进是现代医学事业的重要组成部分，是健康维护与健康促进的重要手段。随着健康观的发展，健康教育与健康促进也随之发展，大致可分为三个阶段。

医学阶段：20世纪70年代前以疾病为中心的医学年代，强调治疗与预防疾病，以机体的功能机制为出发点，强调以疾病为中心的生物医学模式，忽视社会的公正与平等；忽视非卫生部门的干预作用；忽视群众对自己生活和健康的作用，局限了社区开发的作用，在此阶段，健康教育由第二次世界大战结束后的欧洲学校卫生教育，逐步发展成社会各种人群的卫生知识补偿教育，对于后者是不可能通过正规的课堂教育来实施的，而是要借助于传播的手段来实现，并采取一系列有计划、有目的的健康促进活动来巩固其传播和教育的效果，这就是所谓的卫生宣传教育。

行为阶段：70年代早期开始引入行为（或生活方式）的手段，主要是由于认识到疾病谱已发生根本性改变。随着生活水平的提高，生物学的手段在预防疾病、提高生活质量方面已显得苍白无力，提出健康生活方式即行为危险因素的观点，使医学理论又增加了教育、行为、社会市场和政策理论等内容，大大地拓宽健康教育的视野，超越了生物学预防的领域。

社会、环境阶段：80年代后，人们注意到行为与生活方式的改善很大程度上取决于社会与自然环境因素的制约，因而健康促进概念得到长足的发展。健康促进特别强调以健康为中心、以人类发展为中心，要求整个国家，而不只是卫生部门承担义务。在此阶段重视社会、团体和个人的参与，即把个人的自我保健行为与健康教育、政府政策等环境支持即促进行为有机结合，形成一种合力，共同参与健康，提高社区和社会的健康水平。所以健康教育的概念又得到进一步的延伸，它不仅包括健康教育的教育和传播的全过程，以及一系列的社区健康教育促进活动，还包括以促进社会和社区健康为目标的社会预防性服务、行政干预措施以及社会支持体系等。于是产生了一种新的概念——健康促进。

人群健康是建立在公共卫生、社区健康和健康促进的基础之上的，它研究的是决定人类健康的综合因素，即影响健康和生活的各个因素和条件及其相互间的影响。人群健康策略的宗旨是维持和提高整个人群的健康状态，并且消除不同人群之间的不平等的健康状况。人群健康策略不仅仅在于提高健康状况水平，它在促进健康的同时，还能在全人类范围内带来更大的社会、经济和环境效益，促进可持续发展和平等的卫生保健系统的建立，发展强大的社会联盟和全民参与，提高国民生产能力和生命质量。

第二节 健康的决定因素

健康的决定因素（determinants of health）是指决定个体和人群健康状态的因素。

从1974年以来，加拿大学者Blum、Lalonde和Dever等人从预防医学角度提出影响健康和疾病的四大因素以来，受到国内外学者的一致认可。1991年WHO组织的调查证明了这一分类的正确性。四类影响因素是：环境因素、行为与生活方式因素、生物遗传因素、医疗卫生服务因素，见图1-2。

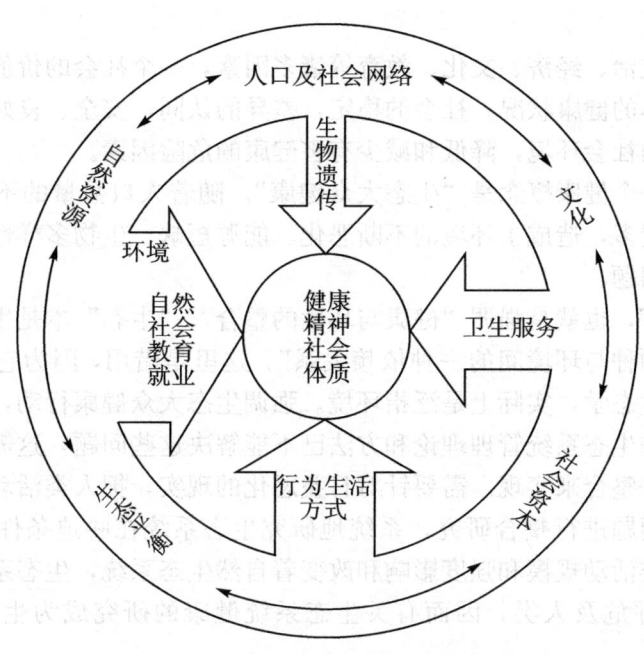

图 1-2 影响健康的主要因素
（引自傅华主编．预防医学．第四版，人民卫生出版社）

一、健康的影响因素

1. **行为和生活方式（life style）**

是指由于人们自身的不良行为和生活方式给个人、群体乃至社会的健康带来直接或间接的危害，它对机体具有潜袭性、累积性和广泛影响性的特点。不良行为和生活方式涉及范围十分广泛，如不合理饮食、吸烟、酗酒、久坐而不锻炼、性乱、吸毒、药物依赖、驾车与乘机不系安全带等。有资料报告美国前10位死因疾病中，不良行为和生活方式在致病因素中占70%，中国占44.7%。美国通过30年的努力，使心血管疾病的死亡率下降50%，其中2/3是通过改善行为和生活方式而取得的。1992年国际心脏保健会议提出的维多利亚心脏保健宣言指出：健康的四大基石是合理的膳食、适当的运动、戒烟和限制饮酒、心理健康。人的行为不仅影响着慢性非传染性疾病的发生发展，与传染性疾病也密切关联，这就是健康教育的社会意义所在。

2. **生物学因素（human biology）**

包括人类遗传性疾病、成熟与发育及细胞与器官的衰老。

3. **环境因素（environment）**

是指以人为主体的外部世界，包括自然环境和社会环境。

自然环境是一生态系统，是人类赖以生存的物质基础。自然环境（原生环境）包括空气、水、土壤等的污染造成多种不良健康后果，如癌症、出生缺陷、呼吸系统和胃肠道疾病；人造环境（次生环境）中，住房、室内空气质量、工作和社区安全，交通和道路状况等因素能显著地影响人类身体和精神健康。环境污染必然对人体健康造成危害，其危害机制比较复杂，一般具有浓度低、效应慢、周期长、范围大、人数多、后果重，以及多因素协同作用等特点。

社会环境包括政治、经济、文化、教育等诸多因素，一个社会的价值观和准则以不同的方式影响个体和群体的健康状况。社会的稳定，差异的认同，安全、良好的工作环境和和谐的社区带来支持性的社会环境，降低和减少有害健康的危险因素。

与环境有关的一个健康概念是"生态大众健康"。随着人口数量的不断增长，人类活动对自然的干扰越来越多，造成了环境的不断恶化、能源短缺、生物多样性锐减、土地退化等一系列的生态环境问题。

"生态大众健康"，也就是强调"健康与环境的整合"。"生态"本是生物学上的名词，是指"生物物种间、物种与环境间的一种依赖关系"。这里是借用，因为它主要不是指生物生态学，而是指社会生态学，实际上是泛指环境。强调生态大众健康行动，也就是强调环境与健康的整合，单一的生态系统管理理论和方法已不能解决这些问题，这需经过多部门的、跨学科的综合管理方法整合来实现。需要针对日益恶化的现实，把人类活动、社会经济、生态环境及人类健康等问题进行整合研究，系统地研究生态系统在胁迫条件下产生不健康的症状和机理。由于人类活动规模和强度影响和改变着自然生态系统，生态系统的健康状况受到越来越严重的损害并危及人类，因而有关生态系统健康的研究成为生态学上研究的一个热点。

4. 卫生服务系统（health care system）

系指卫生机构和卫生专业人员为了防治疾病，增进健康，运用卫生资源和各种手段，有计划、有目的地向个人、群体和社会提供必要服务的活动过程。包括预防性、诊治性和康复性照顾。健全的医疗卫生机构，完备的服务网络，一定的卫生经济投入以及合理的卫生资源配置，均对人群健康有促进作用。相反，如果卫生服务和社会医疗保障体系存在缺陷，就不可能有效地防治居民的疾病，促进其健康。

环境中的有毒有害因素与医疗卫生保健因素常常都需要通过人自身的行为作为中介作用于人体。通过行为可以加强、减弱或避免对环境中有毒有害因素的暴露；行为也意味着接受、利用或排斥医疗卫生保健因素。

四类因素中行为和生活方式因素越来越受到人们重视，行为干预将是促进健康的最强有力的措施之一，而以个人、群体的行为改变和环境改变为着眼点的健康教育与健康促进就成为全球第二次卫生革命中的核心策略。

据美国加州对6928名成年人进行长期观察，发现下列7项健康行为与长寿有关：①减少夜生活，每天吃早餐；②每天睡眠7~8小时；③一日三餐，不吃零食；④保持标准体重；⑤有规则的体力锻炼；⑥不吸烟；⑦不饮酒或少量饮酒。经过5年半的观察，发现遵守6~7项健康行为的人群比只遵守1~3项的人群期望寿命延长11年。我国学者对百位90岁以上的长寿老人进行长期追踪观察，这100位老人的平均年龄为95.3岁，其中11人超过100岁，他们的经验是在以上7项健康行为外，还有2项补充，一是性格开朗，知足常乐，乐于助人，有自己的爱好，二是有美满的家庭生活，其中包括和谐的性生活。

二、健康影响因素细分学说

在四分类健康影响因素的基础上，目前对社会经济环境和个人的因素又进一步细分和强调，具体内容如下。

(一) 社会经济环境

1. 个人收入和社会地位

研究表明健康状态每一步的改进都与经济收入和社会地位的提高有关。一个合理繁荣和社会福利公平的社会，人们会享受到更高的健康水平。

健康状况随着收入和社会地位的提高而改善。高收入决定了良好的生活状态。高收入和高社会地位往往能导致更好地对生活环境和受挫状态的控制，这将对个体健康产生重要影响。而且研究还显示，社会财富分布越均匀的社会，全人群健康水平越高。日本就是一个很好的例子，作为社会财富分布较均匀的国家，在过去的五十多年中，日本从一个高婴儿死亡率，低期望寿命的国家，发展成为一个世界上拥有最好健康状况指标的国家之一。

2. 文化背景和社会支持网络

文化包括人们的信仰、价值观、行为规范、历史传统、风俗习惯、生活方式等，它直接或间接的影响着人们的健康。文化差异会导致人们在获取健康信息、参与预防和健康教育、使用卫生保健系统、选择与健康有关的生活方式及理解健康与疾病的关系等方面表现出不同。另外，当文化和种族影响人们的社会和经济状况时，其对身体和精神健康的影响也显而易见。

社会支持网络是一个人在社会中所形成的人际关系。良好的健康与健全、和谐的社会支持网络系统密切相关。社会支持网络对帮助人们改变健康意识，解决身体和心理健康问题，处理危机及维持对生活环境的良好控制有着巨大的影响。社会关系所包含的关爱、尊敬及自我实现和满足感能抵御疾病。

3. 教育

健康状况与文化程度有密切关系。文化程度与就业的机会和收入水平有关，同时与人们控制生活条件如消费观和自我保健的能力有关联。

健康水平随着教育水平的提高而提高，教育又与就业、经济状态、社会地位紧密相连。教育使人们通过掌握科学知识和培养解决问题的能力来控制生活状态，教育增加就业机会、收入保障和工作满意度，同样教育能提高人们获得和理解有利健康信息的能力，从而维持个人和家庭的健康。调查发现，教育水平越低者更易失业和贫穷，继而对健康状态产生负面影响。

4. 就业和生活条件

是能否获得健康的基本保障。就业对个体身体、心理和社会健康有着重要影响，失业往往与不良健康有关系。研究发现，失业者要比就业者承受更多的心理挫折、焦虑、沮丧、活动减少及健康问题和住院等。世界卫生组织有关文献指出，"社会失业率越高，社会就越不稳定，最终导致家庭和社区的不良反应和失业者本人的身体健康问题。"工作条件本身也极大地影响个人健康和情绪反应。能较好控制工作环境和较少工作挫折的人比那些工作危险大和受挫折多的更健康和长寿。

(二) 物质环境

包括生活环境和职业环境中的物理、化学和生物因素，以及住房、工作场所的安全、社区和道路的设计等都是影响人们健康的重要因素。

(三) 个人因素

1. 健康的婴幼儿发育状态

良好而健康的人生早期阶段，包括良好的身体素质、幸福的家庭生活、良好的生活习惯和处理问题的能力，是将来健康生活的基础。

儿童的健康发展意味良好的身体健康,与年龄相适应的身体、精神和社会适应能力,有效的社会接触能力,良好的应激技能,控制生活的选择,自尊、良好的归属感和被爱的感受等。有证据表明,儿童早期经历对大脑的发育,以后的应激技能和健康有着重要的影响。低收入家庭更易出现低出生体重儿、不易获得营养食品和学习困难等问题。同时决定健康的其他因素也会影响儿童和青少年的身体、社会、精神、心理和情绪的发展,如住房和环境、家庭收入、父母文化水平、医疗服务的获得等都影响青年人的发展。

2. 个人的生活习惯

如吸烟、酗酒、滥用药物、不健康的饮食习惯等不良的生活行为方式是当今人类健康的重要威胁。

个人卫生行为和应激技能能帮助人们预防疾病,促进自我保健,增强自信,处理外来的挑战和危机,解决问题,做出有利健康的选择。个人卫生行为是指能直接影响健康的个体决定和行动,是日常生活中人们选择做或不做的行为,如吸烟、使用酒精和药物、体育锻炼、饮食等。应激技能是指人们处理危机和问题的方式,它是人们在生活过程中逐步培养的,是解决外来的影响和压力的内在资源。

3. 个人的能力和技能

人们具有健康生活的知识、态度和行为,处理这些问题的技能,以及支持人们做出健康选择的社会支持环境,是影响健康的关键因素。

4. 人类生物学特征和遗传因素

是健康的基本决定因素,遗传的素质影响不同个体的健康问题和疾病的状况。

如性别,性别不仅仅只是生物学上的性别差异,更体现于人类文化上的不同。性别意味着社会赋予的两性在角色、个性、态度、行为、价值观、相对权力和影响力的不同。许多健康问题是以性别为基础的社会和文化地位或角色而引起的,如妇女更易受性或其他暴力的伤害;男性往往由于冠心病、致命的意外伤害、癌症和自杀而比女性早死。

人类的生物属性和遗传因素是健康的一个基本决定因素,与健康的其他决定因素共同作用影响人类健康和疾病的发生。

(四)卫生服务

除治疗外,具有维持和促进健康、预防疾病和损伤、康复和初级保健服务等功能健全的卫生机构,完备和质量保证的服务网络,一定的经济投入以及公平合理的卫生资源配置,对人群健康有着重要的促进作用。例如,免疫预防接种、乳腺癌筛检等均有利于疾病的预防和早期发现。

健康的影响因素诸环节,可以成为促进健康的因素,同样也可能成为危害健康的因素,是一把双刃剑。为了保护和促进人类健康,探索病因是医学的重大课题,而健康教育与健康促进的重点工作应放在对明确病因的重要疾病的预防上,因为这些病因是影响健康的根本危险因素,如果我们很好地实现对这些危险因素的预防,那么人类健康水平将会有大的提高。世界卫生组织的研究结果提示"个人的健康和寿命60%取决于自己,15%取决于遗传,10%取决于社会因素,8%取决于医疗条件,7%取决于气候的影响。"

纵观未来20年中,如很好地实施上述危险因素的干预,就可以避免数百万人过早死亡,避免数千万人染上疾病、残疾或处于不良的健康状态。反之,如不采取行动所带来的损失,预计到2020年,每年将会有900万人死于吸烟,而现在大约是每年500万人;另将有500

万人死于超重和肥胖，而现在大约是300万人。

第三节 疾病的自然史

一、疾病与健康

（一）健康问题与疾病的个体现象

1. 健康问题

指的是个体所表现出的非健康状态，具体地说就是疾病、伤害、亚健康状态或健康缺陷等。

2. 疾病

是指个体表现出能够被患者个人感知或他人观察、测量到的异常状态，简单地说就是身体功能不正常状态。

（二）健康疾病连续带与疾病的"冰山现象"

1. 疾病自然史与健康疾病连续带

（1）疾病自然史 我们将疾病从发生到结局（死亡或痊愈等）的全过程称为疾病自然史（natural history of disease）。

其中有几个明确的阶段：①病理发生期；②症状发生前期，从疾病发生到出现最初症状或体征；③临床期，机体出现形态或功能上的明显异常，从而出现典型的临床表现；④结局，疾病可以发展至缓解、痊愈、伤残或死亡。见图1-3。

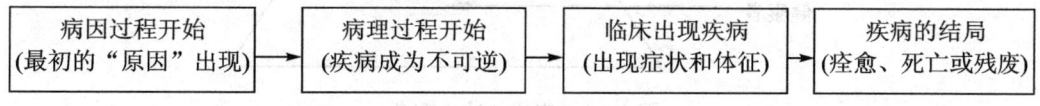

图1-3 疾病的自然史

早期诊断、干预和治疗可以改变疾病的自然史。某些疾病可能有一定的先兆，早于病理改变阶段，表现出对某病的易患倾向，如血清胆固醇升高可能是冠心病的先兆。

（2）三级预防 根据预防措施所施加的阶段划分为三级预防。

一级预防（primary prevention）：也称病因预防，是针对病因的综合性预防措施，通过预防、控制或消除病因以预防和推迟疾病发生的措施。

二级预防（secondary prevention）：是早期发现和治疗疾病，改进疾病预后、缩短病程、延长生命的措施。

三级预防（tertiary prevention）：为治疗和康复的措施。

（3）健康疾病连续带 疾病与健康的概念都是相对的。因为一个人从健康——疾病——健康，很多情况下是没有截然界限的。比如说，很难准确判断一个冠心病患者是从哪一时刻开始患病的，因为疾病发生和临床症状、体征的出现是渐进的，即便用最先进的技术进行亚临床前的诊断，也无法准确判断具体的健康与疾病分界点。再比如恶性肿瘤，其发生具有多因素、多阶段、长潜伏期的特点；不同阶段还可以逆向发展。因此，再先进的手段也无法确定健康与肿瘤的准确分界点，只是随着我们对肿瘤认识的逐步深入，加上技术的进步，可以更早地发现肿瘤罢了。即便是感染性疾病，准确界定健康与疾病也是非常困难的。所以，一个人从健康——疾病——健康可以认为是一个连续的过程，我们称其为健康疾病连续带（health-disease continuum，HDC），对于个体来说是这样，对于群体来说，一个群体从健康高分布（健康问题低分布）——健康低分布（健康问题高分布）——健康高分布（健康问题低分布），也是一个连续的过程，如传染病在某人群中的流行过程，这就是我们常说的疾病分布或健康问题分布的连续性。这一观点在现代医学实践中非常重要。

2. 疾病的"冰山现象"

虽然疾病从发生、发展到结局的自然史是一个连续的过程，但这个过程中有很多表现形式。对于个体来说，它表现为一种疾病或健康问题的某种表现形式，对于一个群体来说，所有个体的疾病或健康问题表现形式就构成了这种疾病的群体现象，这种群体现象我们可以形象地以疾病的"冰山现象"表示，见图1-4。所谓疾病或健康问题的"冰山现象"是指在人群中，能发现的某种疾病或健康问题的典型患者仅占该病或健康问题所有表现形式的一小部分。

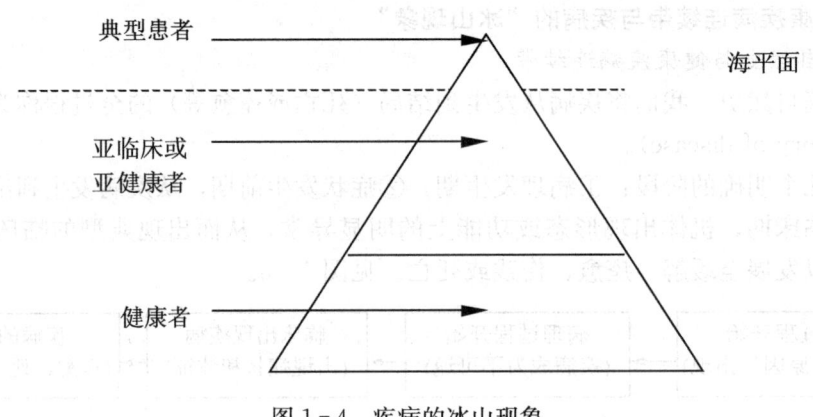

图1-4 疾病的冰山现象

（引自傅华主编．预防医学．第四版，人民卫生出版社）

二、生命全程健康观与预防的价值

人从生到死的生命周期是一个自然现象，生命周期的一个个阶段组成了人的生命全程。如果没有或尽可能地减少健康危险因素的作用，人一生的生命功能是一个随年龄增大而健康地发育成熟并逐渐衰退的老龄化的过程，即健康老龄化。上述的各种健康决定因素，有些可导致急性、短期的健康问题，如许多的传染病，急性中毒，损害人的健康和功能，而对许多因素，由于长期累计接触作用后，才导致疾病和最后功能的损害。

所谓生命全程健康观（life course approach），就是通过把人生划分为几个明确的阶段（围生和婴幼儿期、青少年期、成年工作期和晚年期4个时期），针对这些不同年龄组的人群在不同的场所（家庭、学校、工作场所、社区）中实施连续性预防服务措施，从而保证人生的不同阶段既能有效地获得有针对性地卫生服务，也不造成不必要的重复或遗漏，达到促进人群健康既高效又节省的目的。所以，在人生周期的这些阶段积极的有针对性地开展健康教育，就可以有效的避免那些有害因素对健康的危害，充分的发挥人的生命潜能，保护劳动力，延长生命期限和改善生活质量。

三、健康与疾病的中间态

（一）亚健康

20世纪80年代中期，前苏联学者N.布赫曼通过研究发现，人体除了健康状态和疾病状态之外，还存在着一种非健康非疾病的中间状态，称为亚健康状态，这一发现被后来许多学者的研究所证实，自80年代后期，世界各国医学界对亚健康状态进行了大量的研究，并提出了一些预防和控制措施。

1. "亚健康状态"的概念

它是一种由于学习、工作和生活等方面压力引起的介于健康与疾病之间的中间状态，是一个既非健康又非疾病的状态，故被称为机体的第三状态。

2. 提出并重视亚健康有其重要意义

（1）提出"亚健康状态"，使健康定义更科学、更完善。

（2）健康——亚健康——疾病，是一个可以相互转化的动态过程。谈健康时要想到是否有亚健康状态，处于亚健康时要设法尽快纠正亚健康状态，否则可能发展为疾病。

（3）由于"亚健康状态"的表现复杂多样，因此要尽量避免将"亚健康状态"误诊为疾病而治疗。同时也要注意不要将疾病当作"亚健康状态"而延误治疗。

3. 亚健康状态的表现

（1）躯体的亚健康　持续的或难以恢复的疲劳，常感体力不支，懒于运动，容易困倦疲乏，睡眠障碍，头痛、肌肉、关节疼痛、腰酸背痛、肩颈部疼痛，抵抗力下降，容易受感染，代谢紊乱，消化功能紊乱，不明原因的胸闷气短，经各种检查排除器质性疾病。

种种的躯体不适，严重影响着人们的生活质量，妨碍生活、学习、工作和事业，它可以长期的、潜隐的损害健康，最终走向疾病，也可因某种因素促发重症，甚至发生猝死。

（2）精神的亚健康　社会竞争日趋激烈，生活节奏不断加快，人们不可避免地要面对各种矛盾和冲突，承受极大的精神压力，表现为心理、情绪紧张和道德亚健康。

最为常见的亚健康心理是焦虑、抑郁、情感冷漠等。心理亚健康状态的普遍存在，必然导致工作效率降低，人的社会适应能力下降，人际关系不和谐，严重影响我们的生活质量和生命价值。

道德（思想）的亚健康：西方国家对亚健康问题的早期研究，表现为世界观、价值观上存在着不利于自己和社会的偏差。由于思维方法不科学，错误的选择接受、社会默化、从众等心理影响，有的人会产生一定程度的思想道德和行为偏差、失范和越轨，从而使人产生一种内心深处的不安、沮丧和自我评价降低。一个人长期处于不良的精神心理状态，必然不利于身体健康。同时，它还影响人们的正确判断和决策，影响人们的创造性的有效发挥，损害着人们的生存质量。

（3）社会适应的亚健康　表现为不能很好的处理社会与人际关系，出现适应不良的征象，阻碍了有益的信息交流。社会适应的亚健康状态，可影响人们的学习进取、生活安宁和身心健康。

（二）亚临床状态

是健康的另一概念，亦称"无症状疾病"，亚临床状态虽然没有临床症状和体征，但存在着生理性代偿或病理性反应的临床检验证据，这是与亚健康状态的主要区别。典型的例子是"无症状缺血性心脏病",患者可以无临床症状,但有心电图改变的诊断依据。

总之,人们对健康的认识已从单纯生物性因素扩展到社会性因素,认识到影响健康的因素是复杂的、多重的,除了狭义的卫生服务因素外,还与人们所处的外部环境有密切关系,涉及到社会经济环境、物质环境、生长发育环境、生物及遗传等等,所以,应以大卫生的观念来研究健康问题。

(天津医科大学 张竞超)

第二章 健康教育与健康促进的基本理论

第一节 健康教育

一、健康教育的涵义

健康教育是以传播、教育、干预为手段，以帮助个体和群体改变不健康行为和建立健康行为为目标，以促进健康为目的所进行的一系列活动及其过程。向受众传播健康信息，对目标人群进行健康观、价值观的认知教育以及保健技能的培训，针对特定行为进行干预，通过这些系列工作可以有效地帮助工作对象掌握健康知识，树立正确的健康价值观，改变不健康行为和采纳健康行为，避免危险因素，预防疾病，主动追求健康，提高健康水平。所以健康教育是一门研究保健知识传播技术及针对不健康行为的教育和干预方法、以期通过改变不健康行为和建立健康行为来达到促进健康目的的一门科学。

健康教育是一门交叉学科，健康教育理论由预防医学、传播学、社会学、教育学、行为学、心理学、社会市场学等学科的理论融合发展起来的，并且已经形成了自己独立的学科领域。它重点研究知识传播和行为改变的理论、规模和方法，以及社区教育的组织、规划和评价的理论与实践。通过传播和教育手段，向社会、家庭和个人传授卫生保健知识，提高自我保健能力，养成健康行为，纠正不良习惯，消除危险因素，防止疾病发生，促进人类健康和提高生活质量。

（一）健康教育的界定

1. 健康教育（health education）的概念

是旨在帮助对象人群或个体改善健康相关行为（health-related behaviors）的系统的社会活动，是在调查研究的基础上通过信息传播和行为干预，帮助个人和群体掌握卫生保健知识，树立健康观念，自觉采纳有利于健康的行为和生活方式，其目的是消除或减轻影响健康的危险因素，预防疾病，促进健康和提高生活质量。

健康教育的研究对象是人群，手段是传播、教育和干预，特定目标就是改善对象的健康相关行为，目的是促进健康。使教育对象达到知识、观念、行为改变的统一，这三者之间的关系表现为：知是基础，信是动力，行是目标。

2. 健康教育的界定，在其发生发展过程中，有很多的描述

- 把健康信息转化为群众的健康行为的过程，就是健康教育和健康指导的过程。
- 健康教育是通过学习促使人们自愿采纳有益于健康的行动的各种活动的综合。
- 健康教育是任何为协助人们自愿地采纳有利于健康的行为而设计的学习过程的综合。
- 健康教育是通过有计划、有组织、有系统的社会和教育活动，运用传播、教育等手段，干预个体、群体及社区健康相关行为，促进人们自觉地采纳有益健康的行为和生活方式，消除或减轻影响健康的危险因素，保障各项卫生工作顺利开展，维护、

促进健康。健康教育的目的：消除健康危险因素、预防疾病、促进健康、提高生命质量。
- 健康教育是一门研究以传播保健知识和技术，影响个体和群体行为，消除危险因素，预防疾病，促进健康的科学。

虽然对健康教育的提法各不相同，但其实质和内容是一致的。

(二) 健康教育的研究领域
健康教育的研究领域非常广泛，可以按照不同的特征来划分：

1. 按目标人群或场所划分
①城市社区健康教育；②农村社区健康教育；③学校健康教育；④职业人群健康教育；⑤患者健康教育；⑥消费者健康教育；⑦与卫生有关行业（如饮食服务、食品卫生等）的健康教育。

2. 按教育目的或内容划分
①疾病防治的健康教育；②人生三阶段的健康教育；③营养健康教育；④环境保护的健康教育；⑤心理卫生教育；⑥生殖健康教育（包括性疾病、艾滋病、安全性行为等）；⑦安全教育；⑧控制吸烟酗酒和滥用药物（吸毒）的教育；⑨死亡教育。

3. 按业务技术或责任划分
①健康教育的行政管理；②健康教育的组织实施；③健康教育的计划设计；④健康教育人才培训；⑤健康教育的评价；⑥健康教育材料的制作与媒介开发；⑦社区开发的组织。

(三) 健康教育的特点

1. 多学科和跨学科性
健康教育既具有自然科学的特征，也具有社会科学的特征，是从多门学科中发展起来的。

2. 以行为改变为目标
健康教育的核心内容和目标就是改变或消除研究目标的不健康的行为，培养和建立有益健康的行为模式。

3. 以传播、教育、干预为手段
健康教育要想达到促进健康的目的，首先应实现行为的改变。而行为的改变理论中，传播、教育、干预是非常重要的环节。

4. 注重计划设计和效果评价
健康教育的计划、实施和效果评价是健康教育管理的全过程，其中，是否收到良好的健康和社会效果、效果的持续性如何、是否符合成本效益原则是评价健康教育活动优劣的重要指标。但评价健康教育对改善健康状况的直接效果有一定的难度，因为，人的行为因素只是影响人群健康状况的因素之一；而且行为改变所引起的健康效果往往不是马上就能看到。所以，应该采取综合评价的方法，如设立对照等。

(四) 健康教育的研究方法
健康教育是一门交叉学科，它的研究主要借助于卫生统计学、流行病学的方法，运用卫生统计学的技术，以及有关的社会科学理论进行研究。同时，由于健康教育着眼于人们行为的改变，在研究和实践工作中要运用促使教育对象实现知、信、行转变的种种干预方法，这决定了健康教育的研究和工作方法的多元性，综合性和特殊性。

1. 调查研究方法

(1) 实态性调查研究　是直接从自然存在的现象中，或从人们的认识和行为中搜集资料，记录事实，即通过不同的方式获取有关客观存在事实的资料，通过分析以找出其规律或发现问题的方法，属于描述性流行病学的范畴。用于描述特定范围人群中的疾病（或健康事件）和特征（如知识、态度、信念、行为、生理指标、心理指标等）的发生和存在、频率、分布特点及变动趋势，并提供变动原因的线索。

(2) 分析研究　有计划、有目的的收集各种已有资料，依据所要研究问题的目的，对其进行分析，以找出健康教育与健康促进决策的科学依据。包括：

①前瞻性调查　前瞻性调查是一种由原因到结果的调查。其基本原理是：为了研究某因素是否与健康或特征有关，可将同一范围的人群，按自然存在状况分为暴露某因素和不暴露某因素两组，然后对他们同样观察一定时期后，比较两组健康或特征的变异。如把健康教育看作一种因素，某一社区为健康教育组（暴露组），另一条件相似的社区作为对照组（非暴露组），观察教育干预后，比较两组人群知、信、行或疾病发生率等，如确有差异，即可认为教育干预与人群知信行特征和疾病之间有因果关系。

②回顾性调查　回顾性调查是一种从结果到原因的调查。在一定时间内，选出一组有某种疾病（或某种行为）的人，再选出一组没有某种疾病（或某种行为）的人，回顾调查他们过去暴露于某种或某些因素的情况，如果两组的暴露比确有差别，即可以认为所研究的疾病（或行为）与暴露因素有关。例如调查吸烟和不吸烟的青少年其父母是否吸烟者，若吸烟青少年父母吸烟者显著高于不吸烟青少年父母，则可认为父母吸烟可能是影响青少年吸烟的因素。

(3) 社会调查研究　社会调查常用于健康教育需求评估及信息反馈。最常用的方法有问卷调查，开调查会，访谈（目标人群代表访谈，选择性人群访谈及个别访谈）以及观察等。除问卷调查属定量研究外，其余均为定性研究。现就目前最常用的几种方法简述如下：

①选题小组工作法　常用于社会需求评估。选择6~8位熟悉本地区某事件（或疾病）发生发展情况的人组成一个小组（可以有若干个小组），由经过组织培训的主持人提出问题，如该地区目前主要的健康问题是什么？参加者不出声地酝酿各自的想法并写在挂图上，主持人把大家的意见编码（重复的划掉），每个人对自认为最重要的10项进行排序，主持人将各项分数分别相加，得分最高项目为最主要问题。

②专题小组讨论法　常用于收集目标人群较深层次的需求信息，如对某事件（或健康问题、行为）的态度、价值观念等，作为定量调查的补充。

③特尔菲法（专家反馈咨询法）　将设计好的问卷寄给15~30名专家，要求在2周内就问卷中的内容按要求打分。如第一次问卷提出20个项目，要求参加者给每一项打分并从中选出最重要的数个（如4~5个）项目，按期寄回。将寄回的问卷每一项得分相加，按最终得分数次序排列，并附评语总结用于第2份问卷，如有必要可进行第3次问卷，不论进行若干次问卷，都应将最后一次结果反馈给各位专家。

④案例调查　调查社区实际发生的事件并写成案例报告，帮助人们学习和思考如何解决问题，并从案例中了解他人的成功和失误。

⑤观察法　常用于行为观察。观察行为产生的背景及其文化、经济、社会、环境等影响因素。观察法包括：参与性观察，即研究者直接参加研究人群的日常生活活动，通过观察，

听取人们谈论及用各种方法提出问题,真实地获取调查所需资料;非参与性观察,即观察者不参与观察客体的活动,只是非公开的观察并记叙观察到的现象和事实。

2. 实验研究与准实验研究

(1) 实验研究　是经过精心设计的,用来检验各种健康教育与健康促进干预措施或对策效果的方法。将研究对象按随机化原则分为实验组与对照组,实验组采取某种措施,对照组不采取这种措施,然后对这两组人群用相同的方法随访观察相同的时期,测量并比较二组人群知识、信念、行为,发病情况等的变化,从而评价其措施效果。

(2) 准实验研究　方法类似实验研究,但实验组与对照组不是随机确定的,而是选择在主要因素方面相似的人群,人为确定一为实验组,一为对照组。此法在健康教育中较常用,如社区干预研究往往采用这一研究类型。

3. 教育干预方法

健康教育干预方法很多,大致可分信息传播、行为干预两大类。

(1) 信息传播　正确的信息是转变行为的基础。通过各种传播渠道和技术媒介传递健康信息,普及卫生保健知识,提高人民群众的健康意识和知识水平,引导人们采纳健康的行为。依据传者和被传者双方关系的不同,传播方式各异。最主要的信息传播方式是人际传播(如咨询、家访、讲课、小组讨论等)和大众传播(如报刊、广播、电影、电视等)两个方面。

(2) 行为干预　行为干预是实现健康教育计划目标的重要手段。通过具体指导和技能训练,帮助、促使受教育者实现特定行为的改变。如模拟、示范、案例研究、实际操作、个别指导、小组讨论、询问式学习以及各类以学习技能为主的培训等均属行为干预范畴。此外,一些行为矫正技术,如脱敏法、厌恶法、强化法等是行为干预的特殊而有效的形式。

二、健康教育的发展

从世界范围讲,健康教育作为一个专业领域发生于20世纪20年代,发展于70年代。在我国,健康教育这个词汇的正式使用是在1984年,专业的建立与发展也是自80年代中期开始。健康教育的发展是与人类疾病谱的变化密切相关的。当人类发现那些与自身行为相关的健康问题"无药可治"时,终于从化学药品及高科技产品和技术发展中拔出腿来,走向通过改变人类自身的行为来促进健康的"自然法则",希望找到解决问题的办法。

(一) 中国健康教育发展概况

1. 新中国建立前的健康教育

健康教育就这一事物本身来说,自有人类起就已经客观存在,最初表现形式为健康知识传播。早在3000多年前我国古代的史料中就已经有了"预防疾病"思想的记载,在2000多年前就有了传播医药养生和运动保健知识的记载,说明了中华民族健康教育思想的最早起源。例如《韩非子·五蠹》记载"上古之世取火以化腥臊"的传播,《淮南子·修务训》记载"神农尝百草之滋味水泉之甘苦令民知所避就"等等。到19世纪初,随着西方医学的全面传入,现代健康教育思想也开始对我国产生了影响。但是由于历史条件的限制,健康教育在我国的早期发展较为缓慢。

20世纪20年代前,健康教育活动是分散的,属民间自发的行动,20年代后健康教育学科理论开始引进我国,到了30、40年代出现了健康教育理论与实践的活跃局面。1934年陈志潜编译的《健康教育原理》一书，是我国最早的健康教育专著。

在学术团体方面，1916年成立了"卫生教育联合会"之后，1935年成立了"中国卫生教育社"，1936年成立"中华健康教育学会"，团结支持卫生事业的社会力量，对推动我国健康教育的发展发挥了积极作用。在专业机构方面，我国自1929年至1946年，有18个省、6个市成立卫生教育委员会，由教育和卫生部门联合主持。在研究及教学机构方面，1931年卫生部成立卫生实验处，内设卫生教育系。同年，中央大学教育学院设卫生教育科，培养四年制健康教育学士，1934年江苏医政学院设卫生教育科，30至40年代两校培养的健康教育人才成为我国健康教育的骨干力量。

中国许多学者在有关健康教育观念、目标任务、网络建设和人才培养等方面都作了一定的研究与探讨，取得了一定的成果。如从20世纪20年代开始，在全国城乡和学校建立了若干健康教育实验区取得了可喜的成果和经验，如陈志潜在河北省定县建立我国第一个农村卫生实验区，开展了大量的健康教育工作和实行一套农村卫生保健新模式。当时针对农村的四大病根——"贫、愚、私、弱"提出了以生计教育治贫，以文化教育治愚，以民众教育治私，以卫生教育治弱的方针。定县的经验是对当今农村初级卫生保健和社区健康教育有价值的早期尝试。

但是由于旧中国政府的腐败，经济的落后以及帝国主义列强的入侵，健康教育事业难有生存和发展的空间，工作处于停滞状态。

2. 新中国成立后至70年代后期的健康教育

新中国的健康教育工作，在80年代中期以前，称为卫生宣传或卫生宣教。卫生宣传的主要形式为：领导和专家确定传播内容——制作传播材料——向群众传播。这一模式的目标，一是传播卫生知识，主要是疾病防治和个人卫生、环境卫生知识等基础卫生知识；二是宣传卫生工作，主要为宣传卫生工作方针政策和先进典型。知识传播多为单向传播。

新中国成立后，在国家卫生工作方针指引下，卫生宣传教育在卫生防病工作中发挥了巨大的作用。20世纪50年代，中央和一些省市也成立了负责卫生宣传教育工作的专业机构，工作有了一定的发展。1950年，在第一届全国卫生会议上确定了"面向工农兵，预防为主，团结中西医"的卫生工作方针，并强调提出卫生工作者要把与疾病作斗争的方法教给人民，使人民懂得怎样做，并且自己动手去做，解决问题。动员广大人民自己向疾病、迷信、愚昧和不卫生习惯作斗争。尤其是新中国成立初期全国掀起和发展了具有伟大历史意义的"爱国卫生运动"，提出了"动员起来，讲究卫生，减少疾病，提高健康水平"以及"除四害、讲卫生、增强体质，移风易俗，改造国家"的号召，动员全民参与除害灭病工作。在除害灭病过程中建立了"三级卫生保健网"，充实了农村医生，为初级卫生保健工作奠定基础和提供了经验。

但在20世纪60年代至70年代后期，健康教育工作和其他工作一样曾经一度处于低潮时期，到20世纪70年代后期才逐渐得到恢复。

3. 1978年以来的健康教育

我国健康教育事业的真正发展时期是20世纪80年代。在20世纪80年代早期，随着我国改革开放政策的实施，各行各业都显现出勃勃生机。健康教育事业的发展也同样得益于我国政府的这一决定国家根本命运的重大转变。在这个时期，政府主管部门正式引进了"健康教育"这一理念，并在健康教育学科建设、理论书籍编写、专业设置、专业机构和学术团体建立、专业人才培养等多方面采取了一系列实际举措，大大推动了我国健康教育事业的发展。

我国的健康教育迅速的由凭经验工作，发展为应用现代管理学、行为学、传播学、心理学等学科理论进行组织管理。以健康相关行为为目标，以干预影响健康的因素为手段，使用适宜的传播教育方法和科学的方法确定的目标和策略，组织开展健康教育活动。

从1984年开始我国政府主管部门正式引用"健康教育"一词，各地也开始出现了"健康教育所"、"健康教育馆"、"健康教育教研室"等健康教育专业机构名称。上海医科大学、北京大学医学部、河北省职工医学院是第一批创办健康教育专业的大专院校，并开始培养健康教育专业的本科和专科学生。后来，同济医科大学、华西医科大学也先后创办了健康教育专业。并且在南京艺术学院创办了两年制卫生美术专业，利用联合国儿童基金会的支持在福建省健康教育所连续举办了数期短期健康教育人员培训班。这些接受了长期或短期培训的专业人员，特别是大学本科的健康教育专业毕业生在充实我国健康教育专业人才队伍、发展我国健康教育事业方面起到了重要作用。1988年我国出版了第一部《健康教育学》，使我国有了自己编写的健康教育的理论书籍，为我国健康教育理论发展起到了重要作用。

健康教育工作模式开始发生深刻的变化。我国健康教育模式已由过去单一的大众宣传逐步走向传播与教育并重，其工作目标正由以疾病为中心的卫生知识传播转变为行为危险因素的干预；健康教育的目标人群正从疾病易感人群向着社区人群、社会全人群转变。

健康教育与传统意义上的卫生宣传不同。卫生宣传是指卫生知识的单向传播，其受传对象比较泛化，不注意反馈信息和效果，往往带有"过分渲染"的色彩，常以生物医学模式的观念看问题。尽管卫生宣传也期望人们行为有所改变，但实践证明仅有卫生宣传难以达到行为改变的理想目的，卫生宣传的实际效果侧重于改变人们知识的结构和态度，当然，普及卫生知识的任务还相当繁重，卫生知识的传播活动仍需要不断加强，但它不是健康教育的全部内容，也不是健康教育活动的终结。健康教育与卫生宣传的比较见表2-1。（有关健康促进的内容见下节）

表2-1 卫生宣传、健康教育与健康促进的比较

	卫生宣传 (health spread)	健康教育 (health education)	健康促进 (health promotion)
概念	是指在群众中进行有关卫生工作、环境保护及改造和健康保健等方面的信息传播活动，也包括对卫生政策、法规、条例和卫生科技信息的传播和扩散。	是旨在帮助对象人群或个体改善健康相关行为的系统的社会活动。是在调查研究的基础上通过信息传播和行为干预，帮助个人和群体掌握卫生保健知识，树立健康观念，自觉采纳有利于健康的行为和生活方式，其目的是消除或减轻影响健康的危险因素，预防疾病，促进健康和提高生活质量。	是促使人们维护和提高他们自身健康的过程，是协调人类与环境的战略，它规定个人与社会对健康各自所负的责任。
目标	改善个体卫生知识水平 改善个体、环境卫生状况 预防疾病	改善个体卫生知识水平 改善个体、群体、社区健康状况 预防疾病 改善健康相关行为 促进健康	建立社会联盟 实现社会相关部门和社区履行对健康的社会责任 促进健康

续表

	卫生宣传 (health spread)	健康教育 (health education)	健康促进 (health promotion)
内容	传播卫生知识 宣传卫生工作	有组织有计划有系统的教育活动 传播卫生知识、宣传卫生工作 进行社会动员 强调干预健康相关行为 促进个体、群体、社区参与	制定健康的公共政策 创造支持的环境 加强社区行动 发展个人技能 调整卫生服务方向
特点	多为单向传播 受众泛化 不注重信息反馈和效果评价 属于行动领域	以传播健康知识为基础 注重双方交流及对行为的影响 注重行为改变 注重健康教育计划的设计、实施和评价 讲究科学性	以倡导履行社会责任、建立合作关系和联盟为主要工作方法 以政策、教育和卫生服务为基本支柱 注重环境改变 属于行动领域 艺术性高于科学性
策略	行政干预 多部门传播	行政干预 多部门参与 运用先进的健康教育模式 运用适宜的传播教育策略与技巧 以人为中心，以健康为中心开展活动	以健康教育为基础 进行广泛的社会动员 倡导、协作、参与 资源保障

从20世纪90年代以来，我国的健康教育事业继续借经济发展的机遇大踏步前进，培训了一大批健康教育骨干专业人员，提高了理论水平和实践能力。各种双边及多边国际合作项目的开展，如联合国儿童基金会的健康教育项目；世界卫生组织的健康促进学校项目、预防蠕虫感染项目、艾滋病项目、预防与控制烟草使用项目；世界银行贷款改水环境卫生与健康教育项目、预防碘缺乏病项目、卫生Ⅲ、卫生Ⅵ、卫生Ⅶ、卫生Ⅷ、卫生Ⅸ和卫生Ⅹ项目等诸多国际合作项目都有健康教育的内容，健康教育在配合实现项目目标方面起到了重要作用。另一方面，随着各级政府部门对健康教育工作重要性的认识进一步提高，健康教育在各级卫生工作中的地位进一步得到加强。如在卫生城市检查评比中，健康教育的内容占20%的分数，大大促进了城市健康教育的发展。在一系列机制的促进下，健康教育专业机构和人员队伍不断发展和壮大，据1997年的统计全国已有健康教育机构2654个，从事健康教育专业工作的人员两万多人。近些年来，健康教育工作越来越活跃，为越来越多的领域提供服务，也越来越被各个专业领域所认同和接受。同时，社区、学校、工矿、医院、行业以及军队的健康教育工作的开展也越来越广泛和深入。

进入21世纪以后，在经济和教育飞速发展的今天，人民对健康教育的需求也急速增长。我国的健康教育和健康促进事业，随社会经济的发展和国际卫生工作的发展迎来更大的发展机遇。健康教育和健康促进也将在预防控制慢性非传染性疾病和传染性疾病方面，在控制医疗费用上涨方面，在满足人民群众对卫生服务更高要求方面显示其重要地位和作用。

4. 健康教育相关的政策、法规

1997年1月，中共中央、国务院在《中共中央、国务院关于卫生改革与发展的决定》

中指出："健康教育是公民素质教育的重要内容,要十分重视健康教育"。这是我国政府从国家的高度对健康教育重要性作的最好阐述,也是对重视和加强健康教育工作的最高强调。全国爱卫会、卫生部根据《决定》的精神,制定了《中国健康教育2000年工作目标及2010年远景规划》。

我国已经颁布的《中华人民共和国科普法》、《中华人民共和国传染病防治法》、《中华人民共和国母婴保健法》以及《突发公共卫生事件应急条例》等法律法规,为开展健康教育与健康促进工作提供了依据。2002年《中共中央、国务院关于进一步加强农村卫生工作的决定》中进一步强调要积极推进全国亿万农民健康促进行动。我国于2003年11月10日正式签署了联合国《烟草控制框架公约》,为我国开展烟草控制与健康促进工作提供了依据。

2005年2月4日卫生部颁布了《全国健康教育与健康促进工作规划纲要(2005～2010年)》,以规范和指导全国健康教育与健康促进工作的开展。

纲要的总目标是建立和完善适应社会发展需要的健康教育与健康促进工作体系,提高专业队伍素质。围绕重大卫生问题针对重点场所、重点人群,倡导健康的公共政策和支持性环境,以社区为基础,开展多种形式的健康教育与健康促进活动,普及健康知识,增强人们的健康意识和自我保健能力,促进全民健康素质提高。

国家卫生部将制定切实可行、科学规范的《规划纲要》评价指标体系和监测评价方案,并将依据本《规划纲要》,实行中期和终末评价,确保实现《规划纲要》目标。

(二)国外健康教育发展概况

健康教育在世界各国的发展是极不平衡的,发达国家起步较早,发展中国家起步较晚。发达国家虽然起步早些。但真正重视也是20世纪70年代以后的事。美国在19世纪初就把卫生教育作为公立学校体育课的一部分而开始实施。1971年美国设立总统健康教育委员会,并在联邦卫生福利部建立健康教育局,以及成立全国健康教育中心。1974年健康教育与健康促进体系进入了形成阶段,许多国家都相继发表并建立了健康教育与健康促进的宣言、法案和有关机构。同年,美国国会通过了健康信息、健康促进法和《美国健康教育规划和资源发展法案》,明确规定健康教育为国家优先卫生项目之一,并建立了健康信息和健康促进办公室。1979年美国卫生署发表《健康人民》(Health people)的文件,宣告发动"美国历史上的第二次公共卫生革命"。通过健康教育和政策倡导、美国人民的生活方式改变,许多疾病的发病率和死亡率均明显下降。如1963～1980年,美国居民食用动物油下降38%,植物油和鱼类消费增加57.6%和22.6%,冠心病和脑血管病的死亡率分别下降近40%和50%。

加拿大政府于1974年出版了《加拿大人民健康的新前景》,把卫生政策的重点由疾病的治疗转移到疾病预防和健康促进。首次把死亡与疾病归因于不健康行为和生活方式、环境、生物与卫生服务四大因素,阐明环境与生活方式是降低疾病患病率与死亡率,改善健康状况的有效途径,并制定提倡健康生活方式的行动计划。

欧洲许多国家如芬兰、瑞典、德国的健康教育在卫生保健中发挥了重要作用。芬兰北卡地区于1972年开始,针对该地区高血压、冠心病的高发病率,在全区实施从改变不健康生活方式入手的全方位健康教育干预计划,经过15年努力,取得明显成绩,总吸烟率从52%下降到35%,吸烟量净下降28%,血清胆固醇水平下降11%,中年男性缺血性心脏病死亡率下降38%,与其他地区比较取得了用其他措施难以想像的显著成绩。

英国于1927年成立全国健康教育委员会;德国最早在学校开展健康教育,1976年成立全国健康教育协会，并将健康教育学列为医学院校必修课；前苏联对健康教育十分重视，早在 20 年代初就曾强调"没有健康教育就没有前苏联的保健事业"，前苏联近些年也开展了一场耗资 5 亿美元的公共教育活动，号召人们改进饮食，降低酒的消费量，以提高人们的健康水平和劳动生产力，通过动用宣传和法律两方面的力量来反对酗酒以来，酒的消费量已经降低了 50％。

近年来，西太区一些国家的健康教育进展较快，如新加坡把健康教育计划纳入全国卫生规划，采取健康教育和健康促进策略来控制慢性病；澳大利亚在对健康教育和健康促进的人才培养方面，取得不少成绩和经验，在维多利亚州，利用烟草税收开展健康促进活动。

发展中国家由于情况不同，个人保健的方法甚至具有更大的潜力。建造再多的医院，培训再多的医生，或在医疗技术上增加再多的费用，也难以在卫生保健上收回投资；它们更无法与初级卫生保健方法所能带来的益处相比拟。

综观世界的发展，20 世纪 70 年代开始认识到随着现代化带来的环境与人类行为方式的变化，生物学的手段在预防疾病、提高生活质量方面作用日显局限，因而引入行为危险因素的观点和行为改变的手段。然而，80 年代后期，人们注意到行为改变并非孤立的现象，它在很大程度上取决于社会与自然环境的制约，于是健康促进就成了健康教育深化和发展的必然趋势。

我国正处在第一次卫生革命向第二次卫生革命过渡的历史时期，两次卫生革命的比较见表 2-2，疾病谱和医学模式正在发生深刻变化，正面临新老传染病和慢性病双重疾病负担，无论是针对传染性疾病还是慢性非传染性疾病，健康教育和健康促进都有着无可替代的作用。

表 2-2 两次卫生革命比较

	第一次卫生革命	第二次卫生革命
对象	急性传染病、营养不良	慢性病、老年退行性病、生活方式病
思维方式	直线式、单因单果—多因多果（还原论）	立体网络式，多因多果系统论
医学模式	生物医学模式	生物—心理—社会医学模式
健康观	生理无病即健康	生理、心理、社会完好状态为健康
手段	特异性诊断、治疗、预防方法	以非特异性方法为主
着眼点	防疫与治病	健康教育与健康促进（三级预防）
卫生事业	医疗型	医疗预防保健型
服务对象	病人	健康人、病人及其家庭
工作方式	个体为主	团队合作
工作地点	医院为主，强调三级医疗	社区为主、强调初级保健
医生角色	治病救人（上帝）	保护人类健康（指导者和朋友）
人力需求	专科为主	全科专科并重

第二节 健康促进

一、健康促进的涵义

1. 健康促进（health promotion）的概念

健康促进是促使人们维护和提高他们自身健康的过程，是协调人类与他们环境之间的战略，规定个人与社会对健康各自所负的责任。

世界卫生组织对健康促进的解释中在强调"促进健康"的本身含义之外特别强调了"环境"、"战略"和"责任"三个方面，这是认识和了解健康促进的核心要点。

健康促进是当前世界上最推崇的具有全新意义的提高健康水平之最佳过程与途径。它促使个人、集体乃至整个社会，在更大程度上参与修正不健康行为，优化生活方式和促进环境的改善，从而控制影响健康的各种危险因素，达到增进身心健康和提高生活适应状态的良好健康素质。健康促进不仅包含了增强个人技巧和能力的过程，也包括改变社会环境、经济状况，以减轻对大众或个人健康影响的行动。健康促进是使人更能控制健康的决定因子，因而改善其健康的过程，参与是维持健康促进行动的根本。

2. 对健康促进的不同界定

健康促进这个名词从上世纪20年代开始已出现在公共卫生文献中。在对健康促进的含义作解释和说明时，有的是从健康教育的角度出发去解释健康促进与健康教育的内在联系；有的是从健康促进的作用进行说明。下面介绍几个不同的界定。

- "健康促进就是组织社区，努力针对各种危险因素，开展个人卫生教育，完善社会机制，以保证有利于维持并增进健康的生活水准"。（温斯勒，1920年）
- "健康促进包括健康教育及任何能促使行为和环境转变为有利于健康的有关组织、政策及经济干预的统一体。（美国联邦办公署，1979年）
- "健康促进是把健康教育和有关组织、政治和经济干预结合起来促使行为和环境改变来改善和保护人们的健康的一种综合策略"。（Battes/Winder，1984）
- "健康促进是促使人们提高、维护和改善他们自身健康的过程。"（《渥太华宪章》，WHO，1986）
- "健康促进是一门帮助人们改变生活方式，以达到理想健康状况的科学和艺术"。（美国健康促进杂志，1986年）
- "健康促进是促进人们控制和提高自身健康的过程，是协调人类与他们环境之间的战略，规定个人与社会对健康各自所负的责任。"（世界卫生组织，1988年）
- "健康促进是指一切能促使行为和生活条件向有益于健康改变的教育与环境支持的综合体。"其中环境包括社会的、政治的、经济的和自然的环境，而支持即指相关的政策、法规、组织等的综合。（Lawrence. W. Green，1991年）
- "健康促进是指个人与其家庭、社区和国家一起采取措施，鼓励健康的行为，增强人们改进和处理自身健康问题的能力。"（1995年WHO西太区办事处发表《健康新地平线》）……

综上所述，健康促进包含了以下基本内容：

（1）健康促进着眼于整个人群的健康，致力于促进个体、家庭、社会充分发展各自的健康潜能，其中包括培养有利于健康的生活方式和行为、促进社会的、经济的、环境的以及个人有利于健康因素的发展。包括人们日常生活的各个方面，而不是仅限于造成疾病的某些特定危险因素；

（2）环境因素在人类促进健康的过程中占有重要地位，无论个人、集体还是社会，要获得健康，均要积极参与对环境的改善，使环境成为人类获得健康的支持因素。这里的"环境"指的是具体的自然条件、空间、地域与设施，也包括抽象的精神、氛围和行为取向；

(3) 健康促进运用多学科理论，采用多种形式相配合的综合方法促进人群的健康。工作方法包括传播、教育、立法、财政、组织、社会开发等；

(4) 健康促进特别强调社区群众的积极有效地参与，强调启发个体和群体对自身健康负责并且付诸行动；

(5) 健康不再仅仅由个人负责，开展健康促进不仅需要卫生部门的努力，还要有社会领域各方面的参与，还应由社会负责，为此，在行为学的策略上应扩展到更大范围，包括在组织行为中占主导地位的"制定支持健康的公共政策"，以强有力的支持来促进个人与社会健康。

3. 健康教育与健康促进的关系

健康教育发展成为健康促进，这是当今世界健康教育事业发展的趋势。

(1) 健康教育是健康促进的基础，健康教育在健康促进中起主导作用。这不仅是因为健康教育在促进个体和群体行为改变中起重要作用，而且对于激发领导者拓展健康教育的政治意愿、促进公众的积极参与以及寻求社会的全面支持，促成健康促进氛围的形成都起着极其重要的作用，没有健康教育也就没有健康促进。

(2) 健康促进是健康教育发展的新阶段，健康促进比健康教育更具有社会性，更为宏观。健康促进以健康教育、组织、法律、政策和经济等综合手段对有害健康的行为和生活方式进行干预，创造良好的社会和生态环境，以促进人类健康。政策、法规和组织等行政手段是对健康教育强有力的支持，如果没有后者，健康教育尽管能成功地帮助个体行为改变做出努力，但显得软弱无力和不够完善。健康促进的许多主要活动都涉及倡导、建立合作关系和联盟，更加体现社会功能，是一项社会性很强的工作。这些工作的艺术性高于科学性。

以高血压病防治为例，为控制高血压的发生发展，仅仅依靠临床治疗是远远不够的，要提供预防性卫生服务（疾病监测、普查普治、高血压病人的社区系统化管理等）；要通过健康教育普及有关防治知识，提高人们的自我保健意识和能力；要以立法和行政手段消除高血压病的危险因素如改善工作环境、控制吸烟、酗酒等，这些内容综合起来，在各级政府和有关部门的领导下有计划地进行，就是健康促进活动的具体实施。

二、健康促进的发展历程

虽然健康促进一词，早在20世纪20年代即见于公共卫生文献，但健康促进真正成为卫生工作的一大策略，是从70年代开始的，近十几年来才引起广泛的重视。

(一) 健康促进理论的产生

1978年9月，世界卫生组织和联合国儿童基金会在前苏联阿拉木图召开了国际初级卫生保健大会。会上发表了全球卫生工作具有重要里程碑意义的《阿拉木图宣言》。宣言提出的初级卫生保健内容和策略，可以认为是健康促进理论的雏形。《阿拉木图宣言》提出了以下主要工作内容：

(1) 健康是基本人权，达到尽可能高的健康水平是世界范围内的一项最重要的社会目标。而它的实现则要求卫生部门及社会与经济各部门协调行动；

(2) 人民健康状态，特别是在发达国家与发展中国家之间以及国家内部存在严重不平等状况，在政治上、社会上、经济上是不能接受的，是所有国家关注的焦点；

(3) 国际新经济秩序为基础的经济和社会发展，首要任务是充分实现人人享有卫生保健并缩短不平等的差距。健康既是资源，也是目的。增进并保障人们健康对社会经济的持续性

发展是第一位的,并有助于提高生活质量和世界和平;

(4) 人民有个别或集体地参与他们的卫生保健的权利和义务;

(5) 政府对其人民的健康负有责任。使所有的人民享有有助于健康的丰富的精神、物质生活,是各国政府、国际组织及整个国际大家庭的一项主要的社会目标;

(6) 初级卫生保健建立在切实可行、学术可靠、而又能为社会接受的基础上。强调各个国家、社区、家庭和个人的参与和努力,强调尽可能接近于人民的居住及工作场所;

(7) 初级卫生保健,要求符合各个国家及社区的政治、经济、卫生工作特点;针对当地的主要卫生问题提供以健康教育为首要内容的促进、预防、治疗和康复服务;在这一过程中,要求国家及有关部门和卫生部门协作;并最大限度地提高人们参与的能力;同时改善卫生服务;

(8) 政府制定有利于初级卫生保健的政策;

(9) 开展国际间的合作;

(10) 提供资源保证。

1979年美国卫生总署关于健康促进和疾病预防的报告——《健康的人民》的发布,标志着健康促进的开始。

1981年依罗娜·凯克布什博士（Dr. Ilona Kiekbush）首先提出健康促进工作计划。

(二) 国际健康促进大会

1. 第一届国际健康促进大会

1986年11月,在加拿大渥太华召开的第一届国际健康促进大会和由此而发表的《渥太华宪章》是健康促进发展史上的一个里程碑,宣言指出:"健康是日常生活的资源而不是生活的目标","健康促进是指促进人们提高(控制)和改善他们自身健康的过程"。表明健康促进行动的范围更为广泛,涉及整个人群的健康,包括人们日常生活的各个方面,而非仅限于造成疾病的某些特定危险因素。

2. 第二届国际健康促进大会

1988年,第二届国际健康促进大会在澳大利亚的阿德莱德召开,主要议题是健康的公共政策。宣言为卫生政策制定指明了新的方向,形成了强调人人参与、社会各部门协调和初级卫生保健的基本策略。

3. 第三届国际健康促进大会

1991年在瑞典的宋斯瓦尔召开第三届健康促进国际会议,主题是建立有利于健康的支持性环境。第三届国际健康促进大会认识到健康促进对发展中国家的意义,邀请了近一半发展中国家的代表参加大会,同时还邀请了交通、住房、教育、社会福利、工会等部门的代表。会议通过了以"创造有利于健康的环境"为主要内容的《宋斯瓦尔宣言》,把健康与环境两大主题紧密连接起来。

4. 第四届国际健康促进大会

1997年7月在印尼首都雅加达召开的第四届健康促进大会,这是第一次在发展中国家举行的健康促进会议,也是第一次在健康促进的支持中有私人部门的参与。会议以"新时期的新角色:将健康促进带进21世纪"为主题,发表了《雅加达宣言》。雅加达宣言进一步强调了健康促进的重要性,思考有效的健康促进经验,重新审视健康的决定因素,确定了为完成在21世纪促进健康这个艰巨任务所需要的策略和指导方向,指出21世纪的健康促进需优先考虑的环节。

5. 第五届国际健康促进大会

2000年在墨西哥召开的第五届全球健康促进大会，主题是健康促进——架起公平的桥梁（Bridging the Equity Gap），参加会议的各国卫生部长共同制定了《国家健康促进行动规划框架》。《国家健康促进行动规划框架》确定了健康促进的目标和健康促进结果的评价角度。提出了面向21世纪健康促进的技术性的优先领域。

三、健康促进的活动领域

《渥太华宣言》中明确了健康促进所涉及的五个主要活动领域或任务：

（一）制定能促进健康的公共政策

是指所有政策领域都必须考虑到健康、和平，并对人民健康负有责任。制定健康公共政策的主要目的是创造支持性环境使人们能够健康地生活。因此，这些政策应当使人们有选择并维护健康的权利，有利于创造一个增进健康的社会环境和自然环境。为达到这个目的，健康促进的含义已超出卫生保健的范畴，把健康问题提到各个部门、各级政府和组织的决策者的议事日程上。健康促进明确要求非卫生部门实行健康促进政策，其目的就是要使人们更容易做出更有利于健康的选择。促进健康的公共政策多样而互补：政策、法规、财政、税收和组织改变等。

制定并实施相应的政策，实行广泛的部门合作，创造有利于健康的社会环境，是各级政府部门的责任。

（二）创造支持的环境

人类与其生存的环境是密不可分的，健康促进策略重视保护自然，重视为人类创造良好的生存环境。同时，为实现人们的行为改变创造环境和物质方面的支持条件。

健康促进必须创造安全的、满意的和愉快的生活和工作环境。系统地评估快速变化的环境对健康的影响，以保证社会和自然环境有利于健康的发展。环境包括人们的家庭、工作和休闲地、当地社区、还包括人们获取健康资源的途径。

一是改善社会生活环境，包括促进生活方式、社会规范、生活习惯、社会关系、文化传统、价值观、心理状态、工作精力、工作环境、舆论环境等因素的改善。二是改善政治生活环境，包括民主决策、将责任和资源下放、充分维护人权与和平、合理分配资源等。三是促进经济保障，包括促进健康资源的开发与利用、建立稳定的资源保障机制、提供安全适用可靠的技术等。四是充分发挥妇女的作用，包括减轻妇女的社会负担，强化针对妇女的健康教育，发挥她们在促进健康中的作用等。

创造支持性环境需要推行四个公共卫生行动策略。一是部门协调，加强卫生和其他部门在健康促进工作中的支持与配合；二是社会动员，特别是动员妇女参与创造健康支持环境工作；三是运用政策、教育等手段，使社区和个人参与创建健康环境；四是在创建健康支持环境过程中，关注各部门、各类人群的利益。创造支持性环境过程必须认识健康、环境和人类发展是不可分割的，发展必须首先包含人类生命质量的提高和健康状况的改善，同时保证环境的可持续性发展。

（三）加强社区的行动

社会动员和社区行动是健康促进的基础策略。充分调动社区的力量，积极有效地参与卫生保健计划的制定和健康环境的建设，为社区居民提供良好的生活环境和社区卫生服务。在加强社区行动中关键在于调动和发挥社区的能动性，提高社区在促进健康方面的各种基本能力。社区人民有权决定他们需要什么以及如何实现其目标，因此，提高社区人民生活质量的真正力量是他们自己。充分发动社区力量，积极有效地参与卫生保健计划的制定和执行，挖掘社区资源，帮助他们认识自己的健康问题，并提出解决问题的办法。

（四）发展个人技能

通过提供健康信息，开展认知教育和保健技能培训，帮助人们树立健康观念和提高作出健康行为选择的能力，改变不健康行为，同时帮助人们学习保健技术，提高自我保健能力。要想让人民掌握保持健康的能力，首先得让他们掌握知识，即关于实现良好健康的确切的可靠的知识和日常生活所面临的危害健康的知识，教育并帮助人们提高作出健康选择的技能，支持个人和社会的发展。这样，就使人们能够更好地控制自己的健康和环境，不断地从生活中学习健康知识，有准备地应付人生各个阶段可能出现的健康问题。

总之，发展个人技能的前提，一是要有正确的健康观，有强烈的维护健康的意识；二是要有维护健康的知识、技能，包括正确认识维护自己健康与关注他人健康、关注健康支持环境、关注社会发展的关系；三是能有准备地对付人生各个阶段可能出现的健康问题。发展个人健康技能需要通过健康教育活动实现。社会各方面，特别是卫生部门，都要采用多种形式，开展健康教育活动，改善个人的健康意识、知识、技能、行为水平。

（五）调整卫生服务方向

通过多种途径，从全社会广泛动员可利用的一切资源，为发展健康事业服务。发展社区卫生服务和社区健康促进，通过多部门的协作和社区的参与，对卫生服务项目进行优化选择，把健康促进和健康教育作为向社区提供的卫生服务内容，把卫生服务的重点调整到最需要的地区和最急需的人群。同时，要求改变医疗部门仅仅提供临床治疗服务的模式，而必须坚持健康促进的方面。健康促进中的卫生服务的责任由个人、社会团体、卫生专业人员、卫生部门、工商机构和政府共同分担。他们必须共同努力，建立一个有助于健康的卫生保健系统。

有专家形象地将健康促进总结为"三点成一面"的理论模式，也就是说健康促进依靠"三条腿站立"，这三条腿就是政策、教育和服务。这三个点称之为健康促进的三个支点，有了这三个支点就能保持健康促进的稳定和平衡，如果缺少了任何一个支点，健康促进就不能正常"站立"，用它们连成一个三角形就是图2-1所示：

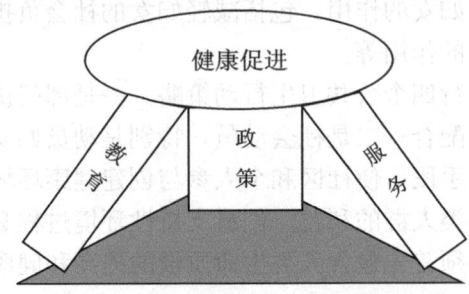

图2-1 健康促进的三大支柱

（引自田本淳主编．健康教育与健康促进实用方法．北京大学医学出版社，2005年）

这一理论强调健康促进主要是通过推动制定有利于健康的政策、提供和改善卫生服务以及开展健康教育来实现促进健康的目标。虽然健康促进的工作范围涵盖了健康教育，但是健康促进是一种宏观的战略，它是为了实现这些工作内容而协调部门间的行动、调配资源的战略规划和将规划付诸实施的战略行动，属于行动领域。因此，健康促进不能取代或替代健康教育作为学科领域在改变人们知识、态度（信念）和行为方面的特定作用。

四、健康促进的基本特征

1. 健康教育是以健康为中心的全民教育，它需要社会人群自觉参与，通过自身认知态度和价值观念的改变而自觉采取有益于健康的行为和生活方式。因此，从原则上讲，健康教育最适于那些有改变自身行为愿望的人群。而健康促进是在组织、政治、经济、法律上提供支持环境，它对行为改变的作用比较持久并且带有约束性。

2. 健康促进涉及整个人群和人们社会生活的各个方面，而不仅限于某一部分人群或仅针对某一疾病的危险因素。

3. 在疾病三级预防中，健康促进强调一级预防甚至更早阶段，即避免暴露于各种行为、心理、社会环境的危险因素，全面增进健康素质，促进健康。

4. 社区和群众参与是巩固健康发展的基础，而人群的健康知识和观念是主动参与的关键。通过健康教育激发领导者、社区和个人参与的意愿，营造健康促进的氛围。因此，健康教育是健康促进的基础，健康促进如不以健康教育为先导，则健康促进是无源之水，无本之木，而健康教育如不向健康促进发展，其作用就会受到极大限制。

5. 与健康教育相比，健康促进融客观的支持与主观参与于一体。前者包括政策和环境的支持，后者则着重于个人与社会的参与意识与参与水平。因而健康促进不仅包括了健康教育的行为干预内容，同时，还强调行为改变所需的组织支持，政策支持，经济支持等环境改变的各项策略。这就表明健康促进不仅是卫生部门的事业，而且是要求全社会参与和多部门合作的社会工程。

五、健康促进的基本策略

（一）《渥太华宣言》指出健康促进的三个基本策略

1. 倡导

倡导政策支持，社会各界对健康措施的认同和卫生部门调整服务方向，激发社会关注和群众参与，从而创造有利健康的社会经济、文化和环境条件。

2. 赋权

帮助群众具备正确的观念、科学的知识、可行的技能，激发其走向完全健康的潜力；使群众获得控制那些影响自身健康的决策和行动的能力，从而有助于保障人人享有卫生保健及资源的平等机会；使社区的集体行动能在更大程度上影响和控制与社区健康和生活质量相关的因素。

3. 协调

协调个人、社区、卫生机构、政府和非政府组织等在健康促进中的利益和行动，组成强大的联盟与社会支持体系，共同努力实现健康目标。

(二) 1990年，WHO发表《行动起来》(A Call for Action) 文件，对发展中国家开展健康促进活动提出3个主要战略

1. 政策倡导

倡导卫生领域和非卫生部门制定政策以满足健康的需求并有利于健康行动的开展；倡导激发群众对于健康的关注，促进卫生资源的合理分配并保证把健康行为作为政策与经济发展的一部分；倡导卫生及相关部门去满足群众的要求和需要；倡导建立支持的环境并促使群众作出更健康、更容易的选择。

2. 发展强大的联盟和社会支持系统

主要包括保证更全面、更平等地实现健康目标；促进健康的生活方式作为社会的规范并鼓励个人和集体积极开展有益于健康的行为。

3. 提高与改善群众卫生知识、态度和技能

目的是促使他们能采取明智的行为和有效地预防以解决个体与集体的健康问题。

(三) 联合国儿童基金会 (UNICEF) 提出：健康促进的核心策略——"社会动员"(Social mobilization)

社会动员不仅在把健康目标转化为社会目标方面与健康促进完全一致，同时它所采取的一系列综合的、高效的动员社会、政治和群众方面的策略，与健康促进策略也是不可分割的整体，共同体现了先进的公共卫生观念。现就UNICEF提出的社会动员的有关动员层次、动员手段等简述如下：

1. 社会动员的层次

(1) 领导层的动员　利用各种机会，大力宣传，积极主动地争取各级领导从政策上对健康需求和有利于健康活动的支持，使各级政府把发展卫生事业当作政府的职责，将卫生目标作为当地政治经济发展的一部分。不仅要统筹规划，增加"健康投资"，保证提供必需的卫生资源，而且要制定正确的方针、政策，加强指导，保证社会发展事业与保健同步进行。同时，更要创造各种机会，利用各种手段，开发领导认识卫生项目在社会经济发展中的重要地位和作用。倡导建立社会支持环境，以利于群众作出抉择，保证人人参与、人人享有卫生保健目标的实现。领导层动员的具体措施，包括：游说、汇报，举行学术研讨会等。

(2) 社区、家庭与个人参与的动员　在改善居民健康的过程中，社区和居民应发挥重要的作用。应大力开发和动员社区的决策者，使他们充分了解各种社会卫生项目的意义和方法，认识到必须对社区居民的健康负起责任。要注意发挥家庭成员在健康促进、健康保护中的作用，认识到人人有权享受基本卫生保健，同时人人也都有义务参与。每个社会成员必须积极参加社区的卫生保健活动，改变不良的卫生行为和生活方式，提高自我保健的能力，把政府的决心和群众力量最紧密地结合起来，保证社会群体健康处于良好状态。在社会动员的过程中，要提供有关的知识和技术，增强社区、家庭与个人的自身发展能力，促使个人和家庭积极参与社区规划，让群众参与项目的设计和评价。动员社区、家庭与个人参与的最佳途径是健康教育。

(3) 非政府组织的动员　非政府组织的作用在社会发展中的地位日益重要，宗教团体和其他社会团体、基层组织的作用也日显突出。如我国计划免疫的社会动员中，共青团、妇联、工会组织和宗教团体等组织发挥了很大的作用。在少数民族地区尤其要提高关键人物如宗教领袖对卫生项目的认识，让其用适当的方式、途径向广大居民宣传卫生项目的意义。

(4) 动员专业人员参与　专业人员是卫生服务的提供者，尤其是基层卫生工作者，他们生活、工作在居民中间，有着很大的影响力，他们的行为不仅直接影响到能否使更多的居民享有卫生保健服务，同时在与居民的接触中，他们的言行在很大程度上对居民的健康意识和健康行为起着楷模的作用。因此，动员专业人员自觉参与卫生项目至关重要，要加强对专业人员的培训，提高其技术水平，明确其职责和权利。

2. 社会动员的手段

(1) 利用社会市场学的技术　社会市场学是运用商业市场学的基本技术，根据群众的需要，设计社会发展项目，通过恰当的传播途径，实现既定的社会发展目标。其基本技术包括①受众分析。分析某一部分具有共同特征的人群的需要和需求特点；②检验。检查和验证信息的效度；③激励机制。包括如何调动工作人员的积极性和如何激发消费者的需求两方面。

(2) 信息的传播　可以倡导政治主张，促进社会参与，得到专业人员的支持；采取具体的行动步骤，提供所需的资源。

(3) 人员培训　强化各类专业人员对社会卫生项目中的有关知识和技能，确保项目的顺利进行。

(4) 管理技术　包括卫生项目的计划、实施、评价。

第三节　健康教育与健康促进的社会作用和任务

一、健康教育与健康促进的社会作用

(一) 健康教育与健康促进是实现初级卫生保健的先导

《阿拉木图宣言》把健康教育列为初级卫生保健八项任务之首，并指出健康教育是所有卫生问题、预防方法及控制措施中最为重要的。1983年第36届世界卫生大会和世界卫生组织委员会第68次会议根据初级卫生保健原则重新确定了健康教育的作用，提出"初级卫生保健中的健康教育新策略"，强调健康教育是策略而不是工具。1985年第42届世界卫生大会通过了关于健康促进、公共信息和健康教育的决议，再次强调《阿拉木图宣言》的重要性，并紧急呼吁把健康促进和健康教育作为初级卫生保健的内容。实践证明，为了完成初级卫生保健其他七项任务，必须有健康教育作为基础和先导。同时，实现初级卫生保健的目标所需的最根本性的条件，如领导重视，群众参与，部门协作均需有健康教育的开发、动员、组织与协调。可以说，健康教育是能否实现初级卫生保健任务的关键。

(二) 健康教育与促进能够有效地预防慢性非传染性疾病，能够有效预防与行为相关的传染病

当今社会许多国家人群的疾病谱、死亡谱发生了根本性变化，其主要死因不再是传染性疾病和营养不良而是被慢性非传染性疾病所取代。冠心病、肿瘤、中风已成为这些国家的主要死因，不健康的生活方式直接或间接的与多种慢性非传染性疾病有关，解决行为和生活方式问题不能期望医药，当前，甚或在今后相当长的时间里，人类对于慢性非传染性疾病没有很好的治愈方法，也不会有预防的疫苗。要预防控制慢性非传染性疾病，降低慢性病对人民健康的损害程度，只能依靠健康教育，依靠社会性措施的突破。健康教育和健康促进的核心是促使人们建立新的行为和生活方式，制定一系列使行为和生活方式向有益于健康发展的策略,减低危险因素,预防各种"生活方式病",这正是一种社会性的突破。近20年来,一些国家致力于健康教育和健康促进项目的实施,取得了很大的健康成效。把健康教育与健康促进放在各项措施的核心地位具有战略意义,同时也是卫生保健事业发展的必然趋势。

当今流行严重的某些传染病不仅仅是微生物致病的结果,而且与不健康的生活方式密切相关。例如,性病、艾滋病、甲型肝炎、乙型肝炎、痢疾等传染病就直接与不健康的生活方式相关。目前,全世界艾滋病感染者已经有6000万,我国也已经达到100万。如果不能有效控制,2010年就将出现1000万感染者的严重局面。艾滋病将能够摧毁我们经过艰苦努力发展起来的国民经济,威胁国家安全。怎么有效预防艾滋病是人类共同面对的一个世界性难题。但是,艾滋病完全是一种人类可以通过自身行为改变而有效预防的疾病。因此,运用健康教育手段广泛传播预防知识,干预高危行为就是预防艾滋病的有效措施。在性病的预防控制方面、在血吸虫、疟疾、肝炎等传染病的预防控制方面也同样需要人们行为改变的配合,才能获得好的效果。

在卫生保健领域,健康教育是以消除或减少不健康的行为因素来达到预防疾病、促进健康为特点的。健康教育通过信息传播、认知教育和行为干预,帮助个人和群体掌握卫生保健知识和技能,树立健康观念,自愿采纳有利于健康的行为和生活方式。

(三)健康教育与健康促进是一项低投入、高产出、高效益的保健措施

健康教育引导人们自愿放弃不良的行为和生活方式,减少自身制造的危险,追求健康的目标,从成本——效益的角度看是一项投入少,产出高,效益大的保健措施。健康促进在促使环境改变中虽需要有一定的资源保证,但它们所需的资源投入与高昂的医疗费用形成鲜明的对照。美国疾病控制中心研究指出,如果美国男性公民不吸烟,不过量饮酒,采用合理饮食和进行经常的有规律的身体锻炼,其寿命可望延长10年,而每年数以千亿计的钱用于提高临床医疗技术的投资,却难以使全美人口平均期望寿命增加1年。

健康教育与健康促进能够有效地遏止医疗费用的急剧上涨。

西方工业国家自20世纪60年代以来医疗费用急剧上涨,例如美国在60年代的医疗卫生事业的花费是国民总产值的4%~5%,而到80年代就上升到11%。最近20年虽有控制但还是在上升,1991年的报告是13.75%。我国自90年代初以来,人均医疗费用年增长率在20%以上,在未来的几十年内还将有更快增长的趋势,甚至超过国内生产总值(GDP)的增长速度,国力将感受医疗负担的重压。见表2-3、2-4。

表2-3 部分发达国家卫生总费用占GDP比例

国家	1990	1991	1992	1993	1994	1995
美国	12.2	13.0	13.4	13.6	13.6	13.6
加拿大	9.2	9.9	10.3	10.2	9.8	9.5
法国	8.9	9.1	9.4	9.8	9.7	9.9
奥地利	8.4	8.5	8.9	9.4	9.7	9.6
德国	8.3	9.0	9.3	9.3	9.5	9.6
新西兰	8.4	8.6	8.8	9.0	8.8	8.8

表2-4 1991~2000年我国年卫生总费用增长率与GDP增长率比较

指 标	1991	1992	1993	1994	1995	1996	1997	1998	1999	2000
卫生总费用年增长率（%）	12.0	13.8	9.7	7.92	12.8	19.5	17.6	14.3	13.2	13.0
GDP增长率（%）	9.2	14.2	13.5	12.7	10.5	9.6	8.8	7.8	7.1	8.0

（引自马骁主编．健康教育学．人民卫生出版社，2004年）

科学技术发展、先进的医疗设备和检查治疗手段不断进步、花费也越来越高；人口的平均寿命延长，老年人的医疗费用上升；慢性病的发病率上升，治疗费用也不断增加；人们的保健要求也越来越高等因素是医疗费用不断上涨的原因。而且，大部分的医疗费用是花在了慢性病的治疗上。近20年来，我国医疗费用已经出现了急剧上涨的趋势，这是我国卫生保健工作所面临的一个重大挑战。要遏制医疗费用的急剧上涨，最好的办法就是有效减少慢性非传染性疾病的发生。健康教育就是预防和减少慢性疾病发生的有效手段，因此，从战略上看，健康教育又能有效地降低医疗费用的支出，以应对有限的资源与健康水平的无止境追求这一矛盾。

（四）健康教育与健康促进是提高广大群众自我保健意识的重要渠道

自我保健是指人们为维护和增进健康，为预防、发现和治疗疾病，自己采取的卫生行为以及作出的与健康有关的决定。自我保健包括了个人、家庭、邻里、同事、团体和单位开展的以自助为特征（也包括互助）的保健活动。它是保健模式从"依赖型"向"自助型"发展的体现，它能发挥自身的健康潜能和个人的主观能动作用，提高人们对健康的责任感。综观世界潮流，如美国的"健康的国民"；英国的"预防和健康人人的责任"；加拿大的"健康影响模式"；澳大利亚的"健康的澳洲人"；日本的"国民健康生活方式"、"健康的钥匙在您手中"等等，这些运动不仅是体现了民众健康服务的目标和策略，更着眼于民众的自我保健意识，参与态度和实践。自我保健不能自发产生，只有通过健康教育和健康促进才能提高居民自我保健意识和能力，增强其自觉性和主动性，促使人们实行躯体上的自我保护，心理上的自我调节，行为生活方式上的自我控制和人际关系上的自我调整，提高整体医学文化水平，提高人口健康素质。

（五）健康教育与健康促进能够适应人民群众对卫生保健服务的需求

随着国家经济的发展和人民群众生活水平、教育水平的提高，人们对医疗保健服务的要求也会越来越高。人民群众从温饱型进入小康，他们的健康需求从有病能够获得治疗进而要求好效果、尽量减少痛苦；进一步要求能够预防疾病；此外，人们越来越重视心理的健康，不仅要求能够预防疾病、使身体免患疾病，而且要求能解决精神和心理方面的问题，获得指导。职业紧张、竞争、压力、家庭问题、婚姻问题、独生子女的教育问题、老人的赡养问题等等，将是许多人要面对的现实。可以预见，在当今社会里，更多复杂的心理问题将出现。而随着人民健康意识的提高，精神卫生、心理健康将会是许多人追求的目标。只管治疗身体疾病、不管心理健康的卫生保健服务将不能满足人民群众的健康需求。而心理教育是健康教育的重要内容之一。因此，提供健康教育服务将是适应人民群众卫生保健服务需求的重要方面。

二、健康教育与健康促进的任务

1. 主动争取和有效促进领导和决策层转变观念，从政策上对健康需求和有利于健康的活动给予支持,并制定各项促进健康的政策。

2. 促进个人、家庭和社区对预防疾病、促进健康、提高生活质量的责任感。

3. 创造有益于健康的外部环境,以广泛的联盟和支持系统为基础,与相关部门协作,共同努力逐步创造良好的生活环境和工作环境。

4. 积极推动医疗部门观念与职能的转变,使医疗部门的作用向着提供健康服务的方向发展。

5. 在全民中,尤其在广大农民中深入开展健康教育,提高全民族的健康素质和科学文化水平。

第四节　健康教育与健康促进的相关学科

健康教育与健康促进的研究领域非常广泛,涉及的学科很多,并且各学科之间相互渗透、相互补充。其中预防医学、社会医学、教育学、健康传播学、健康心理学、健康行为学等与健康教育和健康促进的关系最为密切。

（一）预防医学（preventive medicine）

健康教育是预防医学的实践活动。预防医学是以群体为研究对象,依据预防为主的思想,应用基础医学、环境医学等有关学科的理论和流行病学、统计学、毒理学等方法,研究自然和社会因素对健康和疾病的影响及作用的规律,采取卫生措施以达到预防疾病、促进健康、延长寿命的科学。健康教育和健康促进实质上属预防医学的范畴。在健康教育和健康促进的实践中特别强调流行病学及统计学方法的应用;环境、劳动、妇幼、儿童青少年卫生等学科的专业理论和实践与健康教育和健康促进学科相互渗透。

（二）社会医学（social medicine）

社会医学是一门医学和社会科学相结合的边缘学科。它主要研究社会因素和健康之间相互作用及其规律,以制定社会保健措施,保护和增进人群的身心健康。健康教育和健康促进要借鉴社会医学研究医学问题时所侧重的战略性、理论性和方向性及其思维观念。从社会学角度研究和分析人群的主要健康问题,制定宏观与微观结合的不同层次的干预措施,提高人群的生活质量。

（三）教育学（education）

从健康教育词面理解,健康教育是健康与教育的有机组合。人群从接受健康信息到行为改变,本质上就是一个教育过程。教育是教与学的研究和实践,有特定的教育规律和一系列的教学原则。如直观性原则、理论与实践结合原则、因材施教原则等均是在健康教育实践中必须遵循的。健康教育工作者必须熟悉教育对象的需求,熟练掌握根据不同教育对象的文化背景,设计教育课程,安排教学内容的技术,运用不同的教学方法,实施因材施教,并进行效果评价。

（四）健康传播学（health communication）

健康传播学是传播学的一个新的应用领域,主要研究健康信息传播活动发生和发展规律,以及影响传播效果的因素,传播策略的选择与拓展。当前随着电脑和多媒体技术的飞速发展,传播的功能和社会效益发生着深刻变化。必须研究健康传播的理论与方法,学习运用现代科学的新的传播技术,以更好地发挥健康传播在健康教育与健康促进中的重要功能。

（五）健康心理学（health psychology）

健康心理学是在行为医学的基础上发展起来的一门新的心理学分支。随着人们对三维健康观的认识不断深化，以及社会环境的巨大变化，健康心理学要在研究心理和社会心理因素对健康的影响，提供心理保健的理论、策略、具体措施和方法学方面发挥其特殊的功能。

（六）健康行为学（health behavior）

健康行为学是近年来随着健康教育的需要而发展起来的新学科，也可以说是行为科学的一个分支。健康教育与健康促进着眼于个人，群体乃至组织行为的改变。因此，健康行为学是健康教育和健康促进的基础学科。健康教育和健康促进要研究与人们健康和疾病相关的各种行为的发生和发展规律以及影响行为发生发展和变化的各种因素，掌握有关行为改变的理论，研究改变个体、群体和社会行为的规范和途径。

（天津医科大学　张竞超）

第三章 行为与健康

人类的行为千差万别，同一个人在不同的条件下有不同的行为表现，不同的人在同一条件下也有不同的表现，不同的行为表现会对人的身心健康产生不同的影响。健康教育学研究人的行为的目的就是要从复杂纷纭的人类健康相关行为中揭示其普遍规律，以便有效地预测和控制人类行为，促使其向健康方向发展。我们应该巩固和培养促进健康的行为，摒弃有害健康的行为。行为与健康有不可分割的关系，研究其间的关系，改变人们的不良生活方式和行为习惯，养成促进健康行为，从而达到预防疾病、增强健康、提高生活质量的目的。

第一节 人类行为的特点

一、行为、行为要素与行为过程

人的行为是具有认知、思维能力并有情感、意志等心理活动的人，对内外环境因素刺激所作出的能动的反应。因此，人的行为可以分为外显和内在行为。外显行为：可以被他人直接观察到的行为，如言谈举止。内在行为：不能被他人直接观察到的行为，如意识，思想等，即通常所说的心理活动。但一般可通过观察人的外显行为，而了解其内在行为。

行为要素：

人的行为由五个基本要素构成，即行为主体、行为客体、行为环境、行为手段、行为结果。

行为主体——人。

行为客体——人的行为目标指向。

行为环境——行为主体与行为客体发生联系的客观环境。

行为手段——行为主体作用于行为客体时所应用的工具和使用的方法等。

行为结果——行为主体预想的行为与实际完成的行为之间相符的程度。

行为过程：

人类的任一行为发生过程都可以用以下公式表示：

$$(S—P—R)$$

其中，S（Stimulation）代表内外环境的刺激源，人的行为的最重要刺激源是与人的客观需求相联系的刺激因素；P（Person）代表人，一个具有"生理——心理——社会因素"的个体，R（Reaction）代表人的行为反应，如人的表情，说话，思维及身体活动。

例如：环境污染危及人类最基本的生理需求的满足而构成强烈刺激——促使人类产生生态环境被破坏的危害认识——令人类有保护环境的设想和实施行为反应。因此可以理解刺激——人——行为（S—P—R）三环节相互联系、相互作用，形成了人类丰富多彩的行为。

二、人类行为的生物学基础

人类在漫长的生物进化中随环境的不断变化逐渐形成一些具有自身特点的行为，但人类行为的发生发展受到生物学基础的制约。

1. 遗传

人类通过遗传作用把一些生物特征传给后代，如性别、相貌、气质特征，以及某些动作特点等。

由于大脑和神经系统的活动特点不同，个体在建立条件反射的速度和强度上也有差别。记忆力惊人，过目不忘者有之，记忆力差而健忘者也不鲜见。一些先天性痴愚的病态行为与遗传有密切的关系。同卵双生者之间的生理指数，如血压、心率、呼吸、脑电波图形及一些动作特征都相似。不难理解，子代的生长发育，生活习惯，行为特点无不受到亲代遗传素质的影响。

2. 人类行为的生物节律性

人类行为与生物节律有密切的关系，其节律基础不在同层次水平上，显现心脏起搏点，神经细胞和平滑肌细胞的电活动在细胞水平上具有节律性。

内分泌系统的周期活动，个体的智力，体力的节律性变化，妇女的月经期变化显示了器官系统的节律性特点。个体的昼夜觉醒和睡眠具有显著的整体节律性特点。

3. 神经系统的整合能力与人的行为

人的行为受到大脑的化学活动和电活动的影响。

大脑将传入神经收集的信息加以整合，然后通过传出神经发出反应和如何反应的冲动信号，支配肌肉和腺体的活动，这些活动就构成了外显行为。在信息的整合过程中大脑的结构与行为活动有特殊的联系。如边缘系统与人的记忆、情绪、本能活动以及植物神经系统活动有关，网状结构与意识、注意、感觉功能有关，左大脑半球是语言的优势半球，右大脑半球与非语言性作业、形象思维、情绪冲动有关。神经系统的结构和电化学活动异常将导致人的行为异常。例如，神经介质的代谢障碍或含量的改变可影响个体的精神状态，已知去甲肾上腺素，多巴胺与5-羟色胺在突触间隙浓度过低，可出现动作缓慢，思维迟钝和情感抑郁等行为特征。

4. 内分泌对个体行为的调节

现代医学研究证明内分泌系统活动变化可引起个体行为的显著变化。

例如人体最重要的内分泌腺——垂体，不仅支配人体的多种内分泌腺，而且对情绪调节有重要作用，处于青春期阶段的个体由于性成熟及甲状腺分泌旺盛而常表现出兴奋大于抑制，情绪易冲动易激惹。

健康教育学目的是要在健康教育实践中激励人的健康需要并使其相应的动机转化为优势动机，从而促使健康教育对象采取有利其健康的行为。

第二节 行为的心理影响因素

行为的影响因素大体包括遗传因素、生理因素、心理因素、社会文化因素和自然环境因素。本章主要讨论个体健康相关行为的心理影响因素。

对于个体心理影响因素的论述，在心理学发展史上有各种理论和派别，如构造学派、机能学派，以华生（J. B. Watson）、斯金纳（B. F. Skinner）为代表的行为主义学派，弗洛伊德的精神分析理论，以勒温（Kurt Lewin）等为代表的格式塔学派，以及群体动力学理论等等，这些理论分别从不同角度提出不同的理论假设，以求对人类行为做出圆满的解释。心理科学工作者为验证这些假设，做了艰苦的专业性的尝试，进行了大量的研究。

一、需要、动机与健康相关行为

人的一生中要时时对有关身体健康的行为做出选择，并对选择的后果负责。当人们选择了某种行为时，有时有自己的主动原因，即思索再三而行动，而有时被暂时的情绪所左右，或受瞬间的想法支配，或被他人所影响而本人并没有意识到这种影响的存在。在决定这种选择的因素中，首要因素是人的需要和动机。

（一）需要与健康相关行为

马克思主义认为，需要是人的能动性源泉，是支配行为的内因，"在现实世界中个人有许多需要"，"他们的需要即是他们的本性"。

西方社会心理学家勒温（Kuit Lewin）建立心理学中场的理论，他假定在个人与他所处环境之间有一种"中间变量"的平衡状态，当这种平衡状态被破坏时，就会引起一种紧张欠缺感，这就是需要。个体为了恢复平衡、解除紧张而行为。

美国人本主义心理学家马斯洛（A. maslow）认为：人的价值体系中存在着不同层次的需要，形成一个需要系统，其中最低层次的需要是生理需要，它是一种随生物进化而逐渐减弱的本能和冲动，最高层次的需要是高级需要，它是随生物的进化而逐渐显现的潜能。这种层次由低向高排列，包括生理的、安全的，社会的，尊重的、自我实现的需要五个层次。

健康在马斯洛的需要层次中没有明确目标，那么健康与需要层次有什么关系呢？如果按照WHO对健康的定义从身体、精神、社会适应三方面理解，健康需要也是有层次的，或者说，不同的需要层次中包含着不同的健康需要成分。保持生理健康主要与满足生理需要有关，保持心理和社会适应方面的健康主要与满足高层次需要有关，但这种关系绝非简单的一对一关系，而是表现为非常复杂的情况。一般来说，实现了马斯洛的五个层次需要的人是最"健康"的人，其行为表现即所谓"健康行为"。但现实生活中人的需要只是相对的，健康标准也是相对的，关键是对现实生活中各种刺激因素的连续的适应状态，以满足不同层次的需要。

（二）动机与健康相关行为

1. 动机与动机过程

动机的原意是引起动作，心理学上把人们以需要、愿望、兴趣，理想等形式表现出来，激励个体发动和维持其行动，并导向某一目标的一种心理过程和主观因素，叫做动机。

动机是在需要的基础上产生，需要的强度达到某种水平以上，并具备相应条件时才能转化为动机。恩格斯说："决不能逃避这种情况：推动人们去从事活动的一切，都是通过人的头脑，甚至吃喝也是通过大脑感觉到的饥饿引起的，并且是通过大脑感觉到的饱足而停止的"。

动机的种类与人的需要相对应，可以分为原始性动机和社会性动机，或者称为物质性动机和精神性动机两大类。按动机的起源而言，又可将动机分为生物起源动机和心理起源动机，生物起源动机发源于生物的遗传和成熟，而不是由学习来的。心理起源动机发源于个体独自的经验，是学习得来的。一种心理起源动机建立以后，这种动机进而成为别种动机发展的基础，因此而发展成为动机的上层结构。

早期行为主义心理学家对动机影响行为的过程主张简单的机械的条件反射：即刺激——反应说。这种学说在解释低级需要如性、饥饿时有一点帮助，在解释复杂行为方式时即陷入困境。随着现代科学的发展，系统论、信息论、控制论的产生，行为科学家从许多行为实验的结果中又提出控制论的动机模型，认为大多数动机并非由来自环境方面的信号所直接激发，而是个体把输入信号与内在标准相比较，个体对输入刺激起积极反应，这种比较产生一种差异导致一种激发状态，这就成为动机，动机引起或停止某一行为。

2. 动机冲突与健康相关行为

（1）动机冲突　动机冲突（motive conflict）是指个体在有目的的行为活动中，常常会同时存在着一个或数个欲求的目标，因而同时存在着两个以上互相排斥的动机。在现实生活中，所追求的目标常常不能全部到达，所产生的动机不可能或不能全部地满足，于是就会形成动机冲突的心理现象。

人们在日常生活中，动机冲突经常发生。如青少年对父母的态度就有动机冲突，一方面需从父母那里获得保护和供养，以满足某些需要（如饮食衣着、玩具、抚爱和表扬等），但另一方面，自己的行为又受到父母的限制和约束而不能自由自在，为所欲为。

这时青少年就出现既要依赖父母又想摆脱父母束缚而独立的两种相反的倾向（即动机）。这种情境可以持续很长一段时间，处理不好就会给青少年身心健康造成危害。

（2）动机冲突的主要类型

1）双趋式冲突（approach‐approach conflict）　个体在有目的的活动中同时有两个并存的目标，而且两个目标对其具有同样的吸引力或产生同样强度的动机。当个人因实际条件的限制，而无法同时获得两个目标，即所谓"二者不可兼得"时，就会在心理上产生难以做出取舍的冲突情境，这便形成了双趋式冲突。

$$（+）\longrightarrow 个体 \longleftarrow（+）$$

双趋式动机冲突

如一个人周末既想看精彩的演出又想赴朋友的晚宴，需要选择其一，就会处于冲突情景。

2）双避式冲突（avoidonce‐avoidonce conflict）　同时由两个可能对个体具有威胁性的事件发生，因为对个体都是不利的，当然对两者都想躲避，但迫于情势，如果想躲开一件，则无法躲开另一件，这样在作出选择时，就会出现双避式冲突的情境。如"前有悬崖，后有追兵"处境便属于双避式冲突。

$$（-）\longleftarrow 个体 \longrightarrow（-）$$

双避式动机冲突

3）趋避式冲突（approach‐avoidonce conflict）　对于同一目标趋近与躲避的两种动机，即同一目标对于个体来说可能满足某种需要，但同时又可能构成威胁。一个目标对个体形成了既有好的一面，又有恶的一面；既有吸引力又有排斥力的矛盾心理情景，即产生趋避式冲突。这种动机冲突在日常生活中最为普遍。有的妇女爱吃糖果，又怕发胖；有人爱吸烟又怕得肺癌等等，人们对任何一件事情作出判断时，都要考虑到利害关系，从"利"方面趋向接近，从"害"的方面又倾向躲避。每当作出正面决定时（趋近），"害"与"失"的感受就增高，而作出反面的决定时（躲避），"利"与"得"的感受就增高。在这种情况下反复考虑，陷入犹豫不决的困扰情境中。

4）双重趋避式冲突（multiple approach - avoidonce conflicts） 这是双避式冲突与双趋式冲突的复合形式，即两个目标或情景对个体同时具有好与恶，即吸引和排斥的两种力量。如有人挑选工作时，一种工作物质待遇优厚而社会地位却不高，另一种工作社会地位高但物质待遇菲薄，这就是双重趋避式冲突。

以上四种动机冲突类型是比较简单的形式，在现实生活中，情况是错综复杂的，而且常常不能轻易解决，对人的精神生活干扰很大，如不及时处理，矛盾加剧，情绪波动，会对身体健康造成威胁。显然，选择促进健康行为和冒险行为时也往往有动机冲突的情境。

（三）恐惧与健康动机

1. 恐惧（fear）常常与健康动机相联系

有人害怕得病，因而去医院检查身体。有人有小病不治，不在乎，而有人相反，害怕检查出癌症，迟迟不去看医生，延误了病情。这是因为害怕的本身就是痛苦的感情。感到害怕的人要以这样或那样方式去摆脱这种感情。当然最理智的方法是去掉引起害怕的原因。但是情况并非如此简单，有的未婚女子停经很长时间，明知道有怀孕的可能又害怕面对这种事实，迟迟不去检查，以至延误了早孕人流的时机，或者采取民间土药方堕胎，引起严重后果。

害怕也可以另一种形式影响理智的健康动机。有些人对害怕的刺激产生"免疫力"，如他可以接受某些病死亡率高，某些病发病率高的事实，但是却认为不可能发生在自己身上，找出各种各样的理由来说明这些病与自己本身的关系不大。

有人回避听、谈，看自己所害怕的事情，就好像只要不想不谈不看，那种威胁就不存在了。如有人吸烟成瘾不愿意看吸烟引起癌症的报道，却愿意接受吸烟无害的说法，甚至说吸烟有好处，并将不吸烟的人得肺癌的事加以宣传。这也是减少恐惧心理的途径。恐惧的心理刺激应用得好，能激发健康动机。害怕交通事故发生，使人们注意交通安全。害怕染上性病，使一些人性生活更谨慎一些。害怕疾病使一些人养成健康的习惯。害怕晚期肺癌促进早期发现。总之，恐惧害怕是刺激健康动机的重要因素。但是要掌握和控制对它的反应的程度。

2. 运用恐惧作为刺激健康动机的手段

尽管大多数人承认健康对他们非常重要，但是人们却很少考虑对健康的威胁，就像平时呼吸空气却很少注意它一样，只有在失去它的时候才注意它。一个老年人很少注意心脏是否健康，当他知道他的朋友患心脏病死亡，才意识到这种威胁，突然非常害怕与他的朋友同样的命运。这种害怕的结果可能使那位老年人开始注意自己心脏负担，做一次检查，但当发现没有什么事以后，又逐渐忘记了害怕。这是一些人对威胁的反应。现实生活中，人们往往忽视威胁的存在，以至于疾病发现太晚，不可治愈。特别是一些老年病：心血管疾病，肿瘤，肺气肿，气管炎等病，对青少年来说更不易引起他们的注意，他们忽略了正是青少年时期养成的不良生活习惯，影响到老年时期的健康。因此应用恐惧作为刺激健康动机的手段，以调节健康动机是非常必要的。

社会心理学家认为，恐惧的信息传播可以使人产生两种反应：

（1）恐惧控制反应，即想控制由威胁引起的恐惧感。如吸烟者产生了肺癌威胁的恐惧感与吸烟的欣快感的趋避式动机冲突，要缓解这种动机冲突有几种途径，或是去除威胁原因，或是避而不想、回避威胁，或者逃避情境，或者是"合理化解释"。所谓"合理化解释"，即人们有一种不愿让别人认为自己是愚蠢的，而愿意让人们说是聪明理智的人的倾向，不愿意放弃不良习惯而编造理由，自圆其说，以"正当的动机"掩盖不良行为，即所谓"吃不到葡萄说葡萄酸"。以上这些反应都不能消除根本的威胁原因。

（2）抗衡反应，这是一种理智的反应，正视威胁的存在，接受彻底避免威胁的方法，消除原因，探求解决问题的方法。

这两种反应，只有抗衡反应才能引起健康动机，产生促进健康行为。适当地应用恐惧刺激是能激发健康动机的。

二、认知与健康相关行为

1967年美国心理学家奈塞（U. Neisser）出版专著《认知心理学》（Cognitive Psychology）他对认知下的定义是："认知按照今天的术语，是指人们（或者其他有机体）获得和利用信息的全部过程和活动。"这是一个十分广泛的定义，包括从简单的感知觉到复杂的心理活动过程。人们必然收到外界的各种刺激信号，以某种方式注意到一部分的信号并作出反应，这个过程为认知：

刺激信号──→注意──→承认──→解释──→行为

认知过程的第一步，注意到传来的刺激、信号，第二步把传来的信号，刺激转化为某种信息，并作出解释，第三步采取适当的行为，对信息作出反应。外界刺激信号很多，人们往往把无关的刺激都过滤掉了，比如，对电风扇的声音习惯了，不再注意它，当噪声停止后，反而引起注意。所以认知的第一步是对具体的信号刺激的选择性的注意。第二步才将刺激信号转化为信息（赋予意义）并作出适当反应，产生行为，或修改行为。例如当一个人浏览一本杂志，匆匆翻阅，突然一个标题是他感兴趣的，立即停下来仔细阅读。又如一个人一边看书一边在候车室里等车，广播员的播音声他不注意，突然当听到他要乘的火车的车次时，他就注意了起来。生理学称之为"选择性知觉"，因为由听觉、视觉、嗅觉、触觉等获取了大量信号，大脑从无数干扰信号中选择了感兴趣的有特殊意义的事物。

同样道理，人们在获得有关健康的信息时，也是一个选择性获得过程。

这种选择与人们的兴趣有关，如果人们关心自己的某一健康问题，往往会主动获得这方面的知识。这种选择也与人们的害怕、恐惧有关。但有的人非常害怕某种疾病落在自己的头上，有意回避有关的知识。这里要强调的是健康教育应促使人们选择性获得健康知识，也就是明智地选择信息。

第三节 健康相关行为

随着人类社会的进步与发展，可供人们保护和促进健康的资源越来越丰富，如抗生素的问世、各种疫苗的出现、医疗技术与设备的发展、卫生服务网络的建立等，为人类健康水平的提高奠定了坚实的基础。但这并不能有效地控制慢性非传染性疾病和医疗费用日益上升的趋势，这是因为：大量的流行病学研究证实人类的行为、生活方式与绝大多数的慢性非传染性疾病关系极为密切，改善行为可以预防这些疾病的发生并有利于疾病的治疗，感染性疾病、意外伤害和职业危害的预防、控制也与人们的行为密切相关。

行为与健康的关系已被大量的事实所证实，影响健康的行为也多种多样。20世纪70年代，美国医学家爱·戴维通过对美国人死亡的调查分类，发现一半左右的死亡是由不良的行为生活方式引起的。1982年，我国社会医学研究也表明：影响健康的四类因素中，行为或生活方式占三成多，且有不断上升的趋势。

人的行为是机体和心理的外在表现，健康的状态主要是通过正常行为反映出来的，因此，越来越多的人把行为当作衡量人健康的重要指标。

健康相关行为（health-related behavior）的概念：健康相关行为是指个体或团体的与健康和疾病有关的行为，一般可分为两大类：促进健康的行为和危害健康的行为。

一、促进健康的行为

促进健康的行为（health-promoted behavior）：指个体或团体的客观上有利于自身和他人健康的行为。

促进健康行为包括三个方面的含义：

（1）这些行为在客观上对健康有利，而且不损害他人的健康；

（2）作为健康促进行为，要表现得相对明显，要有一定的力度；

（3）作为健康促进行为要表现出相对的稳定性，行为要持续一段时间。短暂的、一过性的行为不能称为健康促进行为，如偶尔参加体育运动就不能算是健康促进行为。

促进健康行为的判断标准：

第一，有利性。行为表现有益于自身、他人和整个社会的健康。如不抽烟、不酗酒等。

第二，规律性。指行为表现有一定的重复性和恒常性，不是偶然行为。如定时、定量的饮食习惯等。

第三，和谐性。个体的行为表现有自己的鲜明个性（如选择运动项目），但这些行为若与他人或环境发生冲突时，又能根据环境调整自身行为使之与其所处的环境和谐。

第四，一致性。行为本身具外显性，但它与内心的心理情绪是一致的，没有冲突或表里不一表现。

第五，适宜性。指行为的强度要在有利于健康的常态水平上。行为强度有理性控制，无明显冲动表现；且该强度是对健康有利的。如经常性的、有规律地进行有氧运动锻炼有利于健康，而过量的竞技运动则会影响健康。

在对具体行为进行判断，看其是否属促进健康行为时需要注意，这一行为至少应具备上述标准中的两条以上。在实际生活中，促进健康的行为主要有两种表现形式：一是对健康有利行为的巩固或维持；二是对危害健康的行为加以放弃或减少、减弱。如戒烟、改变偏食习惯等。

根据上述标准，可将促进健康行为细分为8大类：

1. 日常健康行为

指一系列日常生活中有益于健康的基本行为。

（1）合理营养和平衡膳食、良好的饮食习惯。如少吃多餐、细嚼慢咽、粗细搭配、不甜不咸、酸碱平衡、七八分饱。

(2) 积极休息和睡眠，生活规律。
(3) 富于创造和运动。
(4) 心态平和与人格健全。热爱生活、广交朋友，乐观向上。
(5) 保持适宜体型和体重。

2. 保健行为

指合理利用医疗保健服务以维护自身健康的行为。如定期体检、预防接种、发现患病后及时就诊、咨询、遵从医嘱，配合治疗、积极康复等。合理应用医疗保健服务，以维护自身健康的行为。

遗憾的是，现实生活中的有些人，明明知道烟中含有尼古丁等致癌物质，却仍乐此不疲；明明知道血液中酒精含量只要达到 0.1%，就会出现行为障碍和言语障碍，却仍贪杯不休；明明知道"五味之过，疾病峰起"，却仍独钟于膏粱；明明知道流水不腐，户枢不蠹，生命在于运动，却仍懒于踢腿伸腰……这些，都是为什么？一言以蔽之：心理惰性。

心理惰性，往往伴随着这样两种心理劣根性：一是认知肤浅，健康时很少考虑来日可能罹患疾病；二是意志薄弱，也曾决心矫正，但热了一阵后，当诱因再次出现时，便抵挡不住诱惑。克服心理惰性，贵在坚持。

3. 避免有害环境行为

"环境危害"在此既指自然环境（如环境污染），又指负性生活事件，易引起过度心理应激的紧张生活环境。指避免暴露于自然环境和社会环境中的有害健康的危险因素，如离开污染的环境、健康环保型装修、积极调适应对各种紧张生活事件等。调适、主动回避和"积极应对"等属此类行为。主动以积极或消极的方式避开这些环境危害也属于健康行为。

4. 戒除不良嗜好行为

不良嗜好指的是日常生活中对健康有危害的个人偏好，如吸烟、酗酒和滥用药物等。

5. 预警行为

指对可能发生的危害健康的事件的预防性行为并在事故发生后正确处置的行为，如驾车使用安全带，火灾、溺水、车祸等的预防以及意外事故发生后的自救与他救行为。

6. 求医行为

指人觉察到自己有某种病患时寻求科学可靠的医疗帮助行为，如主动求医，真实提供病史和症状。

事实上并非所有患者都主动地产生求医行为，因民族、文化、以往经验、地区习惯和社会经济地位等诸多因素，都会影响求医行为。

7. 遵医行为

发生在已知自己确有病患后，积极配合医生、服从治疗、积极配合医疗护理，保持乐观向上的情绪等等一系列行为。

8. 病人角色行为

有多层含义，如：有病后及时解除原有角色职责，转向接受医疗和社会服务；在身体条件允许的情况下发挥"余热"；伤病致残后，身残志坚，积极康复；以正确的人生价值观和归宿感对待病残和死亡。

二、危害健康行为

危害健康行为（health-risky behavior）：是个体和群体在偏离个人、他人、社会的期望方向上表现的一组行为。可分为以下四类：

1. 日常危害健康行为

包括吸烟；酗酒，又称过量饮酒；吸毒；性乱，包括卖淫、嫖娼、同性恋和异性滥交等性生活方面的紊乱行为。

2. 致病性行为模式

是导致特异性疾病发生的行为模式。目前研究较多的有 A 型和 C 型行为。A 型行为者的冠心病发病率、复发率和致死率均较正常人高。C 型行为者宫颈癌、胃癌、食道癌、结肠癌、肝癌和恶性黑色素瘤的发生率都比正常人高。

3. 不良生活习惯

可导致各种成年期慢性退行性病变、早衰、癌症等发生。表现有：饮食过度；高脂、高糖、低纤维素饮食；偏食、挑食和过多吃零食；嗜好含致癌物的食品（如长时间高温加热和烟熏火烤的食物）；不良进食习惯（如进食过快、过热、过硬、过酸的食品）。

4. 不良疾病行为

常见表现形式为与"求医行为"相对的瞒病行为、恐惧行为、自暴自弃行为等；与"遵医行为"等相对的有"角色行为超前"（即把身体疲劳和生理不适错当为疾病）、"角色行为缺如"（已肯定有病，但有意拖延不进入病人角色）和"角色心理冲突"（如求医与工作不能两全），以及悲观绝望等心理状况和求神拜佛等迷信行为。

第四节 健康相关行为改变理论

健康教育的关键在于使受教育者形成接受教育的态度，建立健康信念，激励健康动机，纠正不良行为，采纳健康行为，实现"知（识）— 信（念）— 行（为）"的改变。实现这一过程的基础是流行病学、医学社会学及行为科学。

- 流行病学和医学社会学

研究教育对象所在社区中危害人群健康的主要因素、危害程度、分布及作用规律；社区人群的生活质量的影响因素等。

- 行为科学

许多疾病与不良生活方式、习惯和行为有关。中国预防医学科学院寄生虫病研究所抽样调查了 726 个县近 150 万人，结果经推算全国感染蛔虫的人数达 5.31 亿，其中绝大多数为中、小学学生。寄生虫感染中混合感染（感染两种或两种以上）占 43.33%，最多的人感染九种寄生虫。寄生虫感染的原因，主要与不良的饮食习惯和饮食卫生有关。有目的地进行行为习俗的矫正，即可控制某些疾病的发生和流行，用行为科学与健康教育解决人群的某些健康问题势在必行。1987 年 WHO 提出的腹泻病控制规划策略，在五个主要策略中有三个是行为措施，即改善营养、安全用水和良好的个人及家庭卫生习惯。但也应该认识到，行为作为社会现象有其深远的历史根源和社会基础，要影响和改变人们健康的偏离行为是一项十分艰巨的任务。

健康教育的核心是行为改变，包括终止危害健康的行为、实践有利健康的行为以及强化已有的健康行为等。实际工作中并非所有的健康教育干预都能取得成功，只有当对目标行为及其影响因素有了明确认识时健康教育活动才有可能达到预期的目的。近几十年来行为科学理论发展迅速，涉及健康相关行为发生发展的动力和过程及内外部影响因素的作用机制等的理论，对解释和预测健康相关行为并指导健康教育计划、实施和评价起着重要的作用。一个健康教育/健康促进项目成功与否在相当大程度上取决于是否将相关理论应用于实践以及如何应用。

一、国内外健康教育实践中常用的健康相关行为改变理论

1. 应用于个体水平的理论

如知信行模式（knowledge, attitude, belief, practice, KABP 或 KAP）、健康信念模式（the health belief model, HBM）、行为变化阶段模式（stages of change model）、理性行为理论和计划行为理论（the theory of reasoned action and the theory of planned behavior）等。

2. 应用于人际水平的理论

如社会认知理论（social cognitive theory, SCT）、社会网络与社会支持（social networks and social support）、紧张和应对互动模式（the transactional model of stress and coping）等。

3. 应用于社区和群体水平的理论

如创新扩散理论（diffusion of innovation）、社区组织和社区建设（community organization and community building）等。

本章重点讨论应用于个体水平的理论。应用于个体水平的理论主要针对对象个体在行为改变中的心理活动来解释、预测健康相关行为并指导健康教育干预活动。

二、知信行模式

1. 知、信、行含义

知信行模式（knowledge, attitude, belief, practice, KABP 或 KAP）是知识、态度、信念和行为的简称。是有关行为改变的较成熟模式，将人们行为的改变分为获取知识、产生信念及形成行为三个连续过程。可用下式表示：

2. 知信行转变的心理过程

"知"是知识和学习，"信"是正确的信念和积极的态度，"行"指的是行动。知信行理论认为，知识是基础，信念是动力，行为改变过程是目标。知识，是行为的基础，通过学习改变原有目标，消除过去旧观念的影响，重新学习获取达到新目标的知识与技能。信念或态度，是对知识进行有根据的独立思考，逐步形成信念与态度，由知识转变成信念和态度就能支配人的行动。信念的转变在知、信、行中是关键。信念是人们对自己生活中应遵循的原则和信仰，通常与感情、意志一起支配人的行动。行动，就是将已经掌握并且相信的知识付之行动，促成有利健康的行为形成。健康促进实际工作中经常提及的术语"KAP研究"或"KAP调查"就是来源于知信行理论模式。

该理论模式认为行为的改变有两个关键步骤：确立信念和改变态度。以预防艾滋病为例，健康教育工作者通过多种方法和途径帮助人们了解艾滋病在全球蔓延趋势及其严重性、传播途径和预防方法等。人们接受了这些知识，通过思考加强了对保护自己和他人健康的责任感，确信只要杜绝作为艾滋病传播途径的行为，就一定能够预防艾滋病。在这种信念支配下，对象通过行为评价等心理活动，形成采纳预防艾滋病行为的态度，最终可能摒弃艾滋病相关危险行为。

人们从接受知识到改变行为是一个非常复杂的过程，知、信、行三者之间的联系并不一定导致必然的行为反应。人们掌握了某种知识，有可能不按照它去行动：知识与行为有不一致的情况，即"认知不协调"。这种情况可能因为一个人在某一时刻存在相互冲突的需要和动机而发生，也可能因认知"元素"（知识、信念、态度、价值观等）间存在矛盾而发生。例如，许多人明知吸烟有害，且明确表示不希望自己孩子吸烟，但自己仍坚持吸烟。

态度是行为的前奏，要改变行为必先转变态度。影响态度转变的因素一般有以下几个方面：

（1）信息的权威性　权威的信息号召力大，说服力强。信息的可靠性和说服力越强，态度改变的可能性越大。

（2）传播的效能　主要体现在传播的感染力方面，感染力越强，越能激发和唤起教育对象的感情，有利于态度的转变。

（3）"恐惧"因素　人们常利用事情的严重后果以及恐惧感使人确信所传播的信息和宣传的事物，如宗教界的下地狱，医疗卫生界的生病与死亡。但需注意恐惧因素若使用不当，有时会引起极端反应或逆反心理。

（4）行为效果与效益　行为转变后，行为改变者获得了效益，如戒烟后对健康和经济的好处，这是很有吸引力的因素，不仅有利于强化自己的行为，同时常能使信心不足者的态度转变。

知、信、行三者间存在因果联系，但并没有必然的因果联系。在信念确立以后，如果没有坚决转变态度的前提，实现行为转变的目标照样会招致失败。通常可有下列促进态度转变的方法。

——利用上述促进信念建立的方法，如增加信息的权威性、增强传播效能、利用"恐惧"因素等，只要适时、适当，就有助于态度转化。

——利用信息接受者身边的实例，强化对行为已改变者所获效益的宣传，特别有助于那些半信半疑者、信心不足者的态度转化。

——针对那些"明知故犯、知而不行"者的具体原因，有针对性地强化行为干预措施。例如，许多人明知吸烟有害，仍终日烟雾缭绕。其中，有些人是难以割舍长久的个人嗜好；有些人是担心无法承受改变吸烟行为须付出的艰苦毅力和恒心；有些人担心独自戒烟会招致团体的排斥；更有些人心存侥幸，认为自己身体好，每天少吸几支无妨。对不同类型者除分别采取干预措施外，借助外力如政策法律、经济和组织手段、公众场合秩序、公众舆论等，也能加速态度和行为的转变。

3. 在促使人们健康行为的形成、改变危害健康行为形成的实践中常常遇到的情况

（1）知而不行　"知而不行"是指知晓健康信息但并没有采纳相应的健康行为；根据心理学理论"知而不行"产生的原因是认知不协调，即知识、信念、态度、价值观、自我效能判断等认知元素之间发生了矛盾，从而导致了知识与行为的脱节。"知而不行"一般有以下几种表现形式：一是屈从欲望，明知故犯。如许多吸烟者对吸烟的危害可以说是了如指掌，但并不采纳戒烟行为。二是很不科学的"合理化解释"。当某种健康知识的要求与人们的某些安逸习惯发生冲突，造成不舒服感受时，有些人就会在承认知识是正确的前提下，另外寻找理由自圆其说为自己辩解，然后心安理得地拒绝采纳健康行为。像许多人不能坚持体育锻炼就是如此；三是由于心理、生理等方面的特殊原因，虽然知晓了健康知识，也有了信念、态度的转变，仍然不能采纳健康行为。如吸毒和嗜赌行为。当然，有一些健康知识理论上虽然是正确的，但严重脱离实际，也不可能转变为人们的健康行为。

（2）行而不知　"行而不知"是指人由于受传统习俗、个人习惯、社会规范、经济条件、自然环境等因素影响而采纳了健康行为，但并不了解与其相关的健康知识。"行而不知"的表现形式包括：有的只知其然，不知其所以然；有的并不能判断其行为是否正确；更有甚者还误以为自己的健康行为是不正确的等。"行而不知"现象一般在文化、经济落后的农村比较普遍。例如，在没有广泛开展健康教育的农村，大部分婴儿采用母乳喂养行为，然而她们并不十分清楚母乳喂养对婴儿生长发育的好处，在代乳品充满市场的情况下仅知道母乳比代乳品经济、方便，甚至个别人还表现出了对代乳品喂养的羡慕之情。另外，在个人卫生行为方面，虽然人人都明白讲卫生是一种正确的、良好的行为习惯，但不少人并不知道其中的具体道理。因此，在日常生活中将手、碗洗干净后又用脏抹布擦，水果洗干净后又用不干净的手抓着吃，刷牙方法不正确等行而无效的事情屡见不鲜。

三、健康信念模式

许多人的不良的生活方式与习惯并非由于缺少知识，而是由于信念认同上的偏差。

健康信念模式应用心理学的概念来构建解释人们与健康有关的行为模式，以心理学理论为基础，综合刺激理论和认知理论而形成的。在解释人们的行为时，该模型使用了心理学上的两个概念：刺激—反映模式和认知理论。

健康信念模式在这些理论的基础上逐步形成一个解释健康相关行为的理论体系。遵照认知理论原则，它首先强调个体主观心理过程：期望、思维、推理、信念等对行为起的主导作用。例如采取预防疾病的有关行为时，人们首先要涉及健康和预防疾病的价值，然后涉及相信特殊的促进健康活动可以帮助人们改善健康状况及期望，接着，期望进一步被描绘成个体对一个人的疾病敏感性和严重性的估计，和只有通过采取个人行为才能减少害怕的可能性的估计。这样才能引起一系列的预防行为。

健康信念模式（the health belief model，HBM）于1958年由Hochbaum提出，其后逐步完善。它是目前用社会心理学方法解释和指导干预健康相关行为的重要理论模式。（图3-1）

健康信念模式是基于信念可以改变行为的逻辑推理，如你相信某药有害于你的健康，你就不会去服用它；又如，你相信某食品有毒，有害于健康，你就不会去买它。尽管信念可以影响行为的改变，但实际上并非所有的信念都可以引起行为的改变，为了研究信念与行为改变之间的关系。20世纪50年代许多心理学家开始着手研究影响行为改变的因素。提出了健

康信念模式用以解释信念如何影响行为的改变。

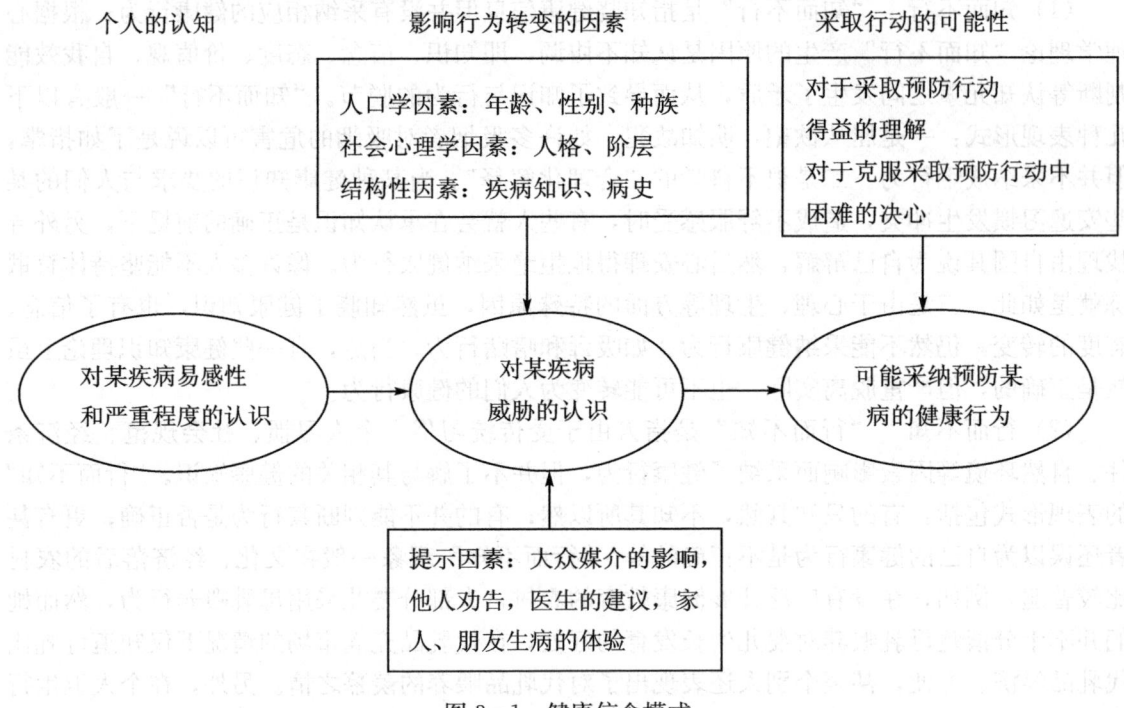

图 3-1 健康信念模式

健康信念模式认为人们要接受医生的建议而采取某种有益健康的行为或放弃某种危害健康的行为，需要具有以下几方面的认识。

1. 对疾病威胁的认知

知觉到某种疾病严重性或危险因素的威胁，并进一步认识到问题的严重性。

(1) 疾病严重性的认知指个体对罹患某种疾病的严重性的看法，必须先认识到疾病可能产生医学或社会学的严重后果，如疾病会导致疼痛、伤残和死亡，以及社会学后果，如意识到疾病会影响工作、家庭生活、人际关系等，相信其后果越严重，越可能采纳健康行为。

(2) 对疾病易感性的认知指个体对自己罹患某种疾病或陷入某种疾病状态的可能性的认识，包括对医生的判断的接受程度和自己对疾病发生、复发可能性的判断。人们需要判断自己患此疾病概率大小，概率越大，越容易采纳健康行为。

2. 对行为效果的期望

对采取某种行为或放弃某种行为的结果的估计，相信这种行为与上述疾病或危险因素有密切联系。包括认识到该行为可能带来的好处，同时也认识到采取行动可能遇到的困难。

(1) 知觉到益处（perceived benefits） 仅仅认识到危害性、严重性还不够。只有意识到自己用在摒弃危害健康行为上的代价（如时间、负担、毅力）确实能换取到预防效果，即行为的有效性时，人们才会采取行动，并有明确的行为方式和路线。

(2) 知觉到障碍（perceived barriers） 人们对采纳促进健康行为的困难的认知是使行为巩固持久的必要前提。如有些预防行为花费太大、比较痛苦、与日常生活的时间安排有冲突、不方便等，都应实事求是地指出，并帮助人们逐一克服。美国心理学家罗森斯托克（Rosenstock）说得好："知觉到易感性和严重性，确为行动提供了能量和力量；但只有当让公众知觉到效益,并能先了解所有困难再决心克服之,他才算是(真正)找到了行为的道路"。

3. 效能期望

指对自己实施和放弃行为的能力自信,也称为"自我效能"。

(1) 自我效能 人们通过自己的实践,或从他人的实践经验,或是接受他人的劝告,而激发内在的动机,使他们相信自己有能力改变不健康的行为并获得预期结果。

例如:某人从电视或报刊上看到有关锻炼的消息(提示因素),使他想到自己需要锻炼,他知道体育锻炼对预防冠心病的重要性,他知道自己比他人更容易得冠心病,因为他有家族史、不良饮食、轻微高血压,他得出结论自己是冠心病的易感者(对疾病易感性的认识)。基于上述因素,他充分认识到必须十分关注自己的冠心病问题(对疾病严重性的认识)。他知道如果坚持体育锻炼,将有助于缓解冠心病的发作,一旦发作也会提高自己的生存率(对行动好处的认知),但是也感到在繁忙的工作中,要花费很多时间去锻炼确实不容易,况且还有雨天、活动场所等问题(对行动困难的认识),所以他现在必须权衡利弊关系,决定是否要锻炼。

(2) 善于寻找其他可以借助的力量 如教育、年龄、家庭成员和团体帮助等,以间接帮助实现效果期望和效能期望等。

综上所述,健康信念模式在产生促进健康行为、摒弃危害健康行为的实践中遵循以下步骤:首先,充分让人们对他们目前的不良行为方式感到害怕(知觉到威胁和严重性);其次,让人坚信一旦他们改变不良行为会得到非常有价值的后果(知觉到效益),同时清醒地认识到行为改变中可能出现的困难(知觉到障碍);最后,使人们感到有信心、有能力通过长期努力改变不良行为(自我效能)。(见图3-2)

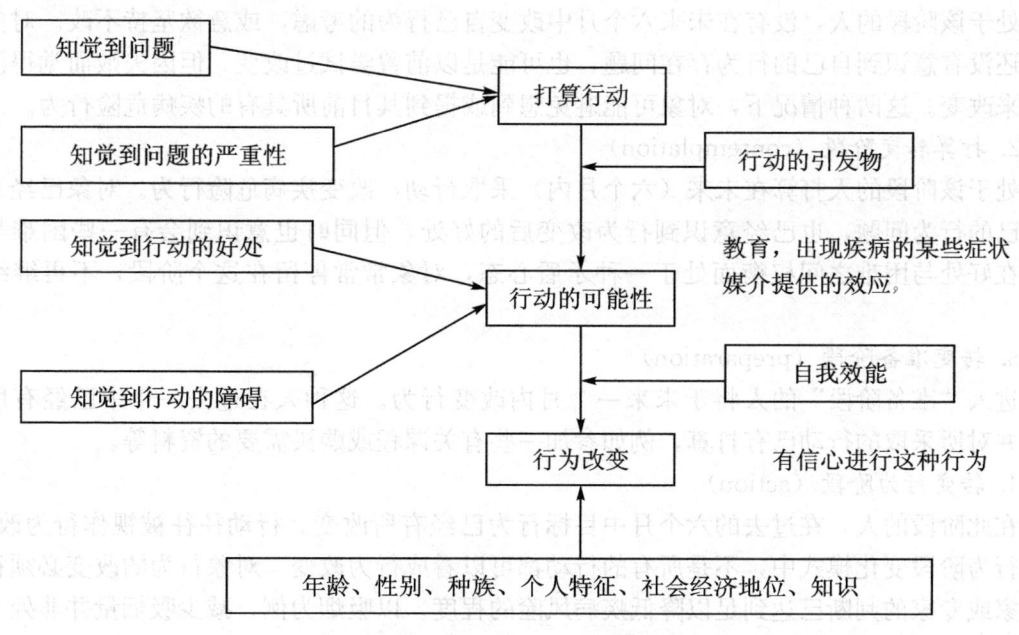

图3-2 健康信念模式的运作框架

四、行为变化阶段模式

(一) 阶段变化理论产生的背景及发展简史

阶段变化理论,指通过变化的阶段分析,从干预理论中整合出行为改变的过程和其中的一些主要规则。这个模式是在心理学和行为变化的主要理论进行比较研究的基础上提出来的。1982年,Prochaska和Diclimente发表了关于戒烟者在治疗中行为变化过程的研究结果,描述和解释了最常见的行为变化的各个阶段以及在每个阶段中主要变化过程。研究发现,人在不同的行为阶段,对于"戒烟"会有不同的处理方式,证明行为的改变必须经过一系列的过程。该模式的理论依据是:人的行为变化是一个过程而不是一个事件,而且每个改变行为的人都有不同的需要和动机。这个模式最初适用于戒烟行为的探讨,但它很快就被广泛应用于酒精及物质的滥用、饮食失调及肥胖、高脂肪饮食、AIDS的预防等健康行为方面,并被证明是有效的。此后,利用该模式对群体健康行为的多项研究也迅速开展起来。这些研究拓宽了模式的内涵,进一步对模式的有效性进行了验证,也促使模式更加完善。阶段变化理论虽然其形成至今仅为20年不到的时间,但是其发展是相当迅速的。特别是针对一些成瘾性行为的校正和良好的健康习惯的形成方面,其运用是具有较强说服力的。

变化阶段模式是将行为变化解释为一个连续的、动态的、由五个步骤逐渐推进的过程。该模式注重个体内在因素,并认为人们修正负向行为或采取正向行为实质上是一个决策过程。

(二) 行为变化阶段

行为改变的阶段模式认为人的行为变化通常需要经过以下5个阶段:

1. 无转变打算阶段 (precontemplation)

处于该阶段的人,没有在未来六个月中改变自己行为的考虑,或意欲坚持不改。对象可能是还没有意识到自己的行为存在问题,也可能是以前曾尝试过改变,但因失败而觉得没有能力来改变。这两种情况下,对象可能避免想到或提到其目前所具有的疾病危险行为。

2. 打算转变阶段 (contemplation)

处于该阶段的人打算在未来(六个月内)采取行动,改变疾病危险行为。对象已经意识到自己的行为问题,也已经意识到行为改变后的好处,但同时也意识到会有一些困难与阻碍,在好处与困难之间权衡而处于一种矛盾心态,对象常常停留在这个阶段,不再继续前进。

3. 转变准备阶段 (preparation)

进入"准备阶段"的人将于未来一个月内改变行为。这种人在过去一年中已经有所行动,并对所采取的行动已有打算,例如参加一些有关课程或购买需要的资料等。

4. 转变行为阶段 (action)

在此阶段的人,在过去的六个月中目标行为已经有所改变。行动往往被视作行为改变,但在行为阶段变化模式中,不是所有的行动都可以看成行为改变。对象行为的改变必须符合科学家或专家的判断已达到足以降低疾病风险的程度。以吸烟为例,减少吸烟量并非处于转变行为阶段,完全不吸烟才是处于此期。

5. 行为维持阶段 (maintenance)

处于此阶段的人已经维持新行为状态长达六个月以上,已达到预期目的。对象努力防止旧行为复发,但其已比较自信,不易再受到诱惑而复发旧行为。

以戒烟为例:从第1阶段(没有戒烟打算)转变为第2阶段(有戒烟愿望)及第3阶段(准备戒烟阶段),然后发展到第4阶段(采取戒烟行动),第5阶段(维持戒烟行为和防止复吸)。吸烟者只有从一个阶段向下一个阶段逐渐转变才能达到改变吸烟行为的目的。吸烟者总是处于某一阶段。显然,处于不同阶段的对象有不同需要,控烟健康教育应提供不同的干预帮助,促使对象由此阶段向趋向戒烟成功的下一阶段转变。如:对于没有戒烟打算的人,应向他们提供有关吸烟危害的知识,提高他们对吸烟危害的认识,产生戒烟愿望,而不是向他们提供怎样戒烟的方法;对于已开始戒烟的人,为了防止复吸,维持戒烟行为,应重点进行意志力培养及提供专门的建议,帮助他们克服。

阶段变化理论植根于心理学,它与健康信念模式不同的是,阶段变化理论是从一个动态的过程来描述人们的行为变化,而健康信念模式则是从行为诱发因素的角度来探讨人们行为变化的。阶段变化理论最突出的特点是强调了根据个人和群体的需求来确定健康促进的策略的必要性。该模式在组织戒烟、参加体育活动、体重控制和乳腺癌筛查等健康促进项目中很快成为重要的理论依据之一。该模式除了重视变化过程外,还重视对特殊人群的需求进行了解。模式还特别强调应选择适宜的项目以满足人们真正的需求和适合各种人的具体情况,不要试图把同一个策略用于所有的人。

该模式不仅提出了制定有效干预措施的方法,还为健康促进工作者提供了一种合适的干预策略。为了帮助人们克服可能碰到的障碍,应当使他们清楚,行为改变出现反复也是一种正常现象。由于这个模式指明了项目的阶段性,项目设计者在做计划时会感到它非常实用。例如:掌握有关知识对于处于无打算阶段的人们是最急需的;而广泛宣传行为改变的好处,介绍其他人取得成功的经验,对于那些已经处于打算改变行为阶段的人是最重要的;一旦当行为已经启动,避免干扰,取得社会环境支持就是最合适的策略了。

处于行为转变不同阶段的对象无疑有不同的需要,因此要根据他们的特点和需要,采取不同的措施。这应是行为改变阶段模式的基本原则和精华所在。行为改变阶段模式将行为的改变分成五个阶段,但对象的行为变化并不总是在这五个阶段间单向移动。很多人在达到目标前,往往尝试过多次,有些会退回到无打算阶段。行为者能从任何阶段退回到一个早前的阶段。一种健康行为的形成有时并非易事,而要经过多次尝试才能成功。

(三)变化过程

该模式认为行为改变中的心理活动包括了认知层面及行为层面。

1. 认知层面

(1)提高认识。发现和学习新事实、新思想,向行为健康方向努力。

(2)情感唤起。知觉到如果采取适当的行动,可减低不良行为带来的负面社会影响。

(3)自我再评价。在认知与情感上对自己的健康风险行为进行自我评价,认识到行为改变的重要性。

(4)环境再评价。在认知与情感上对自己的健康风险行为对社会环境产生的影响进行评价,例如评估自己吸烟对他人健康的影响。

(5)"自我解放"。在建立行动信念的基础上做出要改变行为的承诺。

(6)"社会解放"。意识到有一个尊重个人及有利于健康的社会环境在支持健康行为。

2. 行为层面

(1) 反思习惯。认识到不健康行为习惯的危害，学习一种健康的行为取代它。

(2) 强化管理。增加对健康行为的奖赏，反之实施处罚，使改变后的健康行为不断出现。

(3) 控制刺激。消除诱发不健康行为的因素，增加有利行为向健康方向改变的提示。

(4) 求助关系。在健康行为形成过程中，向社会支持网络寻求支持。

对这十个心理活动的认识有助于在工作中帮助对象从一个阶段过渡到另一个阶段，最终成功改善健康相关行为。

实践中，为保证行为干预的有效性，医学工作者必须先了解目标人群在各行为阶段的分布，分析其需要的不同，然后有针对性地采取措施帮助对象进入下一阶段。在第1、2阶段，应重点促使他们进行思考，认识到危险行为的危害、权衡改变行为的利弊，从而产生改变行为的意向、动机；在第3阶段，应促使他们做出决策，尽快开始改变危害健康的行为；在第4、5阶段，应改变环境来消除或减少诱惑，通过自我强化和学会信任来支持行为改变。如干预不理想或不成功，对象的行为会停留在某一阶段甚至倒退。

行为变化阶段理论模式以变化发展的观点看待健康相关行为。其最重要的实际价值是提示健康教育干预工作必须建立在调查研究的基础之上，必须清楚了解对象人群的目标行为的实际情况；并且基于这种了解从处于不同阶段的对象的实际需要出发设计干预措施和方法，即真正做到有的放矢。此模式的局限性：①对环境的影响作用考虑较少。②是对行为变化的描述性解释，而不是原因性解释。③实践中各阶段间的划分和相互关系不易明确。

五、健康相关行为的干预

在健康教育工作中，干预是指针对环境以及团体和个体的行为进行影响，使之向有利于健康的方向转变所进行的一系列活动。

健康相关行为干预的方法有很多种，如信息传播、组织与法规、环境改变、培训与指导、咨询以及从行为医学移植过来的行为矫正等。这些方法与策略分别作用于影响行为的产生、保持与发展的各个环节，是健康教育方法学的重要内容。行为干预的目的是帮助人们改变已养成的不良行为和生活习惯，自觉采纳促进健康的行为，培养良好的生活方式。

行为干预可分为行为指导和行为矫正。

行为指导是通过语言、文字、声像等材料进行信息传播、教育培训和具体指导来帮助教育对象产生某些健康认知，建立和形成健康的行为和生活方式。如号召人们不要吸烟、告诫人们在非典流行期间不要前往人多拥挤的公共场所。

行为矫正则是健康教育工作者按照一定的目标，采用一定的手段，帮助和促使矫正对象改变自身特定行为的干预过程。如组织戒烟班，帮助吸烟者戒烟；组织家庭主妇培训班，教给主妇们怎样烹调低盐菜肴等都是对某些特定行为的矫正。

(一) 行为干预的类型

1. 个体干预

不同的个体有其自身存在的特殊的不健康行为，不同的个体在面对健康信息和健康行为的建议时会有不同的表现。例如在接受了有关吸烟危害健康的教育后，有的吸烟者会产生戒烟的行为，而有的吸烟者甚至连戒烟的念头也不会产生。这是由于她们的知识、文化、价值观、个人小环境等方面的差异而产生的行为差异。因此，对个体进行行为干预时就必须对其有所了解，才能使干预有针对性。对某些比较特殊的个体行为进行的干预往往必须使用特殊的行为矫正技术。

2. 团体干预

所谓团体，也是社会群体，它是由一群具有共同特定目标的人按一定的组织关系组成的，如政府部门、工厂车间等。团体成员感情上相互沟通，行为上相互影响。团体成员对团体有认同感和归属感，团体对其成员可以施加影响。在某些团体中存在着不利于健康的集体行为，如吸烟、酗酒、不注意环境卫生等等。在对团体行为进行干预时，就要利用团体压力影响和改变团体成员的信念态度和行为。

群体行为干预通常是以行政单位（学校、工厂、社区、医院等）为基础，运用行为团体干预法进行群体行为干预。团体（单位）不仅是社会的细胞，也是社会与个体相互作用的桥梁。是个体成员行为形成的微观环境。个体的行为、习惯、道德、价值观多是通过团体来实现的。另外，人的人际关系、社会关系以及社会态度的形成和改变等，都受社会团体的影响。因此，团体可以显著地影响和改变个人的观念和行为。

团体行为干预的优点有：①是一种有组织的行为，以团体决策层为核心，得到组织、政策和资源的保证，绝大多数成员的积极支持和参与；②行为干预有明确的目标和目的，这种目标和目的是由决策层所确立，并成为全体团体内成员的行动指向；③是一种有组织、有计划、有系统的教育活动，得到政策支持，其实施过程属于严密控制之中，有专人负责、进行监测、信息反馈和调节，并将效果进行科学评价；④组织对其个别或少量的个体给予过多的关注，所以团体促进不健康行为的转变，一旦获得成功，效果将更显著、更持久。

团体干预在促使某一特定人群形成健康行为，转变危险行为的过程中，运用综合干预手段最为有效。其具体的干预机制包括以下几方面。

（1）开发领导　促进领导群体认识健康教育的重要性、必要性、可行性，将健康教育纳入工作议程，给予支持。

（2）动员群众　对团体的健康教育，必须通过舆论手段，利用一切可利用的传播技巧，发动团体内每一成员参与。

（3）培训骨干　开展团体健康教育必须树立典型，重点培养一部分骨干，由骨干人员起示范作用，带动其他成员。

（4）利用舆论和规范的力量　开展团体健康教育，要利用舆论和规范的力量，使团体内全体成员目标、行为一致，又要对团体造成一种外来压力，制约危害健康的行为，形成促进健康的氛围。

（5）在团体内部建立激励机制　开展评比，总结经验，以口头表扬、物质奖励等手段，对已改变的态度和行为给以支持和强化，并推广成功经验。

（二）行为矫正

行为矫正技术是20世纪50年代末期发展起来的，用于矫正各种危害健康的行为，指导建立各种促进健康的行为的系列性技术，在健康教育领域内广泛运用的矫正技术主要有脱敏法、示范法、厌恶法、强化法和消除法。

1. 脱敏疗法

包括系统脱敏、接触脱敏、自身脱敏等。

主要用于消除个体因对某种因素过于敏感而产生的不良行为表现，如恐惧症、焦虑症和紧张症等。焦虑与放松是互相拮抗的生理过程。

(1) 系统脱敏疗法　又称交互抑制法，运用交叉抑制原理，主要是诱导求治者缓慢地暴露出导致神经症焦虑的情境，并通过心理的放松状态来对抗这种焦虑情绪，从而达到消除神经症焦虑习惯的目的。系统脱敏疗法是由美国学者沃尔普创立和发展的。

系统脱敏疗法对有明显环境因素引起的某些恐惧症、强迫症特别有效。其应用一般包括三个过程：一是要深入了解患者的焦虑和恐惧是由什么样的刺激情境引起的，找出各种条件和相应的焦虑反应，由弱到强按次序排列成"焦虑层级"；二是训练患者学会一种与焦虑对抗的松弛反应；三是把松弛反应逐步地有系统地和那些不同焦虑层次的反应由弱到强地配对呈现，形成交互抑制情境。如此循序渐进，最终把焦虑状态消除，让患者重新建立一种习惯于接触有害刺激而不再敏感的正常行为。

(2) 接触脱敏法　这种方法特别适用于特殊物体恐惧症，例如对蛇和蜘蛛的恐惧症。接触脱敏法也采用按焦虑层次进行的真实生活暴露方法，与其他脱敏方法的不同之处是增加了两项技术——示范和接触。让病人首先观看治疗者或其他人处理引起病人恐惧的情境或东西，而后让病人一步一步地照着做。如果病人害怕的是一种东西，如蛇，那就让病人观看治疗者触摸、拿起和放下蛇的示范后，先从事一些与接近、触摸蛇有关的一些活动，而后逐渐接近蛇、触摸它，直到敢于拿起它而无紧张感为止。

2. 示范疗法（模拟场景，扮演角色）

示范疗法，又称为模仿疗法。它是通过让病人观察和模仿来矫正其适应不良行为或神经症性反应。亚里士多德约在2300年前就写道："人是最富于模仿性的动物。人是借助模仿来学习他最早的功课的。"社会学习理论家认为，大量行为是由简单的模仿获得的。人们通过观察他们周围生活环境、人和事，学会了许多东西。在20世纪40年代初期，米勒与杜拉德就对观察学习做了深入的考察，在他们的经典性论文《社会学习与模仿》(1941)一文中，提出了两种模仿行为类型。第一种类型称为复制行为，指一个人仅仅是忠实而准确地再现别人的行为来向别人学习。并认为它在人的发展上起着很重要的作用。第二种类型称为依样匹配行为，这是一种可以按照"引导者—追随者"的关系来理解的行为。依样匹配行为，既是模仿的学习基础，又是通过模仿获得各种新行为的基础。

3. 厌恶疗法

又称去条件反射法，就是应用一种惩罚性的厌恶性刺激，通过直接作用或间接想像，来消除或减少一种不合意行为的方法。其基本方法是每当矫正对象出现目标行为或出现该行为的欲望冲动时，就给予一个能引起负性心理效应的恶性刺激。反复作用后，就会在矫正者的内心建立起该行为与恶性刺激间的条件反射，引起内心的由衷厌恶，直至消除该目标行为。厌恶疗法常用于矫正各种成瘾行为、强迫症、恐惧症和异常癖好，如吸毒、酗酒、吸烟。

厌恶治疗的形式有下列三种：

(1) 电击厌恶疗法　就是将患者习惯性的不良行为反应与电击连在一起，一旦这一行为反应在想像中出现就予以电击。电击一次后应休息几分钟，然后进行第二次。每次治疗时间为20～30分钟，反复电击多次。治疗次数可从每日6次到每两个星期一次，电击强度的选择应征得患者的同意。

(2) 药物厌恶疗法　就是在患者出现贪恋的刺激时，让其服用呕吐药，产生呕吐反应，从而使该行为反应逐渐消失。药物厌恶疗法多用于矫治与吃有关的行为障碍，如酗酒、饮食过度等。

（3）想像厌恶疗法　就是将心理医生口头描述的某些厌恶情境与患者想像中的刺激联系在一起，从而产生厌恶反应，以达到治疗目的。此法操作简便，适应性广，对各种行为障碍疗效较好。

运用厌恶疗法进行治疗时，厌恶性刺激应该达到足够的强度，通过刺激使患者产生痛苦或厌恶反应，持续的时间为不良行为消失为止。如强迫观念患者，可用拉弹橡皮圈法进行治疗，头几天，当强迫观念出现时要接连拉弹30～50次，才能使症状消失。另外，要求患者要有信心，主动配合，当治疗有进步时要及时鼓励，必要时最好取得其家人的配合，这样效果会更好。

使用厌恶疗法时应注意：厌恶疗法在使用时应注意持续性，否则无法建立条件反射；要注意强度的适宜性，使用不当可引发新的紧张刺激；要注意治疗原则的保密性，以防治矫正对象产生对抗心理，无法实施行为矫正。

4. 强化疗法（正面强化、反面强化）

强化疗法又称操作条件疗法，它是指系统地应用强化手段去增进某些适用性行为，以减弱或消除不适应行为的心理治疗方法。强化疗法是建立在操作学习理论的基础之上的。操作学习理论认为，个体活动的经过会影响其行为在以后发生的概率，如果个体活动得到奖励，那么这种行为在以后还会发生；如果个体受到惩罚，那么就只会产生消退作业，个人在以后就不会再出现这种行为。分为四种类型：

（1）正强化　给予一个好的刺激。例如奖励，为了建立一种适应性的行为模式，运用奖励的方式，使这个行为模式重复出现，并保持下来。

（2）负强化　去掉一个好的刺激。当不适当的行为出现时，不再给予原有的奖励。

（3）正惩罚　施加一个坏的刺激。当不适当的行为出现时，给予一种处罚。往往是给对方一个使之不快的刺激。例如随地吐痰，当即罚款。在实行这种强化方式时，必须注意意义要明确，时间要适当。

（4）负惩罚　去掉一个坏的刺激。是为引发好的行为的出现而设立的。

（哈尔滨医科大学　王小雪）

第四章 健康心理

社会变革引起人际关系、生活节奏的改变，心理压力、心理危机问题成为困扰人们精神的桎梏。健康心理问题逐渐成为专业工作者包括健康教育与健康促进工作者研究与广大人民群众日常生活的需要。

在医学领域里，对心理因素与健康和疾病的关系的研究，越来越受到人们的重视，尤其是近几十年，发现受社会心理因素影响较大的疾病如冠心病、高血压、肿瘤、精神病等的发病率、死亡率逐年增高，人们逐渐认识到，仅从生物、理化因素研究人类的健康和疾病有较大的片面性，而应该从生物、心理、社会多方面的相互关系和作用去考察健康和疾病。

祖国医学中，早就认识到"悲、哀、忧、愁则心动，心动则五脏六腑皆摇"、"忧伤肺、怒伤肝、思伤脾、恐伤肾"等等。这些论述都强调了情绪心理状态的安定与平衡在健康中的重要作用。

而真正把它作为一门学问来研究，却始于20世纪20年代，就是"心身医学"，心身医学（psychosomatic medicine）是一门研究社会—心理等因素和人体健康与疾病相互关系的科学。目前，心身疾病无论从种类还是从数量上都在急剧的上升。

第一节 健康心理的基本概念

健康心理（health psychology）是指心理上的健康状态，当人体处于这种状态时，不仅自我感觉良好，而且与社会契合、和谐，即整个心理活动和心理特征相对稳定，相对协调，充分发展，与客观环境统一和适应。

健康心理学于20世纪70年代末在美国兴起。

一、健康心理的研究角度

任何事物都有其对立面，因而对任何事物的判断也都是相对的。健康心理的对立面是变态心理，或者说心理异常，都是指心理和行为偏离常态，但"偏态"与"常态"，"异常"与"正常"都是相对的，人世间也无所谓"标准人格"或"绝对正常"。心理学家研究心理健康与否常常从以下几个方面观察：

（一）从病理学角度

心理是人脑的机能。如果人脑的结构和生理生化方面发生障碍，如颅脑损伤、中毒、感染、营养缺乏、遗传或代谢障碍等，即使心理异常现象较轻微，也可定为异常。这一标准比较客观，但局限性较大。此外，大脑没有明显的结构损害，但由于强烈的精神刺激而引起大脑功能失调，例如出现幻觉、妄想等症状，也可认定有心理异常存在。

（二）从统计学角度

许多在变态心理学看来是属于异常的现象，在正常人身上也会或多或少地有所表现，与心理异常患者之间的差别只是程度上差异而已。用统计学方法，把大多数在统计坐标上分配居中（即接近平均数）者视为正常，把属于两端者视为异常。这种统计学方法在很复杂的情况下可以来用，但简单地以纯数量为依据来界定极为复杂的心理现象，带有一定的局限性；例如智力的常态分布，特别聪明的超常者，除了个别社会适应性缺陷外，也都属正常范围。

（三）从文化学角度

有的心理学家是按照个人行为是否符合其生活环境所提出的要求，是否符合社会行为规范、道德准则等方面来判断。符合者为正常，否则为异常。这种标准也不是一成不变的，会随着时间的变迁而变化。

二、健康心理的标准

心理健康的标准具有相对性，诸多的心理学家提出了自己的看法，美国心理学家马斯洛（A. Maslow）和麦特曼（Mittelman）提出 10 条被认为是经典的标准：

- 有充分的自我安全感；
- 充分了解自己，并对自己的能力作适当的估价；
- 生活的目标能切合实际；
- 不脱离现实环境；
- 能保持人格的完整与和谐；
- 具有从经验中学习的能力；
- 能保持良好的人际关系；
- 能适当地宣泄和控制情绪；
- 能作有限度的个性发挥；
- 在不违背社会规范的情况下，对个人基本要求作适当的满足。

长期以来，国内外心理学家、心理卫生学家、医学家和教育家等对心理健康作了许多研究和探索，对心理健康标准也提出了不少积极的、建设性的意见和观点。综合国内外专家学者的各种观点，我们认为心理健康的标准应包括以下几个方面：

1. 智力活动正常

智力是人们的观察力、注意力、想像力、思维力、记忆力等实践活动能力的综合。智力活动在常态范围，在认识活动和适应外界环境过程中能进行正常的生活、学习和工作，有良好的自理能力。智力正常是心理健康的首要标准。

2. 积极稳定的情绪

表现为情绪活动与客观环境相适应，这说明个体中枢神经系统及内、外环境处于相对的平衡状态。心情愉快既有利于社会适应，也有利于心身健康。

3. 心理行为反应适度

即行为反应协调适度，即面对现实，言行得体，主动解决、适应环境冲突，不过敏、不迟钝，言谈举止、喜怒哀乐均在情理之中。人对机体内、外环境刺激的反应由于人彼此间个性心理、认识水平和经验的差异而有区别，有人反应强烈，有人反应迟钝，但这种差别有一定的限度。如果过分敏感或过分迟钝，则为反应异常。

4. 人际关系和谐

人是社会的人，要和社会上一定的群体交往相处。如果在交往中感觉轻松自如，心情愉快，就表明人际关系良好，是心理健康的重要标志。

5. 心理行为符合心理年龄特征

研究揭示，处在同一个年龄阶段的人都具有相似的心理年龄特征，也就是个体的心理行为特点应与大多数的同龄人协调一致，不明显偏离常态。否则为心理不健康的表现，如青少年过分"少年老成"、萎靡不振或成年人有过多"幼稚化"的表现。

6. 具有坚强的意志品质

具有高度的公民责任感义务感，敢于承诺，对自己对社会认真负责，言必信、行必果，自觉的确定自己的追求目标，并依据这一目标做出正确选择，不轻率盲目亦不优柔寡断，遇到困难挫折不退缩不动摇，采用有效的方式方法，坚持始终，坚韧不拔，有目的有计划的完成各种学习、劳动乃至休闲活动，显示出自觉性、果断性、顽强性、自制性。

7. 具有完整和健康的人格

人格是个人比较稳定的心理特征的总和。完整的人格体现在：自我意识延伸、自我与他人关系融洽、有情绪安全感、知觉客观、有各种技能，专注于工作、自我形象是现实客观的、人生观统一。

三、健康心理的现状

随着科学技术的飞跃发展，社会不断进步，心理疾病和行为异常越来越严重地威胁着人类。根据美国医学会公布的统计数字，有1/4的人在其一生中会因心理问题而导致心理疾病。一年之中，每5个家庭至少有1个成员或全体成员为心理问题所困扰。

据世界卫生组织的估计，全球的抑郁症患病率为3％～5％；约13％～20％的人一生曾有过一次抑郁体验、其中2/3的人正处于工作年龄，会因此影响他们的工作能力和效率。抑郁症又是一种可危及生命的疾病，严重的抑郁症患者中有15％的患者因自杀而结束生命。

据国内的调查报告，对山东省六个城市6319名4～16岁儿童少年的调查中发现，有12.61％的儿童有情绪行为问题，对青春期学生调查发现，其中11.73％和25.14％的学生有焦虑及抑郁症状。

可见人群中的心理卫生问题颇为常见与严重。

第二节 常见心理卫生问题

一、情绪与健康

（一）情绪的基本概念

情绪（emotion）是人们认识客观事物时对其态度的体验，是人体与环境意义事件之间关系的反映。

情绪的特征是：

1. 情绪不是固有的，是由客观现实的刺激引起的。

2. 情绪是主观体验，虽然这种体验可能出现行为表象，如悲伤、愤怒、喜悦等，但也常不露于形，内心感受无法观察，因此常常用内省法来研究情绪。

3. 情绪的产生是以客观事物是否满足人的需要为中介。包括生理、心理、社会方面的需要。

情绪具有两极性，人的需要得到满足或基本满足，便产生积极肯定的情绪体验，如愉快、高兴、欢乐等；人的需要得不到满足，或与他本人的需要刚好相反，便会引起消极或否定的情绪体验，如愤怒、哀怨、忧郁等。

（二）不良情绪的危害

不愉快、消极的情绪可使人的心理活动失去平衡，如果消极情绪长期反复出现，还会引起神经活动的机能失调，造成机体的病变，如神经功能紊乱、内分泌功能失调、血压持续升高等，进而转变为某些器官、系统的疾病，所以对人体健康不利。中医理论认为：恶劣情绪引起人体阴阳、气血的偏盛偏衰，从而发生疾病。

心身医学的大量研究发现，神经、内分泌和免疫三个系统的相互影响，在情绪影响健康中起着重要的作用。机体在应激源的影响下，神经、内分泌和免疫三个系统作为中介影响机体的健康。

如人在恐惧时，可使意识变得狭窄，判断力、理解力降低，甚至理智和自制力丧失，造成正常行为瓦解。

而社会心理紧张刺激普遍存在，经过大脑评价后的情绪反应有积极和消极之分，积极和消极的情绪都会引起心理上的紧张，但并非任何心理紧张都会导致疾病，只有当心理紧张过于强烈，超过了自我调节系统的功能才会引起疾病。所以情绪反应对健康的影响取决于：

(1) 心理刺激的质和量。
(2) 个体对心理刺激的易感性和抵抗力。

即同样的刺激对不同的个体会产生不同的影响，这取决于个体的生理特征和心理特征。个体差异的形成：遗传和先天素质的影响、后天文化教育、社会经济地位等。即年龄、性别、文化教育水平、健康状况、先天素质等不同时，对同样刺激所做出的反应也是不同的。如性别差异：女性较敏感的有丧偶、子女死亡、离婚；男性敏感的有学习困难、邻居纠纷、经济地位等。

（三）健康情绪的培养

1. 培养幽默感

幽默感是有助于一个人适应社会的工具。当一个人发现不协调现象时，要以幽默的态度应付，往往可以化解紧张，使一个窘迫的场面在笑中消逝。

2. 增加愉快生活的体验

每一个人的生活中包含有各种喜怒哀乐的生活体验，对于一个心理健康的人，多回忆正面的愉快的生活经验，有助于克服不良情绪状态。

3. 使情绪获得适当表现的机会

人在情绪不安与焦虑时，不妨寻找一些宣泄的途径，如找好朋友说说，找心理医生去咨询，心情就会平静许多。

4. 以积极的态度观察事物

任何一个事件，如果能从不同的角度去观察，就会给人以不同的印象，如"只有半杯水"和"还剩半杯水"，多挖掘、发现一些正面积极的意义。

（四）自我调节情绪的方法

在日常生活中，当一个人处于不良情绪状态时，常常可以用下面的方法进行调控：

1. 合理排遣与宣泄

如向领导、同事、亲朋好友、有较高学识修养和实践经验的人倾诉；矛盾双方开诚布公的交换意见等，但要适度而合理。

2. 转移注意

把注意从自己消极的情绪上转移到有意义的方向上。人们在苦闷、烦恼的时候，可有意识的转移话题、看看调节情绪的影视作品，读读书等都能收到良好的效果。

3. 积极升华

采取积极的方式，将挫折变成动力是升华的本质。

4. 自我安慰

寻找一些"理由"来安慰自己，以减轻内心的失望与痛苦，冷静看待不顺心的事情。

5. 诙谐幽默

幽默能使紧张的精神放松，摆脱窘困场面。

6. 放松练习

如调整呼吸、睡眠休息等都不失为消除不良情绪的好方法。

二、个性心理特征与健康

(一) 个性的概念

个性（personality）：是在先天生理素质基础上，在一定的社会历史条件下的社会实践活动中经常表现出来的、比较稳定的、区别于他人的个体倾向和个性心理特征的总和。

由于生活环境，受教育水平，所从事的工作等不同，心理活动在每个人身上产生时总带有个人特征，这种个性心理特征，一旦形成，就很难或很少改变。

个性主要包括气质、性格、能力等方面。

(二) 个性心理特征的特点

1. 组和性

个性不是一个独立的心理特征，而是一组心理特征的有机组合。所以，要准确描述某人的个性，必须说出一组心理特征才行。

2. 稳定性和可变性

由许多个性特征组成的人格结构是相对稳定的，在行为中经常地、一贯地予以表现。但这种稳定性具有相对性，不是绝对的，随社会实践条件、人的知识水平、家庭和个人生理心理等因素的变化，个性心理特征也必然发生变化。

3. 一般性和独特性

每个人的个性受到本民族思想感情、文化传统、生活习惯等因素的影响，有一定的共同性，但由于人格结构组合的多样性，又构成了不同人之间的个体差异性。

4. 生物制约性和社会制约性

人们个性生理特征的形成和发展，既受先天生理素质、主要是指遗传因素的影响，也受环境、教育、社会实践的影响。其中，先天生理素质是个性心理特征形成发展的前提，社会环境是个性心理特征形成发展的决定性因素，教育对其形成发展起主导作用，社会实践是其形成发展的主要途径。

(三) 个性特征与健康

1. 气质 (temperament)

主要由遗传因素决定，表现在情绪和行动发生的速度、强度、持久性、灵活性等方面的动力性个体心理特征。是人的典型的、稳定的心理特征，它与人的生物学素质有关，并使人格染上个人独特的色彩。

关于气质的分型有多种提法，有人认为与血型有关，也有人认为与激素有关。

公元前5世纪古希腊医生希波克拉底及后来的罗马医生盖仑，认为人有四种体液：血液、黏液、黄、黑胆汁，比例不同气质不同。

胆汁质（黄胆汁占优势）：智慧、敏捷，缺乏准确性，热情但急躁易冲动，刚强但易粗暴。情感和动作发生迅速、强烈持久。

多血质（血液占优势）：灵活有朝气，善于适应变化的生活环境。情感和动作发生迅速、微弱易变。

黏液质（黏液占优势）：稳重但不灵活，忍耐力强，沉着但缺乏生气，情感和动作缓慢、平稳善于抑制。

抑郁质（黑胆汁占优势）：易感但内向，稳重持久，但懦弱，沉默而孤独，情感体验深而持久，动作迟缓无力。

巴甫洛夫根据神经活动过程的基本特性的不同结合，把高级神经活动分为四种类型：活泼型、安静型、强而不均衡型和抑制型，与希波克拉底提出的气质类型也是吻合的。

一些研究表明，不同气质类型对人的身心健康有不同的影响。许多疾病有明显的气质分布，如我国有人曾对确诊为精神分裂症病人的前期心理特征进行调查，发现抑郁型气质者占40%。

气质的提出其意义在于：它是人格赖以形成的条件之一，体现了人格的生物学内涵；任何气质都有其积极面和消极面，无好坏之分；任何一种气质的人都可培养和发展成为社会所需要的有用之才，不决定人的社会价值和成就高低。

2. 性格 (character)

性格是个体对客观现实所持的稳定态度以及与之相适应的习惯了的行为方式。

性格是一个人个性中较稳定的、起核心作用的心理特征，体现了一个人的本质属性，它是在长期的生活中塑造而成的，性格也是可以培养和改变的。

性格的结构包含：对现实和自身的态度特征、意志特征、情绪特征和理智特征。

性格的分类：按机能类型说，可以分为理智型、情绪型和意志型；按向性说又可分为内向和外向；按独立—顺从说又可分为独立型和顺从型……

性格的形成更多地依赖于后天的环境，因此性格与气质相比具有更大的可塑性。性格在某种程度上反映了家庭、学校和社会生活的影响。通过一个人的一贯行为可以了解他的性格，反之，通过一个人的已知性格也可以预测他的行为。

自20世纪50年代，美国的弗里德曼（Friedman M）和罗森曼（Rosenman HR）等提出A型性格模型以来，关于A型性格与冠心病的关系已有大量的研究，结果表明，A型性格者冠心病发病率、复发率、死亡率均较高。

A型性格的人，有雄心壮志，喜欢竞争，为取得成绩而努力奋斗，性格急躁、缺乏耐心、容易激动，有时间紧迫感，行动匆忙，对人有敌意。心血管疾病的患病率较高，语言举止粗鲁,自信心不强。与此相反的性格,如不争强好胜、随遇而安、做事不慌不忙的性格称为B型性格。A型性格冠心病发病率、复发率、死亡率均比B型性格的人高。

英国学者Creer以及后来的德国学者Baltrush经过长期研究发现癌症患者具有某些人格特征——C型行为模式。C型性格的特征是:童年时期遭受过挫折、经历坎坷、性格克制、情绪压抑、压抑愤怒、焦虑抑郁、过分谦虚、谨小慎微、过分合作、调和折中等。

许多疾病的患者都有共同的性格特征。如消化性溃疡的病人其性格特征大多是被动、好依赖、比较顺从、缺乏创造性、不爱与人交往、情绪不稳定;溃疡性结肠炎:病人的性格特征是谨慎小心、不爱激动、办事有秩序、拘泥于形式、刻板、严守时刻、处理问题较理智;过敏性皮炎:患者多被动、过分焦虑、压抑愤怒、缺乏与困难作斗争的能力;支气管哮喘:病人的性格特征是依赖、顺从、胆小、内向、以自我为中心、好幻想、不好表述自己的情感、缺乏信心、难以忍受挫折;偏头痛:病人的性格特征则多为喜欢争强好胜、爱嫉妒、死板、对自己要求严。

人格是一个人心身健康或疾病的重要心理基础,人格特征影响了一个人得病的概率、患病的种类、病程的长短、愈后的效果等。可以说,人格是压力与健康两者之间的中介变量。

Kobasa1979年提出了"个性坚韧性"的概念。他指出,同样处于压力事件下,有的人安然无恙,有的人却积忧成疾,原因在于他们有不同的人格结构。那些对于发生在生活事件中有着控制感的人比无能为力的人,那些能置身于各种活动领域的人比那些隔绝于世的人,那些把变化视为挑战的人比那些视为威胁的人,更能保持心身协调和健康。这三方面构成了"坚韧性"的人格特征。

(四) 健全人格的塑造

培养健全人格是促进个体心理健康的有效途径,同时也是个体心理健康的集中体现。可从以下几方面着手进行人格的塑造:

(1) 重视人格发展中的生物、心理和社会诸因素的作用,努力创造人格健全发展的内外条件。遗传因素是人格发展的前提;个体的内部矛盾是人格发展的内在动力;社会生活条件对人格发展起决定作用;社会实践是人格发展的主要途径;自我意识是人格发展中的监督矫正。

(2) 重视早期生活经验,奠定人格发展的良好基础。人格是一个人过去整个生活经历的积淀和反映,早期生活经历是人格形成中首先而且起主要作用的因素,因此,人格塑造要从小抓起。

(3) 重视人格发展的内在协调性、平衡性和可塑性。

(4) 重视人格与环境的协调性,在与环境相互作用过程中,能动地适应环境。

三、人际关系与健康

人际关系是一种重要的社会心理现象,一个人如能与周围的人保持一种融洽、和谐的良好关系和正常的交往,经常进行感情交流,就能给人心理上带来实实在在的安全感、温暖感,情感得以宣泄,郁闷得到排遣,精神得到升华,有助于身心健康。

(一) 人际关系概述

人际关系(interpersonal relation):是在社会生活实践活动过程中,个体所形成的对其他个体的一种心理倾向及其相应的行为。简言之,就是人与人之间心理上的距离。人与人之间的亲近或疏远、合作或竞争、友好或敌对等，都是心理距离远近的表现形式，都具有感情的色彩。

人际关系对人的心理健康有重大的影响，人际关系的失调，会产生不愉快的情绪体验，使人具有挫折感、心情抑郁、沮丧，这将影响人的心理健康，甚至导致心理疾病和生理疾患。

根据心理学的原理，调节人际关系的成分主要有：①行为成分：包括诸如举止、作风、表情、手势、姿势和言语等活动，即表现人的个性及他人所能观察到的一切；②情绪成分：包括与态度相联系而且能以生理学方法或主观报告水平上记载下来的一切，如积极或消极的情绪状态，各种状态的冲突，情绪的敏感性，对自己、伙伴及工作的满意程度；③认识成分：包括对客观世界与自身的认识、理解、意识等。

良好人际关系的目标是达到人际吸引。影响人际吸引力的因素主要包括：

（1）接近性：地理位置接近或交往的频率适度，由于相互的了解，则较易产生密切关系。如"远亲不如近邻"。

（2）相似性：如年龄、生活背景、个性、兴趣、价值观等，较多的相似性，易产生共同语言。如"物以类聚，人以群分"。

（3）互补性：当交往双方的需要、性格、气质成互补关系时，会产生强烈的吸引力。

（4）个性特征：性格开朗，待人热情，以及对别人表现出来的热情能做出同样反应的人，就具有吸引力。

（5）能力和特长：能力强，有特长，容易产生吸引力，同时也有助于交际。

（6）仪表：它构成人际交往的第一印象，是影响人际关系的因素。

（二）常见的人际交往的心理障碍

常见的人际交往的心理障碍有恐惧心理、孤僻心理、自傲心理、嫉妒心理、猜疑心理、敌意心理。

造成人际交往中心理障碍的原因主要有：个性缺陷或人格障碍；缺乏社会经验、缺乏人际交往的经验，尤其是成功的经验；曾受过挫折；压抑情绪或受到错误思想观念的影响。

针对人际交往障碍的原因，应采取以下几方面进行自我调试：改善个性品质、调整认知结构、学习交往的技能、掌握调节的方法。

（三）人际交往的原则

改善人际关系，增进人际交往，不仅对心理健康影响重大，而且是一个人生存和发展的必要条件。在人际交往中，应注意以下原则：

1. 平等原则

每个人都有自尊和被人尊重的需要，在人际交往中要平等待人。

2. 互利原则

互利包括精神与物质两个方面的互利。

3. 信用原则

在交往中要说真话、办实事、言而有信、不轻易许诺。

4. 相容原则

人与人之间总是存在差别，这就需要求同存异，相互容纳，才能正常交往与相处。

5. 赞扬原则

在人际交往中，要善于发现并且鼓励赞扬对方的优点与长处，礼貌相待，才能相互促进与提高。

第三节 心理健康的评估

一、心理评估的概念

心理评估（psychological assessment）指依据心理学的理论和方法，对个体或群体的某方面心理健康状况或心理特性进行定性或定量的描述，以评定其心理健康水平及心理问题的性质与程度的过程。所谓心理特性包括心理过程和个体心理两方面，如前述的情绪状态、气质类型、性格特点等。

在健康教育与健康促进中，心理评估既是进行心理咨询的基础，也是干预导致心理问题的社会文化因素的依据，还是评估健康教育效果的重要手段。

二、心理评估的内容

1. 智力和认知评估
2. 情绪评估
3. 个性特征评估
4. 临床心理症状评估
5. 危害心理健康的环境因素的评估

三、心理评估方法和量表

（一）心理评估的方法

人的心理现象虽然非常复杂，但由于心理现象是客观现实的反应，而且人的心理活动又总是会或多或少在外显行为上有所表现，所以可借助心理学理论和量表对心理活动进行评估。由于各种方法各有其特点和优劣，一般是多种方法结合应用，使评估的结果更全面、科学和准确。

心理评估的方法主要有以下几种：

1. 观察法（observation method）

是一种常用的心理学研究方法，要求研究者有目的、有计划地对个体或团体的行为活动进行仔细观察与记录，根据记录结果进行分析综合，判定个体心理行为活动的特点和规律。通过观察对象的动作、语言、表情等外显行为，对被试的心理活动进行评定和判断，达到心理评估的目的。

2. 实验法（experimental method）

通过实验者系统的操纵自变量，观察应变量因随自变量改变而受到的影响，以探讨自变量和应变量之间的因果关系。如果掌握了两种变量间的因果关系，以后在处理同类问题时，单凭其前因，即可预测其后果，也就是说，即可预测控制条件对被试者心理活动的影响。包括实验室实验法和自然实验法。

3. **交谈法**（talking method）

是指工作人员与病人或来访者面对面的进行交流、讨论而获得评价和判断的方法。是心理评估的最基本方法。

4. **活动产品分析法**（product analysis）

是指对研究对象的活动产品，如在日常生活中创作的日记、书信、绘画、手工艺品、劳动产品等，进行分析，可探讨其心理特点的发展变化规律。这些作品可以辅助其他心理评估方法进行判断，不能单独使用。

5. **个案研究法**（case study）

是以一个人或一个群体作为研究对象的研究方法。

6. **测验法**（testing method）

是一种定量测定人的心理状态的方法。采用经过信度、效度检验的量表（scale）、其常模和测量方法作为工具所进行的心理评估。具有客观化、数量化、细致化、规范化等特点。

7. **问卷法**（questionnaire method）

是根据调查研究的目的与内容事先设计好问卷调查表，由被试者逐一填写回答。答题可采用是非、选择、填空或简答等方式。

在实际应用中，往往先采用观察、访谈等方法进行定性或半定量的分析和判断，如有必要再进行定量的心理测验，最后对个体或群体提出综合的评估结果。

（二）常用的心理量表

如症状自评量表（SCL-90）、焦虑自评量表（SAS）、社会功能缺陷筛选量表（SDSS）、汉密尔顿抑制量表、A型行为评定量表等。在此不一一详述。

第四节 心理咨询

一、概念

心理咨询（psychological counseling）：是咨询者（counselor）运用心理学的理论、方法和技术，给求询者（client）发展或适应方面的困难以启发、帮助和教育，促进其健康发展的活动。

二、心理咨询的意义

1. **解除应激压力的手段**

人的社会化程度越高，人际交往越频繁，社会生活节奏加快，改革创新给人们在心理上造成的纠葛也越趋复杂，在心身和社会活动方面增添的负荷也越趋严重，从而导致紧张、焦虑、抑郁、压力，进一步发展出现精神障碍、心身障碍和行为偏离。在社会成员中存在着许多亟待解决的心理困扰和冲突，临床心理咨询应运而生而且不断发展。

2. **防治心身疾病，促进健康长寿**

心身疾病是指以心理因素为重要原因的躯体疾病，有些已成为影响人类健康的大敌。运用心理咨询的方法，将有助于认识和改善心身疾病中的心理社会因素，促进人们的健康长寿。

3. 心理健康知识传播的途径

心理咨询是人际传播的一种形式,它在传播健康信息、劝服来询者向有利于健康的方向改变态度和行为方面具有独到的作用。许多来询者的问题实际上是一个心理健康知识的问题。通过心理咨询,可以介绍不同年龄阶段的心理健康知识以及缺陷弱智儿童的智力开发和心理卫生等问题。

三、心理咨询的方式

心理咨询有各种不同的形式。从咨询的对象可以分为直接咨询与间接咨询、个别咨询和团体咨询;从咨询的途径可以分为门诊咨询、信函咨询、电话咨询、网络咨询与专题咨询等。

(一) 直接咨询

直接咨询,是指由心理咨询人员对具有心理疑难需要帮助、存有心理困扰需要排解或患有轻微心理疾病需要治疗的求询者直接进行的咨询。直接咨询的特点是通过咨询者与求询者的直接交往和相互作用,使求询者的疑难问题得到解决,心理困扰或轻微心理疾患逐渐得到排解或减轻。

(二) 间接咨询

间接咨询,是指由心理咨询人员对来访的求询者亲属及其他人员所反映的当事人的心理问题进行的咨询。间接咨询的特点是在咨询者与当事人之间增加了一道中转媒介,当事人的心理问题靠中转人向咨询者介绍,咨询者对当事人的处理意见也是由中转人付诸实施。因此,在间接咨询中,如何正确处理好咨询者与中转人的关系,使咨询者的意见易为中转人所接受并合理实施,是关系到咨询效果的一个至关重要的问题。

(三) 个别咨询

这是心理咨询最常用的形式。所谓个别咨询是指咨询者与求询者一对一的咨询活动。个别咨询具有保密、易于交流、触及问题深刻、便于个案积累和因人制宜等优点,但这种咨询形式也有费时和社会影响较小等不足。

(四) 团体咨询

当具有同类问题的求询者被咨询人员分成若干小组或较大的团体,进行共同商讨、指导或矫治时,这种咨询形式便称为团体咨询。团体咨询较之个别咨询,在节省咨询人力与时间、扩大社会影响、集中解决一些共同的和较迫切的心理问题方面极具优越性。局限是个人的深层心理问题不易暴露,个体的心理问题差异也难予以照顾。

(五) 门诊咨询

在综合医院、精神卫生中心和卫生保健部门均可设置心理咨询门诊,接待来访者。这种形式所接待的来询者直接见面,能进行面对面的对话,故咨询较深入,效果较好。当然这种形式对咨询人员提出了较高的要求。

(六) 现场咨询

指咨询人员深入到现场,如到矿难发生地、医院病房、学校、工厂车间等,为求询者提供服务。

(七) 信函咨询

多为外地要求心理咨询者,或本地要求咨询者出于暂时保密或试探心理,故以信函开路。这种方式，只能初步了解情况，进行安抚和稳定情绪工作，无法面对面深入磋商，最终还是导致来门诊亲临咨询。

（八）电话咨询

多为处于急性情绪危象、濒于精神崩溃或企图自杀的人，拨打电话向咨询员告急、诉苦和求援。如心理危机热线中心，24小时均应有人值班，接到电话呼救后，立即派出人员赶至当事人家中，处理急性情绪危象，安定情绪，制止自杀。此外对一些不愿面谈和怕暴露身份的人，通过电话咨询也比较方便。

（九）专题咨询

针对公众关心的心理问题，在报刊、杂志、电台、电视台、网络等进行专题讨论和答疑。国内某些报刊已经开辟了心理咨询专栏，系列讨论和问答群众质疑。这种方式具有心理卫生宣传性质。

四、心理咨询的原则

1. 如实接受

不带任何的偏见和感情色彩，咨询人员要全面客观的接收求询者所提供的信息，不要轻易就对求询者产生怀疑。

2. 整体性

这一原则是指在咨询过程中，心理咨询人员要有整体观念，对求询者的心理问题作全面考察、系统分析、既要重视心理活动诸要素的内在联系，又要考虑心理、生理及社会因素的相互制约和影响，以使咨询工作准确有效，防止和克服咨询工作中的片面性。

3. 坚持性

咨询者应该把解决心理问题的困难和不怕反复、坚持不懈的理由和作用告知求询者，使其有充分的心理准备，同时给予求询者以鼓励，帮助其树立自信心，坚持对咨询者和求询者同样重要，只有这样，才利于今后的咨询过程或效果的巩固。

4. 保密性

是心理咨询中最重要的原则。它是鼓励来询者畅所欲言的心理基础，同时也是对来询者人格及隐私权的最大尊重。心理咨询的保密范围包括为来询者的谈话内容保守秘密，不公开来询者的姓名，拒绝关于来询者情况的调查以及尊重来询者的合理要求等内容。

5. 尊重与平等

这一原则有助于使咨询双方保持轻松愉快的沟通氛围，拉近相互之间的心理距离，在心理咨询过程中，咨询人员应从尊重信任的立场出发，努力和咨询对象建立起朋友式的信赖关系，以确保咨询工作的顺利进行、取得圆满的咨询结果。

6. 自助性

来访者与咨询员之间的关系不是简单的医患关系，更为准确地说是一种合作努力的行为，是一种伙伴或同盟的关系。来访者从一开始就承担主动的作用。通过咨询，来访者变得越来越具有自主性和自我导向能力，对自己的情感和行为更负责任。心理咨询的最终目的是要使来访者实现自我教育、自我成长，挖掘自我解决心理问题的潜力，达到学会用自我的方法调试和解决自己的问题的目标。

7. 艺术性

心理咨询是一种方法，又是一门艺术，咨询者不仅要通晓咨询的理论和技术，又要善于运用言语和非言语表达、情感交流和人性化的教育手段促进求询者的心理和行为改变。艺术性在健康传播章节中将有描述，可以参考阅读。

8. 预防性

咨询的重点在于预防，防患于未然。但我国的心理危机干预技术力量欠缺，干预力度还显薄弱，目前更多的是对一些已发灾害现场人员的心理疏导和咨询。

9. 发展性

是指心理咨询在内容上、方法上和技术上的不断发展，来应对不断动态发展变化的心理需求和环境改变。

10. 不评判

咨询者对求询者过去、现在和未来的观点和行为，以及在咨询过程中的表现不评判、不指责。不评判不意味着赞同，而是通过交流将注意力集中在问题的关键所在和真实性上，让求询者自我思考、最终自我作出决策。咨询者只是起到指导、教育、咨询的作用。

11. 伦理性

心理咨询的伦理规范，主要表现为对咨询者的伦理要求。即咨询者对自己的专业活动的结果负责、把求询者的利益放在第一位、求询者自愿原则、保密原则等。

第五节　心理健康的促进

一、正确认识自己

既不过高估价自己，也不过分的贬低自己，而是将自己放在合适的位置上。能做到自知是很不容易的，需要观察、自我认定、自我判断和自我评价。不能自知的人，不愿了解自己能力的真实水平，盲目从事非力所能及的工作，不仅影响工作效果，而且可能由于过度疲劳和心理压力而导致疾病。如期望值过高，在未能如愿时就会失望，容易产生不良情绪，陷于烦恼中，发现原来目标很难实现时，就要进行调整，使目标切实可行，同时把大目标分解成若干具体的小目标，依次实现，这样就能不断体验到成功的喜悦。

人们对自我的认识有这样几种类型：自卑自怜、自暴自弃、自傲自负、自信自强等。

自信自强者对自己的动机、目的有明确的了解，对自己的能力有适当的估价，从不随意说："我不行"，也不无根据地说"不在话下"。他们对自己充满自信，对他人也深怀尊重，他们认为在认识自己的前提下，是没有什么不可战胜的。于是他们走上了"我行，你也行"的道路，其结果是充分认识自我，发挥最大潜力。

悦纳自己是发展健康的自我体验的关键和核心。悦纳自己是指爱护、保护自己，珍惜自己的品德和荣誉，以取得别人的尊敬和友情。具体说来，就是要：接受自己，喜欢自己，觉得自己独一无二，有价值感、自豪感、愉快感和满足感；性情开朗，对生活乐观，对未来充满憧憬；平静而又理智地看待自己的长处与短处，冷静地对待自己的得与失；树立远大理想，并以此激励自己，不断克服消极情绪；既不以虚幻的自我补偿内心的空虚，也不以消极回避漠视自己的现实，更不以怨恨、自责以致厌恶来否定自己。

二、正确的认识和适应环境

指能对过去、现在和将来的环境有清醒的正确的认识，积极应对环境的变迁。心理健康者总是能与现实保持良好的接触，他们能发挥自己最大的能力去改善环境，以求外界现实符合自己的主观愿望；而在力不能及的情况下，他们又能另择目标或重选方法以适应现实环境。

心理异常最大的特点就是脱离现实或逃避现实。他们可能有美好的理想，但却不能正确估价自己的能力，又置客观规律于不顾，因而理想成了空中楼阁。于是怨天尤人或自怨自艾，逃避现实。

在现实生活中，做人必须有自己的原则。若总是顾及别人的看法："对不对得起别人？""别人会如何看我？"也就失去了自我；另一方面，我们也应注重朋友忠告。顾左右而行，或自以为是，我行我素，都是心理不成熟的表现。心理健康的人应与别人有一定程度的相似。如果一个人的想法、言谈、举止、嗜好、服饰等，总是与人差别太大，与现实格格不入，是难以保持心理平衡，得到心理健康的。

三、保持良好的人际关系

乐于与人交往，和他人建立良好的关系，是心理健康的必备条件。与他人在一起，不仅可以得到帮助和获得信息，还可使情感得到宣泄、郁闷得到排移，从而促使自己不断进步，保持心理平衡与健康。

与人相处时，正面态度或情绪如尊敬、信任、喜悦等，应多于反面态度或情绪如仇恨、嫉妒、怀疑、畏惧、憎恶等。人生是美好的，与人友好相处是有利于心理健康的。但不要天真地认为我怎样对待你，你就应该怎样对待我，这是儿童的一种思维方式，但成人也常常摆脱不了。与人相处的原则是：对得起他人，对得起自己。人际关系是复杂的，结识交友肯定有深浅厚薄。对于事实证明不可深交的人，我们也不妨浅交，不必嫉恶如仇，注意适当的距离即可。

四、直面挫折

在心理学中，挫折是指一种情绪状态，指个人在某种动机推动下，所要达到的目标行为遇到无法克服的障碍而产生的紧张状态与情绪反应。

（一）把挫折作为生活的组成部分

在人的一生中，挫折虽然是不可避免的，但从积极的方面来讲，挫折能给人以教益，给人启迪，也能磨炼人的意志，激励人奋发向上，使人更加成熟坚强。挫折能使人学会思考，认识到环境、条件的困难障碍，看清自己行为的某些失误或不妥，使自己及时修正自己的目标、行为、思想认识和处世方法。

（二）提高对挫折的适应能力

发生挫折以后，我们一般可采取以下几种方式：

1. 正确对待失败与逆境

挫折是不以人的意志为转移的客观存在，但它具有两重性，挫折固然会使人受到打击，给人带来损失和痛苦，但挫折也可能磨炼人、教育人，所学到的东西，会使我们终身受益。

2. 适当调整自己的期望值

3. 接收自己、接受别人

每个人能力不同，各有优劣，人无完人，应对自己和他人有一个正确的认识和全面的客观评价。

4. 精神宣泄法

创造一种环境，使受挫折的人可自由顺畅的表达受压抑的情绪。人在受到挫折时，心理活动会失平衡，常常以紧张的情绪反应代替理智行为，如果把紧张情绪发泄出来，心理活动就可以恢复到理智状态，达到心理平衡。

5. 改变环境

当很难改善周边环境时，可以通过转换环境的方法，以一个新的精神面貌和社会形象，投入到新的工作中去，开始新的生活。

作为一个社会人，首先应该树立正确的人生观，把个人的前途和祖国的命运联系起来，以积极的生活态度，进取性的心理品质，冷静地对待挫折情境，自信乐观、自强不息，勇敢地接受社会的挑战。

(天津医科大学　张竞超)

第五章 传播与健康教育

健康传播学是近年在大众传播学中建立起来的相对独立的分支学科,即通过对健康观念、健康知识、健康行为方式的"交流、沟通和互动",改变受众的认知、态度和行为,提高大众健康素质的一种行为。健康传播强调健康知识普及与大众参与并重,不仅注重专家学者"知识下行"的科普维度,同时更注重开辟让大众的生活经验和智慧的结晶参与健康传播这一新的维度,包括大众在日常生活和工作中获得的健康体验和健康知识,如防病治病、养生健身及医学保健等。

健康传播是健康教育的基本手段之一,而教育与干预也必须依靠传播活动来实现。

第一节 健康传播概论

一、健康传播的发展

传播是社会性传递信息的行为,是人类生存与发展的一种基本方式。在远古时期,人类为了个体的生存和种族的延续,将前人或自身在实践中积累起来的关于避免伤害、预防疾病的行为知识和技能传授给同伴和后代,这种社会活动应该就是健康信息传播的早期雏形。随着社会经济和科学技术的发展、人类与疾病作斗争的形式的变化,以及健康知识的积累,一些最重要、最基本的相关行为要求逐渐成为全社会都必须遵守的行为规范,大量的健康知识和技能依然需要通过信息传播和教育等活动来扩散和传承。

从20世纪40年代后期起,随着现代新闻信息技术的发展,一门新兴的边缘学科——传播学,在促进现代社会人类的信息交流与共享方面起到越来越重要的作用。美国等西方国家从60年代起将传播学的概念引入健康教育领域,并逐渐形成了健康传播学,极大地丰富了健康教育的策略方法和理论宝库,有效地指导着健康教育的实践。要成功地达到疾病预防、控制和健康促进的目标,必须依赖于广泛地开展健康传播活动。没有健康传播活动,健康教育与健康促进就失去了重要的手段。

二、基本理论

1. 信息与讯息

信息(information)泛指情报、消息、数据、信号等有关周围环境的知识;而讯息(rnessage)是由一组相关联的信息符号所构成的一则具体的信息,是信息内容的实体。信息必须转变为讯息才能传播出去。但在一般情况下,"信息"和"讯息"两者界线不是很分明。

2. 健康信息

健康信息(health information)泛指一切有关人的健康的知识、技术、技能、观念和行为模式,即健康传播过程中传授双方所制作、传递和分享的内容。

健康信息的特点：科学性、针对性、适用性、指导性、简明准确和通俗易懂。

3. 符号

符号（symbol）是信息传递的载体。符号与其所代表的事物是两码事，两者之间没有必然的联系。符号具有形式和意义两方面的属性。形式是感官可以感知的，而意义是人为赋予的。符号的形式和意义的任意结合，是共同经验的群体在信息交流中约定俗成的。常见的符号有语言、文字、图像、色彩、声音、表情、气味、手势等。把信息制作成符号称为编码（encoding），将符号所代表的信息原意还原和解释，称为译码和释码。

4. 信息加工

信息加工（information processing）指对信息的接收、存储、提取、处理和传送的加工信息工程。人在信息加工中是一个主动的动态系统，在处理和传送所接收的信息时具有极大的灵活性。广义的信息加工有两层意思：第一层意思是认知，包括人们选择、加工与存储信息的整个过程；第二层意思则涉及到人们如何衡量、增加、提取以及使用已经存储的信息。

5. 传播

传播（communication）是指人与人之间通过一定的符号进行的信息交流与分享，是人类普遍存在的一种社会行为。

1988年出版的我国第一部《新闻学字典》将传播定义为："传播是一种社会性传递信息的行为，是个人之间、集体之间以及集体与个人之间交换、传递新闻、事实、意见的信息过程。"这一定义反映了人类社会的信息传播所具有的社会性、普遍性、互动性、共享性等基本特征。传播学是研究人类制作、储存、传递和接受信息等一切传播活动，研究人与人之间交流与分享信息关系的一般规律的学科。

6. 健康传播（health communication）

健康传播是健康教育与健康促进的重要手段和策略，它是指以"人人健康"为出发点，运用各种传播媒介渠道和方法，为维护和促进人类健康的目的而制作、传递、分散、分享健康信息的过程。

7. 传播策略（communication strategy）

是一个有组织、有系统的为达到某种预定目标、在特定时间内通过某（几）种传播渠道向目标人群（受众）传播特定讯息的全面计划。

三、传播的基本特性与社会功能

1. 基本特性

（1）社会性　在人类社会生活里，每个人都生存于一定的社会群体之中，人的社会群体性决定了人们相互频繁的交往活动，信息传播则是建立相互联系、维系社会的一个纽带。

（2）普遍性　人的社会性决定了人类传播的社会性，从而确定了人类传播的普遍性，即传播无处不在、无时不有地渗透在社会生活之中。

（3）符号性　人类信息的传播都需借助一定的感知觉符号，人类社会便是建立在人们利用符号进行互动的基础上的。传播学中的"符号"具有广泛的含义，包括语言符号、音响符号、图画符号、文字符号、表情符号等感知觉符号。人们信息交流的过程，实质上是符号往来的过程，一方编码制作和传递符号；另一方接受和还原符号。所以，传播学家又把传播活动的关系视为"两个或两个以上的人为了一组双方都感兴趣的信息符号聚在一起。"

(4) 互动性　传播过程不是一种单向行为，而是信息交流双方的有来有往、相互作用的过程。一方面生产制作和传递信息，一方面又接受、反馈信息。

(5) 共享性　人们在交流信息时，总是希望达到对某一信息的共同享用，即要使双方共同享用一定的思想观念、信息和知识。

2. 传播的基本社会功能

(1) 探测　即收集、储存整理和传递各种情报信息、数据、资料等，供个人、团体、国家了解周围环境，认识自己所处的地位，确定自己应采取的态度和行动。

(2) 协调　人类依赖传播了解社会的动态，调节行为目标，并协调社会其他成员采取一致行动。

(3) 教导　人类学习知识，获得各种的技能，改变或调节生活行为都离不开信息的传递和接收。

(4) 娱乐　通过各种传播渠道和方式，使个人得到娱乐和享受，使精神状态更加充实。

四、传播的分类

人类的传播活动纷繁复杂，种类多样。但按传播的主客体相互关系的不同及其特征，人类传播活动大致可分为五种基本类型：

1. 自我传播（intra-personnel communication）

又称人内传播，指个人接受外界信息后，在头脑中进行信息加工处理的过程。自我传播是人最基本的传播活动，是一切社会传播活动的生物学基础。一般来说，自我传播属于心理学范畴。

2. 人际传播（interpersonal communication）

又称人际交流或亲身传播，是指人与人之间面对面直接的信息交流，这是个体之间相互沟通，共享信息的最基本的传播形式和建立人际关系的基础。

3. 群体传播（group communication）

群体是将个人与社会相连接的桥梁和纽带，群体传播是指非组织群体的传播活动。正如管理学中将组织划分为正式和非正式组织一样，群体传播属于非正式组织的活动，不受约束，有更大的自发性和随意性，但不可忽视。

4. 组织传播（organizational communication）

是指组织之间，组织内部成员之间的信息交流活动，是有组织有领导进行的有一定规模的信息传播。作为现代管理方法，已经发展成为一门独立的新兴学科，即公共关系学。

5. 大众传播（mass communication）

所谓大众传播是指职业性信息传播机构和人员通过广播、电视、电影、报纸、期刊、书籍等大众媒介和特定传播技术手段，向范围广泛、为数众多的社会人群传递信息的过程。

五、传播结构与传播关系

1. 传播结构

传播结构是传播关系的总和，包括从传播者一端到受传者一端之间构成的各种关系。

2. 传播模式

传播模式是指为了研究传播现象，采用简化而具体的图解模式来对复杂的传播结构和传播过程进行描述、解释和分析，以求揭示传播结构内各因素之间的相互关系。

（1）拉斯韦尔五因素传播模式（又称5W模式） 传播学的奠基人之一，美国著名社会学家、政治学家哈罗德·拉斯韦尔（H.D.Lasswell）于1948年提出了一个被誉为传播学研究经典的传播过程的文字模式，即：一个描述传播行为的简便方法，就是回答下列5个问题：

- 谁（who）？
- 说了什么（says what）？
- 通过什么渠道（in which channel）？
- 对谁（to whom）？
- 取得什么效果（with what effect）？

这就是拉斯韦尔五因素传播模式（又称5W模式）。拉斯韦尔五因素传播模式把繁杂的传播现象用五个部分高度概括，虽然不能解释和说明一切传播现象，但抓住了问题的主要方面，不但提出了一个完整的传播结构，还进而提出了五部分的研究范围和内容，从而形成了传播学研究的五大领域，为传播学研究奠定了基础。

（2）施拉姆双向传播模式 美国学者威尔伯·施拉姆（Wilbur Schram）用双向传播模式把传播描述为一种有反馈的信息双向循环往复的过程，为传播学重视信息反馈的人际传播研究做出了贡献。这一传播模式强调传播双方都是传播的主体，在传播过程中，传授双方的角色并不是固定不变的，一个人在发出讯息时是传播者，而在接受讯息时则成为受传者。

上述传播模式可用下图5-1表示：

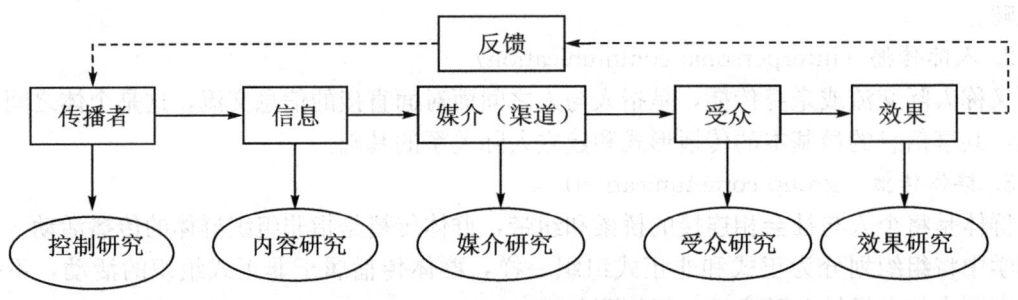

图5-1 传播过程与传播模式图

3. 传播要素

（1）传播者（communicator） 是指在传播过程中"传"的一端的个人（如有关领导、专家、医生、讲演者、节目主持人、教师等）或团体（如报社、电台、电视台等）。就传播主客体而言，是信息传播的主动发出者和媒介的控制者。

（2）信息、讯息和符号，详见前述。

（3）媒介渠道（media and channel） 是讯息的载体，传递信息符号的中介、渠道。一般特指非自然的电子类、印刷类及通讯类传播媒介。如纸条、传单、信件、挂历、书刊、杂志、报纸、广告牌、电话机、传真机、收音机、电视机、光碟、全球定位导航系统、计算机及电脑互联网络等。

（4）干扰（interference） 在传播过程中，对讯息形成的减弱或加强的因素，称为干扰（又称噪声）。常见的干扰因素有机械性干扰（如电视图像失真，广播中的噪音）、社会性干扰（如社会旧传统习俗、旧观念）和心理性干扰（如选择性心理因素、不佳心理状态）。克服各种干扰因素的影响，是提高健康传播效果的一个重要途径。

（5）把关人（gate-keeper）　把关人是指在信息传递路线上，决定舆论导向和信息命运的人。其职责是对信息进行审核、选择取舍、突出处理及删节，以确保健康信息的思想性、科学性、技术性、通俗性与适用性。决定向受众提供哪些讯息，并试图通过讯息造成某种影响。健康信息的把关人为主管部门与社区的各级决策领导人及健康教育工作者等。

（6）受传者（audience）　受传者指在传播过程中"受"的一端的个体或团体的读者、听众、观众的总称。受传者不是信息传播中的被动者，其拥有接受或不接受和怎样接受信息的主动选择权，且表现出日益多样化的信息需求差异。个人或个别团体的受传者称为受者、受方，大量的受传者称为受众。

（7）反馈（feedback）　在传播学中，反馈特指传播者获知受传者接受信息后的心理行为反应。及时的信息反馈在传播中具有非常重要的作用，是使传播生动活泼地进行下去的重要条件。反馈越及时、越充分、越真实准确无误，则越有利于传播双方的信息沟通。信息反馈有两种情况：一是传播者在面对面直接传播中获得受传者的主动情况反映；另一种是在间接传播中，传播者需要运用反馈机制去收集受传者的反应或听取受众的意见，才能形成反馈。

（8）传播效果（effect）　是传播对人的行为产生的有效结果。具体地讲，就是指受传者接收信息后，在知识、情感、态度、行为等方面发生的变化。

4. 传播关系与传播条件

人们通过信息交流和分享而在传播活动中建立起来的相互关系称为传播关系。建立传播关系必须依靠共同经验域、契约关系和反馈这三个基本条件。没有这三个条件，就不太可能建立传播关系，产生传得快、传即通、传有效的传播效果。

（1）共同经验域（又称共同经验范围）是指在人际传播过程中双方对信息能够共同理解、相互沟通、产生共识的经验范围；在大众传播中，还要再加上传授双方对传播媒介的使用及理解的共识范围（图5-2～3）。共同经验域是传播学里一个极为重要的概念。传播双方有没有共同经验范围（共同的语言、知识、生活经历、经验和认识过程等），找到"共同语言"常常是传播关系的良好开端。

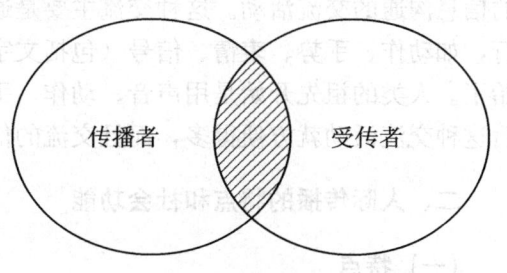

图5-2　人际传播过程的共同经验域

（2）契约关系　是指在传播活动中传播双方相互依存的一种默契关系，传播双方以此来约束各自的传播行为。如在广播热线节目中，主持人与其固定听众之间的关系；又如在咨询门诊服务中，咨询医生与求询者之间的相互依赖与理解的关系。这在传播关系中是一个必不可少的因素。如果传播中缺乏这种契约，也会导致传而不通的局面。

（3）反馈　在传播学中反馈特指传播者获知受传者接受信息后的心理行为反应。反馈有两层含义：一层是在人际传播中直接获得受传者的主动反映情况；另一层是在间接传播中，传播者需要运用反馈机制去收集受传者对信息的被动反应。

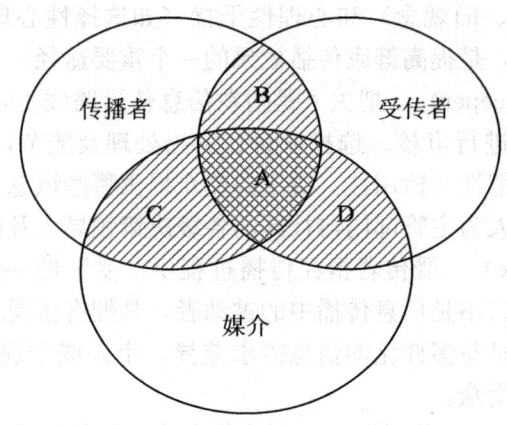

图 5-3 大众传播的共同经验域
A：传授双方对信息和媒介的共同经验域
B：传播者与受传者对信息的共同经验域
C：传播者对媒介的经验域
D：受传者对媒介的经验域

（引自吕姿之主编．健康教育与健康促进．北京大学医学出版社，2004年）

第二节 人际传播

一、人际传播的概念

人际传播（interpersonal communication）也称人际交流，是指人与人之间的一种直接的信息沟通的交流活动。这种交流主要是通过语言来完成，但也可以通过非语言的方式来进行，如动作、手势、表情、信号（包括文字和符号）等。自有人类以来，这种传播活动就开始了。人类的祖先开始是用声音、动作、手势、表情来传播信息，当人类有了语言和文字以后这种交流活动就方便得多，而且交流的信息也复杂得多。

二、人际传播的特点和社会功能

（一）特点

1. 人际交流简便易行，不受机构、媒介、时空等条件的限制，可以比较随意地进行。

2. 人际传播活动中，交流的双方可以互为传播者和受传者。接受信息的一方可以即时作出反馈，而且让反馈传递到传播者那里。这时，开始发生信息的传播者就转变成了接受信息的一方，原来接受信息的一方转变成了信息的发出方，成了传播者。所以，在人际交流的过程中，交流双方或多方都在不断地交换着自己的传授角色，不断地接受信息和发生信息。由于反馈及时交流充分，交流的双方可以即时了解对方对信息的接受程度和传播效果。

3. 人际传播有益于提高传播的针对性。传播者可以根据传播对象和传播的信息内容以及传播者自己的意图、目的来选择传播的时间、地点以及人际传播的方式。传播者还可以根据受传者的接受情况、接受者的反应等来随时调整传播策略，充分运用和发挥传播技巧。这种针对性在大众传播方式中是做不到的。

4. 与大众传播相比较，人际传播的速度慢，信息量相对较小，在一定的时限内传播的信息覆盖的人群数量远不如大众传播。

5. 在人际传播活动中，特别是在多级的人际传播活动中，信息容易走样。这是因为接受者的理解能力、知识背景、接受习惯，以及记忆力等原因造成的。因此，在开展健康教育人际传播活动时要特别注意对传播者的培训，并在传播活动的实际开展过程中注意对信息质量的监测。

（二）社会功能

1. 获得与个人有关的信息。
2. 建立与他人的社会合作关系。
3. 通过人际传播，达到认知他人和自我认知。

三、人际传播在健康教育中的应用

健康教育通过改变人们的行为来达到促进健康的目的。而改变行为的必要前提是要通过知识传播和健康意识的启迪来影响人们的知识结构和思想观念。在这些过程中，人际传播是不可缺少的。并且，由于人际传播具有针对性强、交流充分、反馈及时等特点而在影响人们改变行为的活动中具有重要的作用和地位。

由于生物遗传与环境的多样性，决定了人类健康问题的多因多果性；人的主观能动性与健康观又决定了多样性的认识、态度、决断与选择，正是由于这些多样性的特点，只有通过健康教育工作者、卫生工作者的面对面的人际传播，才能最有针对性地解决各种具体问题，逐步实现改变行为的计划。

在健康教育实际工作中，可采取以下方式：

1. 个别劝导

在健康教育活动中健康教育人员经常会针对某一个干预的对象的特殊不健康行为和具体情况向其传授健康知识、教授保健技能，启迪其健康信念，说服其改变不健康的态度、信念或行为习惯。

2. 小组讨论

通过一组人参加的面对面的小组讨论交流传递与健康相关的信息，讨论共同关心的健康问题，影响部分人的健康信念和行为。

3. 讲座

是传播者根据受众的某种需要针对某一专题有组织、有准备地面对目标人群进行的健康教育活动。

4. 培训

健康教育人员运用教育的手段针对干预对象的需求进行保健技能的培训。培训者可以运用讲解、演示等方法逐步使受训者理解、学习和掌握自我健康保健技能。

5. 咨询

门诊咨询、随访咨询、电话咨询、书信咨询、共通咨询等。

四、人际传播技巧

1. 说话技巧

语言是人类传播信息最基本的工具。语言是通过口说来传递信息的，信息传递的是否清楚准确，产生的效果如何，与说话的技巧有很大的关系。

说话的技巧概括起来包括以下几个方面：

（1）内容明确，重点突出。一次谈话紧紧围绕一个主题，避免涉及内容过广。

（2）语调平稳、语速适中。口气和蔼亲切，发音吐字要清晰，要让对方能够听清楚。语言生动。掌握讲话的节奏和音调高低，避免平铺直叙。

（3）适当重复重要的和不易被理解的概念。

（4）把握谈话内容的深度。用听者熟悉、能懂的语言，尽量避免使用专业词汇，尽量用通俗语言代替专业术语。

（5）注意观察，及时取得反馈。

（6）适当停顿，给对方以提问和思考的机会。

2. 问话技巧

人际交流中，提问是很普遍的。提问作为一种交流的方式，也有很多技巧需要学习和掌握。

人们所提的各种问题可以分为以下几种类型：

（1）开放型问题　此类问题要求回答者开放思维回答问题，不能用简单的肯定或否定来回答，也不是回答固定的名称、地点、数据等。如问题"你对健康怎么理解"就是开放型问题，回答者必须根据自己的理解谈出一定的内容才能作出回答。

（2）封闭型问题　要求回答者作出肯定或否定的答复以及回答名称、地点、时间、数据等固定要素的问题为封闭型问题。如"你叫什么名字"、"几点钟"、"什么单位"等等。适用于期望迅速得到确切答复的场合。

（3）倾向型问题　也称诱导型问题，提问者在问题中表达了自己的倾向，给对方以暗示和诱导，诱导回答者按一定的倾向作出答复的问题。如"您今天感觉应该好多了吧？"但在调查研究中应尽量避免此类问题。

（4）试探型问题　这类问题是提问者对对方进行试探，以证实某种估测。在人际交流中，有时常用此类问题打破僵局，开始双方的交流。估测到某种结果的问题，如"在社区组织的活动可能已经开始了吧？"

（5）索究型问题　为了了解对方存在某种认识、观点、现象、行为的原因而进一步地提问，追索究竟、追索原因的问题，也就是问一个"为什么"。如"他们为什么不能坚持锻炼身体？"

（6）复合型问题　两种或两种以上类型的问题结合在一起的问题。此类问题容易使回答者感到困惑而无从回答，顾此失彼，结果哪个问题都答不清楚，提问者所收集的信息可能会被遗漏或不准确，不全面。如"你知道纤维素对人体的作用吗？"、"你现在还吸烟吗？"

提问的技巧体现在以下几方面：

● 首先，提出问题应是在人际交流的合适时机。如果对方正在兴致勃勃地讲述某一种事情，问话者中途打断对方讲话，问一个与对方讲话内容并非关系很紧密的问题，则会影响对方的情绪和打断对方的思路，影响信息的充分传递和交流。
- 问话要有所间隔。给对方一些间歇，而不要一个紧接一个地问问题，那样会给对方造成紧张和心理压力。
- 提问要明确和简练。少提复合型问题，让对方很清楚地理解问题的核心，能够准确地回答出问题的要点。
- 要获取较多的信息，或要了解对方的某种态度、观点，以及某些知识的掌握情况，行为情况，应多问开放型问题，少问封闭型问题。因为开放型问题有利于对方开阔思路，谈出自己的情况、自己的认识和思想，或者是客观存在的事实等等。
- 在提索究型问题时要特别注意使用缓和的口气，如果态度生硬就变成质问了。
- 试探型问题可以用来打破僵局、缓和气氛和建立关系，特别是在涉及敏感性问题和隐私时，可以巧妙地使用试探型问题来获得信息。
- 避免使用诱导型问题，因为诱导型问题所得到的信息不可靠。

3. 非语言传播技巧

非语言传播技巧是指以动作、姿态等非语言形式传递信息的过程，人际交流中大约65%的信息是通过非语言形式传播的。非语言传播常常是人的心理活动的自然反应。

(1) 动态体语：以点头表示肯定，以摇头表示否定；微笑、握手表示友好；用亲切的目光注视对方表示尊重。

(2) 静态体语：服饰整洁，仪表端庄。表示对对方的尊重、敬业精神和职业化。

(3) 类语言：改变声调节奏，合理运用笑声，可以起到调节气氛的效果。

(4) 时间语：如提前到达会场或约会地点，准时赴约，可以给人以信赖感。

(5) 空间语：如安静整洁的环境，给人以安全和轻松感。与谈话者之间不要有大的障碍物，使双方置身于有利交流的空间位置和距离，有利于增进交流。

4. 倾听技巧

倾听不仅仅是认真和专心地听，还包括从听到的信息中了解对方的意图和情感，概括所听到和所理解的要点。倾听技巧主要表现在一些好的倾听习惯上。好的听话习惯包括以下几点：

(1) 在听对方谈话时要专心，不应在听对方讲话时被其他事情干扰；不要轻易和经常转移自己的注意力，作到"倾耳细听"。尽可能地多听，留意地听，努力发现对方对某一问题的了解程度和看法；

(2) 不要轻易打断对方的讲话，不轻易做出判断，必要时可以恰当地引导，不急于表达自己的观点，不轻易地对对方的话做出评论；

(3) 始终保持友好和礼貌，利用各种语言和非语言的方式表示在认真听，使对方感到轻松和受到尊重，对对方的讲话要适时地作出恰当的反应，如点头或说"哦"、"嗯"等。

(4) 对敏感的问题，更要善于听出话外音，以捕捉真实的信息。有时需要小结或进一步明确对方的意思，以证实听到的信息与对方要表达的内容一致。

5. 反馈技巧

反馈是指信息使受众产生的反应又通过某种传播形式返回到传播者的现象和过程。

人际传播活动中交流的双方互为传播者，又互为信息的接受者，同时也互有反馈，反馈是维持人际交流的重要因素。

反馈的形式：语言反馈、体语反馈和书面反馈。体语包括动作和表情，书面反馈包括书写的文字、图画、符号等。

反馈的性质：积极性反馈、消极性反馈和模糊性反馈。受传者向传者作出赞同、支持、理解的反应为积极性反馈，而与其相反的反应、如不赞同或反对则为消极性反馈。没有明确立场、态度和感情色彩的反应为模糊性反馈。

反馈的技巧主要表现在以下几方面：
（1）根据不同的人物、时间、地点等特定因素及交流内容采用适当的反馈形式。
（2）对对方传递的信息表示兴趣，用专注的神情或微笑、点头等积极性反馈来鼓励对方充分交流。
（3）用积极性反馈支持、肯定对方时态度鲜明，观点明确。
（4）用消极性反馈否定、反对和纠正对方时态度和缓、口气婉转。
（5）用模糊性反馈回避对方所涉及的敏感问题。

6. 观察技巧

通过眼睛看来收集信息，观察对方的表情、动作、周围的人物和环境等都是人际交流中的重要因素。

交流的对方往往会不自觉地以非语言方式表达出内心的活动，观察者在语言交流之外还可以通过眼睛观察对方的表情、动作来收集有用的信息，通过观察得到的信息与通过耳听到的信息相结合往往是比较全面和真实的。

观察的技巧主要是细心、全面和敏锐。观察事物应该很仔细，善于捕捉到细微的变化，能够透过表面现象，发现深层的内心活动、或者被掩盖的事物和现象，从而获得真实的信息，这对于指导人际交流十分重要。

7. 表扬与鼓励的技巧

表扬是公开赞美；鼓励是激发勉励，给予勇气和信心。

正确和恰当的应用此方法就是主动的发现服务对象在某些问题上的正确认识和良好的行为，及时给予赞同和表示支持，有利于促进交流和建立关系。

8. 举例引证技巧

人们为了说明问题往往借助引用其他的事例或资料，作为自己的证据。

举例应恰当、引证要准确、尽量引用新鲜的例子、尽量选择服务对象身边发生的事例或接近他们生活的例子，必要时可选择反面例证来进一步说明。

9. 示范和演示技巧

健康教育工作者在传授保健技能时，往往需要通过演示示范的方法，把抽象的、不直观的知识直观的表现出来。

第三节　大众传播

一、大众传播的概念及特点

1. 大众传播的概念

大众传播是指职业性信息传播机构和人员通过广播、电视、电影、报纸、期刊、书籍等大众媒介和特定传播技术手段,向范围广泛、为数众多的社会人群传递信息的过程。

2. 大众传播的特点

(1) 传播者是职业性的传播机构和人员,并需要借助非自然的传播技术手段;

(2) 大众传播的信息是公开的、公共的,面向全社会人群;

(3) 大众传播信息扩散距离远,覆盖区域广泛,速度非常快;

(4) 大众传播对象为数众多,分散广泛,是匿名的,自由的;

(5) 大众传播是单向的,很难互换传授角色,信息反馈速度缓慢而且缺乏自发性。但随着大众传播中"热线"形式的开通与流行,部分弥补了传授双方信息反馈的不足。

利用大众传播渠道开展健康教育,可以使健康信息在短时间内迅速传及千家万户,提高人们的卫生意识。加强对大众传播的特点和客观规律的研究,将有助于改变健康传播的质量,提高健康传播的效果。

3. 大众媒介的共同特点

凡是具有大众传播特征的传播活动中应用的媒介均属于大众传播媒介。大众传播媒介主要是指广播、互联网、电视、电影、报纸、杂志书籍等媒介。此外,在健康教育中经常使用并广泛散发的卫生标语、卫生传单,以及置于闹市等公共场所的卫生宣传画廊等,也都属于大众传播媒介的范畴,这些媒介在传播方式、对象等方面具有一些共同点。

(1) 间接性传播。通过机械性、技术性媒介传播信息,传播者与受传者之间的关系是间接性的。

(2) 覆盖面广,资源利用率与传播效率高。大众传播媒介都拥有广大的受众,具备任何其他传播方式都不能达到的影响面,大众媒介的网络,覆盖了几乎社会的各个角落,把千千万万散在各处的人们联系起来。

(3) 大众传播媒介面向整个社会,具有公开性,负有重大的舆论导向和社会责任。大众媒介传播出的每条确切或错误的卫生信息,可能使数以万计的人受益或上当受骗。

(4) 大众传播媒介具有时效性。即传播信息一要新,二要快,特别体现在新闻报道方面。针对当前社会人群中普遍存在的卫生问题或中心性卫生工作,可以迅速通过适宜的大众媒介进行宣传教育,广而告之。

(5) 传播材料的统一成批生产与重复利用。可确保信息的标准化和规范化。如电视录像片、小册子、广播录音节目等,一般都可以成批复制。

4. 主要大众媒介的各自特点与比较

(1) 传统的大众传播媒介

传统的大众传播媒介是指传播文字信息的报刊、书籍、广告;传播声音信息的广播;传播声像画信息的电视电影等。

在健康教育中,报刊书籍的优点是发行量大,信息易于保存,可以重复阅读,缺点是读者必须识字且有机会和时间选择阅读,感染力较差;

广播的特点是传播速度快,可覆盖很大空间范围,传播对象不受文化程度限制,可表达感情,成本低廉,不足之处在于听众不易保存信息,无法传送图像、图片;

电视电影可同时进行声、像传播,可产生真实感,覆盖面也很广,但较前二者制作条件要求高,成本也高,传播对象亦不易保存信息,并有时间局限性。

有关主要大众传播媒介的特性与选择评定标准,见表 5-1。

表 5-1 主要大众传播媒介的特性与选择评定标准

标准	媒介						
	报纸	电视	广播	杂志	户外广告	交通广告	邮寄夹报
以比较为目的所使用的单位	单页	30秒	60秒	彩色页	100面	100面	彩色页
用于每个人的成本	高	公益服务低，广告高	低	中	低	低	高
受众选择性	良好	尚好	良好	最好	不好	不好	良好
接触最多的社会经济人群	中、上层	中、底层	所有阶层	中、高层	中、高层	低、中层	所有阶层
接触最多年龄范围	中老年	老、少、家妇	青少年、老年	青、中年	中、青年	所有年龄	所有年龄
潜在到达率	85%	95%	60%	70%	95%	95%	75%
视听众累积速度	最好	最好	好	不好	尚可	尚可	最好
地理适应性	最好	最好	最好	尚可	最好	好	最好
信息的复杂性	高	中	低	高	低	低	中
对个人的效果	中	低-中	中	中-高	低-中	低	高

（引自马骁主编．健康教育学．人民卫生出版社，2004年）

(2) 健康教育中的新兴媒介——网络媒介

网络媒介既保持了传统媒介的共同优点，又克服了某些缺陷，当然，网络媒介需要对象有接触计算机及其网络的条件，但这并不能掩盖它的突出优势。

网络媒介的特点：

- 是多维的，速度快，传播范围广，它能将文字、图像和声音有机地组合在一起，传递多感官的信息。这种图、文、声、像相结合的健康教育形式，将大大增强健康教育的实效。
- 网络媒介制作周期短，可以根据健康教育不同的宣传需求很快完成制作。
- 网络媒介还可以24小时不间断地传播信息。只要具备条件，任何人，在任何地点都可以阅读。这是传统媒介无法达到的。
- 网络媒介具有可重复性和可检索性，并能对网络健康教育效果进行评估。较之其他任何媒介，网络媒介使健康教育工作者能够更好地跟踪受众的反应，及时了解受众的健康需求，从而对健康教育效果作出客观准确的评价。
- 成本低廉。
- 利用健康教育网站开展健康教育。在网站上通过设立多种栏目、专页，根据疾病的流行季节和群众关心的健康热点问题放置有关疾病预防的文章，并经常更新；可以通过在线咨询，让健康信息需求者与健康教育工作者进行文字、言语的及时交流；还可以通过与其他已经设立网站的卫生防疫机构、医疗机构、保健机构、预防医学或临床医学报刊杂志有效链接，以方便健康信息需求者搜索、查询相关的健康信息。

5. 媒介组合

媒介组合（media mix）指在同一大众传播的媒体计划之中，使用两种或两种以上不同的媒体。

在实践中，针对各种媒介的不同特点，择优选用，才能发挥传播媒介的最佳功能。

英国健康教育学家（Tones, B. K）在1981年教育与传播国际讨论会上提出的"健康传播方法谱"（图5-4），为适当地选择传播手段提供了参考依据。健康传播者应当在不同规模的健康促进项目的传播活动中，依据传授双方实际情况，运用不同传播策略和媒介，在工作中选用最佳的方法组合，扬长避短，相互补充完善，进而完成健康传播的目的和任务。

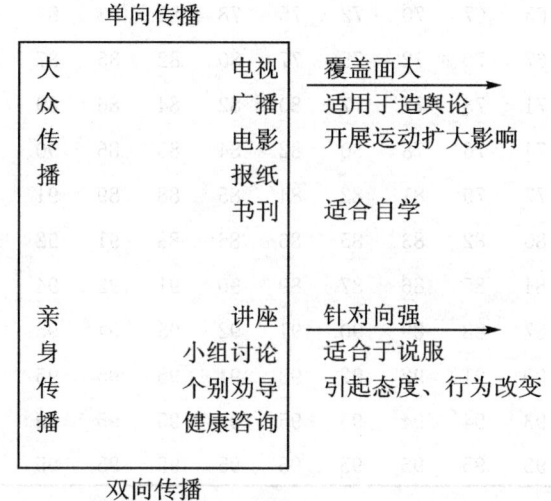

图 5-4 健康传播方法谱

（1）媒介组合的理由　①达到第一种媒体所未达到的目标人群，提高媒介的覆盖率；②在第一种媒体得到最佳到达率之后，再以较便宜的第二种媒体提供额外的重复暴露；③利用媒体所固有的某些价值以扩展传播活动的效果（如多媒体、三维动画、音乐）；④协同作用，各种媒体经混合所生产的总和效果，远大于各种媒介个别效果相加的总和。

（2）两种媒体组合到达率（reach rate）　当组合两种媒体以增加"到达率总额"时，其基本的假定为：第二种媒体在第一种媒体所提供的那些暴露之外，提供了信息暴露的机会；而第一种媒体，基于媒体计划所列用途，到达率有其限度。为了联合两种媒体的组合到达率，有一项公认的名为"随机组合"的统计方法。它假定那些不被第一种媒体到达者有机会暴露于第二种媒体；当那些未被第二种媒体到达部分人数或户数增加时，此一暴露的机会也会增加。见表5-2为使用随机组合技术表示出的两种媒体到达率的组合。如果使用一种可以获得为60%传播效果的传媒，再使用另一种可以获得50%传播效果的传媒，那么，据此表可预估两种媒体组合的总传播效果到达率为80%。注意，当组合两种或两种以上媒体时，必须在相同的目标人群基础上建立到达率。

表 5-2 两种媒介达到率组合效果表

		第一种媒介的达到率（%）													
		25	30	35	40	45	50	55	60	65	70	75	80	85	90	95
第二种媒介的达到率（%）	25	46	47	51	55	59	62	66	70	74	77	81	85	89	92	95
	30	47	51	54	58	61	65	68	72	75	79	82	86	90	93	95
	35	51	54	58	61	65	67	71	74	77	80	84	87	90	93	95
	40	55	58	61	64	67	70	73	76	79	82	85	88	91	94	95
	45	59	61	65	67	70	72	75	78	81	83	86	89	92	94	95
	50	62	65	67	70	72	75	77	80	82	85	87	90	92	95	95
	55	66	68	71	73	75	77	80	82	84	86	89	91	93	95	95
	60	70	72	74	76	78	80	82	84	85	88	90	92	94	95	95
	65	74	75	77	79	81	82	84	85	88	89	91	93	95	95	95
	70	77	79	80	82	83	85	86	86	88	91	92	94	95	95	95
	75	81	82	84	85	86	87	89	90	91	92	94	95	95	95	95
	80	85	86	87	88	89	90	91	92	93	94	95	95	95	95	95
	85	89	90	90	91	92	92	93	94	94	95	95	95	95	95	95
	90	92	93	93	94	94	95	95	95	95	95	95	95	95	95	95
	95	95	95	95	95	95	95	95	95	95	95	95	95	95	95	95

（引自田本淳主编．健康教育与健康促进实用方法．北京大学医学出版社，2005 年）

6.传播媒介的选择原则

恰当地选择传播媒介，是取得预期传播效果的一个重要保证。

在选择传播媒介时，应遵循如下原则：

（1）保证效果原则：根据预期达到的健康传播目标和信息内容选择传播媒介。注意媒介对讯息内容表达的适应性及效果。如疫病流行期间，宜选用大众媒介的健康新闻发布或公益广告传播；如"世界卫生组织警告：艾滋病近十年内将会在中国爆发流行！"以达到"广而告之"的目的；而开展青春期性教育，采用咨询等人际传播手段效果会更好。

（2）针对性原则：针对受众状况，选择传播媒介。针对性是指所选择媒介对目标人群的适用情况。比如对农村妇女进行营养教育，采用函授和电视讲座，这种媒介的选择缺乏针对性，而利用简单的图解、模型、实物示教，才有针对性。

（3）速度快原则：即时效性，力求将健康信息以最快、最通畅的渠道传递给目标人群。一般讲，电视、广播是新闻传递最快的渠道。在农村中常见的迅速传递信息形式是有线广播，通知召开村民大会。

（4）可及性原则：根据媒介在当地的覆盖情况，受众对媒介的拥有情况和使用习惯来选择媒介。

（5）经济性原则：从经济实用角度考虑媒介的选择，如有无足够经费和技术能力制作、发放材料或使用某种媒介。

二、大众传播常见障碍

传播中经常会遇到障碍，产生的原因是存在干扰。干扰是在传播过程中，对讯息形成的减弱或加强的因素，又称噪声。常见的干扰因素有机械性干扰和人为干扰（包括社会性干扰和心理性干扰）。克服各种干扰因素的影响，是提高健康传播效果的一个重要途径。

1. 讯息障碍

就是指讯息形式模糊不清。产生的原因有机械性干扰和人为干扰。

（1）机械干扰是影响健康传播的首要障碍，它是由于客观条件所造成的传通障碍。常见的机械物理性干扰有：广播中的噪音干扰、影像图像失真、重影、不清，印刷质量不好如字体模糊、套色定位不准、彩色模糊、装订质量低等。

（2）人为干扰有两种情况，一种是人的技术水平低所致；另一种是由于消极把关作用。

2. 语意学障碍

主要表现在词义表达不准确，很难理解，如歇后语、成语典故过多，听不懂说什么，说明什么问题。

3. 符号障碍

在传播过程中，符号障碍主要表现为：

（1）对符号意义的认知缺乏共同经验　如前所述，符号的形成和意义的任意结合，是来自于共同经验的群体在信息交流中约定俗成的。对于符号意义化的认知是由学习积存为经验而来。倘若没有这种共同经验和对某一符号意义化的积存记忆，就会对这一符号的意义无从理解。

（2）对符号与事物本体之间的认识距离过大　这种符号与事物本体之间的认知距离，是由概略性的认识和推论所产生的错误所致。

4. 心理障碍

受传者的心理障碍是造成传播障碍的一个重大因素和直接原因。主要见于：

（1）接受信息符号时的心理障碍，如由于经验不同或感觉器官的错觉，而对含糊不清的线条、图案、颜色等印刷符号出现选择性注意和理解的错误。

（2）对传播内容的归因判断错误，如仅凭对传播者第一印象好坏，或熟悉与否，或知名度如何等，就依人判断内容是否真实可信，从而选择对信息的重视态度及接受行为。

第四节　影响健康传播效果的因素与对策

一、健康传播效果

传播效果是指受传者接受信息后，在情感、思想、态度、行为等方面发生的反应。健康传播的效果，按可达到的难度层次由低向高依次分为四个层次。

1. 知晓健康信息

这是传播效果中的最低层次，主要取决于信息传播的强度、对比度、重复率、新鲜度、定位点和创意性等信息的结构性因素。知晓健康信息是促使有效思考所必需的。

2. 健康信念认同

受传者接受所传播的信息，并对信息中倡导的健康信念理解，认同一致。这是由认知进而形成一个人的价值观念的基础和先导。只有以受传者个人为中心所形成的价值观念才能真正地影响其态度和行为。受传者就会自觉或不自觉地按照这样的信念，对其自我在健康方面的态度、行为表现和客观环境进行分析判断，有利于受传者态度、行为的转变以及对健康环境的追求和选择。

3. 态度向有利于健康转变

受传者的态度是其行为的先导。健康传播者通过健康信息的传播，使受传者获得健康知识，促进态度从不利于健康的方面向有利于健康的方向转变。健康的态度一旦形成，就具有固定性，成为一种心理定势，一般说来不会轻易改变。

4. 采纳健康的行为和生活方式

这是健康传播效果的最高层次。受传者接受健康信息后，在知识增加、健康信念认同、态度转变的基础上，改变其原有的不利于健康的行为和生活方式，采纳有利于健康的行为和生活方式，并提高了生活质量，这是健康传播的最终目的。只有实现了这一效果，才能真正改变人的健康状况。

二、影响健康传播效果的因素与对策

健康信息的传播是一个十分复杂的过程，在其每个环节上，都有许多因素能直接或间接地影响传播效果。研究影响健康传播效果的因素，目的在于探索干扰因素产生的原因与影响，注意防止和排除干扰因素的影响，才能使健康传播活动达到传得快，传即通，传有效。

1. 健康传播者方面

健康教育工作者与所有负有健康教育职责的人是健康传播的主体。健康传播者既要具有健康教育意识和以"人人健康"为传播的出发点，又要有医学科学知识和必要的传播与教育技能。因此，健康教育工作者与所有负有健康教育职责的人是健康传播的主体。

（1）作好健康信息的把关人（gate-keeper）作用　主管部门领导、医学专家及健康教育工作者都是健康信息的把关人。他们的职责应是对信息内容起到"把关"和过滤作用，对信息进行选择取舍，决定向受传者提供哪些信息，并试图通过信息造成某种影响。也就是决定传什么，决定传给谁。健康信息传播有很大的健康舆论导向作用，健康信息是否科学准确，会直接关系到把受传者有关健康的知识、态度、信念、行为和生活方式引导向正确还是谬误，是提供健康服务还是造成健康损害，结局完全不同。所传播的某知识内容，是否针对并传播给目标人群，这个关把得好，目标人群明确，传播效果就会好。这就要求健康教育人员做到：①追踪了解医学发展前沿，不断更新知识，学习新理论和新方法，避免传递错误信息，误导群众；②加强业务指导和管理。健康教育专业人员有责任对下级机构和基层卫生保健人员进行指导、培训，对传播材料制作进行质量控制，要把材料内容的科学性和有效性列入工作评价指标；③要有精品意识，注意评估和更新传播材料。制作和使用通俗易懂、针对性强、符合当地群众需要的新传播材料；停止发放观念陈旧，不符合群众需要的旧材料。

（2）选择合适的传播者，注重树立良好的自身形象、威信与吸引力　传播者的信誉和威望越高，传播效果就会越好。应注意选择有威望的国内外各医学专业的知名医学专家教授，或卫生主管部门的领导来宣讲某知识，会更有说服力。传播者的吸引力还包括其自身文化素质修养,对医学了解的深度与广度,对健康话题的理解与沟通交流技巧等。

联想到以生动的演讲影响广泛的洪昭光教授,他总结的"一、二、三、四、五,红、黄、绿、白、黑"的合理膳食理论,"三个半小时"的养生之道,被人们津津乐道,以生动形象的形式进行了健康教育的探索,并产生了一定的影响力。

(3) 加强传播双方共通的意义空间——共同经验域　传播双方的关系,共同经验范围越大,传播效果就越好。传播者应努力寻找与受传者之间更多的共同语言。如果尽说一些别人听不懂的医学专业术语,使受传者就无法理解和接受,那么肯定会出现传而不通的结果。健康信息传播的成功,有赖于传播者有能力引出听众共同的意识与感情共鸣。传播者与受传者一定要在他们的背景中有某些共同的经验范围,才能得到成功。对传播者而言,传播的关键在于能确认并开发这些共同经验,并以此作为传播健康信息的切入点。

2. 健康信息方面

健康传播就是用健康信息的刺激,来激发受传者的某些健康需求,提醒受传者应该采取何种行动。

(1) 信息内容的针对性、科学性和指导性　健康传播活动传播的是有关"人的健康"的知识、技术、观念和行为模式的健康信息。一个完整的健康信息应能有效地指导人们的卫生行为。因此,信息内容不仅要包括"是什么"、"为什么",还要告诉人们如何做。要注意提高健康信息内容的针对性、科学性和指导性。健康传播的信息,内容要单一,行动目标要明确,实现既定目标的方法要具体、简便、易行而且可行。要根据受传者的需要选择信息内容,传播效果就会好些。在设计健康讯息时,应注意以下几个原则:知识技术上科学正确;易懂;实用;简明;中肯;在文化和社会习俗上适当;正面教育为主。

1) 注意结合目标人群常见疾病或症状的热点话题,如中老年人的高血压、冠心病、糖尿病、肥胖、缺钙与补钙等。

2) 注意结合疾病季节特点的热点话题:如冬、春季的呼吸道感染、支气管炎、哮喘、鼻窦炎;夏季的消化道传染病等。

3) 注意结合与人群健康有关的卫生宣传日,选择热点话题。如3月21日——"世界睡眠日";3月24日——"世界结核病防治日";10月10日——"精神卫生日"……

(2) 同一信息,反复强化　采用不同的方式,反复的强化同一信息,生动、短小精悍、反复出现的讯息可使受传者加强记忆。

(3) 注重信息反馈　健康传播机构应该建立健全信息反馈机制,不断了解受众反应,分析传播工作状况,找出存在问题,从而提高健康传播质量。

3. 媒介渠道方面

(1) 媒介渠道的选择　应注意选择的媒介的保证效果、有针对性、速度快、可及性和经济性等5个原则。应注意传播信息的媒介对目标人群的适应性、传播的健康信息是否适合所选择的媒介来传播。

(2) 注意多媒介渠道的组合策略　据心理学家测定,人类五官对外界环境信息的接收能力有很大差别,以视听觉最为重要,视觉为83%～87%,听觉为7%～11%,嗅觉为3.5%,触觉为1.5%,味觉为1%。在美国进行的一项关于"宣传效果保持率"的调查结果表明:听来的为10%;看来的为30%;边听边看为60%。为了使培训收到较好的结果,通过合理地策划媒介组合,多层次多渠道开发利用多种媒介,扩大信息有效到达率和暴露频率。

4. 受传者（受众）方面

健康传播的受众是社会人群，有着多样性的健康需求和信息需求。根据受众的年龄生理与心理特点，制定传播内容和传播策略是传播学理论在健康传播中的具体应用。

（1）受传者的心理因素　受传者在接受一种新信息或采纳一种新行为时，要经历一个心理发展过程，这一过程大致分为无知、知晓、决策、采纳、巩固五个心理发展阶段。对健康教育者准确地制定传播策略具有指导意义。假若按受众的心理发展阶段制定传播计划，决定信息内容，选择媒介渠道，那么传播效果会更好。基本策略是：

无知阶段：宣传发动，使其知晓；

知晓阶段：提供知识，进行劝服；

决策阶段（当新信息已形成积极态度，准备尝试）：提供方法，鼓励尝试；

采纳阶段（已经尝试新行为）：支持鼓励，加以强化；

巩固阶段（已经采纳新行为）：继续支持，不断强化。

（2）受传者在接受信息传播过程中的共同心理特征　受传者对信息除了表现为选择性注意、选择性理解和选择性记忆三种选择性的心理因素外，并有"5求"心理，即：①求真（真实可信）；②求新（新鲜新奇引人）；③求短（短小精悍，简单明了）；④求近（与受传者在知识、生活经验、环境、空间及需求欲望接近）；⑤求情厌教（喜欢富有人情味的、动之以情的信息，而厌恶过多的居高临下的说教）。

（3）受传者的社会经济文化特征　如民族、年龄、性别、职业、文化水平、宗教、经济状况等背景与人群的生活方式、卫生习惯、卫生知识需求和对新信息的敏感性密切相关。

（4）受传者的健康状况　①特定健康需求：患病生理阶段，有强烈的健康信息需求，常常表现为饥不择食的"有病乱投医"，这正是我们为其提供健康信息和避免其受骗上当的最佳时机；②潜在健康需求：每个人都有接受健康信息的客观需要，无病时意识不到，此时我们提供一些稍微超前的医学知识，有助于受众"防患于未然"。

受传者对健康信息的需求和感受的差异，来自于受传者的个体差异（先天与后天因素所造成）、心理上的选择性注意（倾向于选择与自己固有观念一致的信息）、选择性理解（所谓仁者见仁、智者见智）、选择性记忆（与需要、态度、情绪、环境、强度等因素有关）。

越来越多的例子说明，人们采纳健康行为的决策根据，往往是他们自以为重要、真实、正确无误的认知，而不是来自理性的思考或仔细核算的结果。受传者只承认他们认为的事实，而不是传播者所了解的事实。从受传者角度出发，传播的依据就必须以受传者的认识水平为基础。所以，我们要尽可能说受传者想听的，而不是说传播者自己想说的。

5. 环境方面

（1）自然环境　如传播活动地点、场所、距离、环境布置等。

（2）社会环境　如社会经济状况、文化习俗、社会规范、政府及社区的政策法规，以及受传者周围的人对其态度和行为的影响等。

上述这五方面因素无不直接或间接地影响传播双方的心理和行为，从而不可避免地对健康传播效果造成影响。健康教育者应运用社会市场学原理，加强目标人群的需求调查研究，了解满足目标人群需求欲望的代价有哪些？成本有多少？在任何传播活动或传播材料制作与发行前，都应根据目标人群的需求，重视和进行信息反馈、讯息设计、媒体组合策划、传播活动的策划及传播前的人际传播预试验、大众传播材料制作的预试验,以保证健康信息能够符合最佳成本效益,被目标人群理解和接受。重视目标人群接受健康传播和获得传播材料的便利性,以及双向交流的参与程度。在传播活动之后,则应注意做反馈性调查研究,以了解传播是否达到了预期的目标。

　　总之,为避免健康传播的盲目性,提高传播效果,在健康传播的活动中,健康教育者要全面筹划设计,仔细分析研究,找到传播的影响因素,并有的放矢的加以解决。

(天津医科大学　张竞超)

第六章　健康促进测量及其评价指标

健康教育与健康促进已经深入到卫生工作的各个领域和部门,如何评价健康促进工作的效果成为当前国际社会关注的重要问题。我国疾病谱和死因顺位发生了根本变化,过去,用于评价健康状况的指标主要有患病率、死亡率、发病率、期望寿命和残疾发生率等,但随着医学模式的转变健康观念的更新,这些指标已远远不能适应健康评估的要求。严重危害人类健康的心脑血管疾病、肿瘤等慢性病,这些病治愈率低、病程长,且与心理因素和生活方式等有很大的相关性,同时,由于人们对健康本质和内涵认识的不断深化,使得以往惯用的指标不再能够敏感地反映人群的健康状况。在这种情况下,为建立比较全面、准确的评价健康促进指标体系已作了不懈的努力,测量技术也得到了不断改善。目前,对健康的测量已逐渐从对单一的躯体健康的测量走向对多维度的躯体、心理、社会的测量;从提高生活质量的测量走向环境可持续发展同步测量;从只对负向健康的测量走向对正向和负向两方面的测量;从对组织器官的客观状况的测量走向对个体主观体验和满意度的测量;从以患病或死亡为终点的测量走向以患病后个体的功能状况和社会适应能力为终点的测量。

健康促进评价指标就是根据有效的健康指标,力求客观、全面地反映个体、群体和社会的健康状况及发展趋势,以寻求促进健康的有效途径。因此,健康促进测量是健康促进和卫生事业的一项重要内容。通过科学、有效的测量方法,采用特异、敏感的测量指标,以了解人群健康状况的分布和趋势,讨论和分析影响人们健康的因素,促进社会制定有益的经济和卫生政策,以及评价健康促进项目效果都是十分重要的。

第一节　健康促进测量的指标体系

人体的生命活动过程是极其复杂的,如何对之进行测量,通过哪些指标来反映人体的生命过程或状态,如何进行分析和评价,是健康促进测量的重要内容。由于人类健康(包括个体或群体)状况,是受环境因素、个人行为因素、人类生物学因素和卫生保健因素的影响,个体或群体的健康状况也就是这四大类健康因素共同作用的结果。因此,在讨论测量健康促进的指标体系时,必须充分注意生物、心理、社会因素等各方面的影响,注意体现生物—心理—社会医学模式,使测量指标体系进一步完善、系统化。

一、健康促进测量指标分类及作用

(一)健康状态测量指标的体系分类

1. 健康状态的个体和群体指标体系

(1)个体指标主要分为　①定性指标,描述个体生命活动的类型及完成情况,如老人活动项目测量,儿童发育测量等;②定量指标,描述结构和功能达到的程度,如身高、体重、活动幅度等。

(2)群体指标主要分为　①定性指标,群体生命活动类型及实际情况,如交往、婚姻、生育等；②定质指标，群体素质，包括生长发育程度、群体气质、特性、疾病比例等；③定量指标，群体数量和各种活动在数量上的反映。

2. 健康状态的生物（理）、心理和社会学指标体系

（1）生物（理）学指标　年龄、性别、生长发育、遗传、代谢等主要反映人的生物学方面特性的指标，也是医学研究最早的一面。

（2）心理学指标　气质、性格、情绪、智力、心理年龄等反映人的心理学特点的指标。

（3）社会学指标　社会经历、人际关系、社会经济地位、生活方式、环境、物质精神生活满意程度等以及社会发展群体构成等指标。

3. 健康状态的直接、间接指标体系

由于人的健康状况的复杂性及科学技术水平的客观条件的限制，许多指标一下子难以直接测量。又由于人的生命活动状态的质量在很大程度上取决于周围的环境，特别是社会的发展。因而，在一些较为复杂的情况下，如度量一个国家人民的健康水平时，可利用一些间接易测指标，也能较好地反映出健康状况。

（1）直接指标　直接度量个人或群体的健康状况。

（2）间接指标　①度量社会发展的指标，如国民生产总值（GNP），人均GNP，国民收入，人均住房面积，每千人口医生数，安全饮水普及率，文盲率等。因为健康本身就是社会发展的一个重要侧面，故度量社会发展本身也能反映健康状况；②度量自然生态环境：如人均绿化面积，食谱，土壤中元素缺乏或过多等，天然资源占有量……

4. 健康状态的综合性指标体系

在实际工作中，常常采用综合性指标体系把多种情况组合起来测量、以评价健康状况。

（1）生活方式和行为指标：消费类方面指标、业余活动指标、职业方面指标。

（2）环境指标：自然环境方面指标、社会环境方面指标。

（3）生物学指标：生长发育方面指标、生理方面指标、心理方面指标。

（4）保健服务指标：医疗服务方面指标、预防服务方面指标。

（5）生活质量指标：生活质量指数、社会健康指标、生活质量量表。

（二）健康状态测量指标分类的作用

健康是一个复杂的生物学和社会学现象，涉及自然、生物、社会等多个方面，其内涵抽象，外延广泛，很难进行准确而全面的测量，而且对健康判定与社会发展程度及人们的生物学、社会学特征有关。此外，分析健康问题的人由于其背景不同或出于不同的目的和需要，往往会从不同的角度去考虑健康问题。因此，用于测量健康促进的健康指标可以有多种分类，以满足从不同的角度、或在不同的层次和水平上评价居民健康状况的需要。

健康测量指标分类的目的并不是非要将某个指标归为某一类，主要是为了更清楚地了解各类健康测量指标的功能及健康测量指标之间的联系和区别，以便更合理、更有效地选择和使用健康测量指标。在实际工作中，常根据需要和可能将多种分类结合起来，以不同的组合形式加以归纳和应用。

二、健康促进测量指标体系

自WHO提出2000年人人享有保健目标之后，尤其是《渥太华宪章》发表之后，健康促进评价指标体系的研究有了较大的发展。越来越多的地区和国家开始研究并使用一些综合

性的评价指标体系。1997年，第四届国际健康促进大会期间，WHO提出了如下评价指标：

（1）人群健康学指标：如生长发育、生育率、健康寿命等。

（2）日常生活质量指标：如无病痛或残疾、情绪愉快，精力旺盛等。

（3）临床健康学指标：如发病率、死亡率、病死率等。

（4）社会健康学指标：如失业率、居住条件、空气质量等。

（5）生物学和生物医学指标：如DNA、免疫缺陷等。

2000年，第五届国际健康促进大会在墨西哥的墨西哥城召开，参加会议的各国卫生部部长共同签署了《卫生部长宣言》并制定了《国家健康促进行动规划框架》，指出：健康促进结果评价包括以下9个方面。

（1）知、信、行的测量　包括健康相关知识、态度、动机、行为、个人技能的改变和自我效验。

（2）社会行动与影响的测量　包括社区参与、社区赋权、社会规范和公众舆论。

（3）健康政策和组织实践的测量　包括政策制定、立法、规章、资源分配、组织实践、文化和行为。

（4）健康生活方式和条件的测量　包括烟草使用、食物选择和获得、体力活动、饮酒、违法性药物滥用以及社会和物理环境下的安全性因素与危险性因素比值的测量。

（5）有效健康服务的测量　包括提供疾病预防服务、卫生服务的获得以及健康服务在社会文化上的适应性。

（6）健康环境的测量　包括使用烟草、酒类、违法药物、为青少年和老年人提供的健康环境、远离暴力和药物滥用。

（7）社会结果的测量　包括生活质量、职能独立、社会支持性网络、社会公平和平等。

（8）健康结果的测量　包括发病率、致残率、可避免性死亡率的改变、社会心理适应能力以及生活技能的改变。

（9）能力建设结果测量　包括可持续发展、社区参与和社区赋权。

第二节　健康促进测量常用指标及意义

关于健康促进测量指标，传统的临床医学和预防医学已作了大量的工作，本节将主要按生物—心理—社会医学模式的要求选择性地作一介绍。

一、生理健康测量指标

（一）生长发育指标

生长发育指标又分为体格发育指标和心理发育指标两类，主要用于评价少年儿童群体健康状况，也可用于衡量一般居民健康状况。生长发育指标又可从形态和功能两方面来评价。形态发育指标常用身高、体重、坐高、胸围；功能发育指标常用肺活量、肌力表示。心理发育指标因操作烦琐，结果不够准确，仅用于个体评价，而不作为群体健康状况的评价指标。由于功能发育与形态发育密切相关，常用身高、体重两项代表生长发育水平，具体评价方法如下。

1. 身高

指人体直立时（小儿仰卧时）的净高度。它是评价身体发育的基础指标，也是身体生长长度的主要指标之一。该项指标在青少年中主要用来评价身体的增长速度以及整体的发育状况，而在成年人中该指标是综合评价健康状况的一项主要参数。由于身高发育在2岁以内发展很快，2～11岁左右渐趋于每年增长5 cm左右。男13～15岁，女10～13岁时出现增长加速，尔后增长速度迅速下降，女15岁，男18岁左右渐趋于零增长。身高的正常值一般是在大范围人群调查的基础上确定的。通常采用离差评价法进行描述。如以同年龄组的群体身高值的均数为基准，在此基础上增、减若干倍的标准差值，形成不同的等级离差，并以此作为个体身高评价的标准。

2. 体重

指人体的净重量。不同年龄的体重能反映个体的发育及营养状况，也可用于群体营养状况的研究。一般来说，当人体健康状况发生变化时，常伴有体重的变化。因此，通过对体重变化的分析，可以综合反映出个体的健康状况。处于不同年龄阶段的人，其体重通常有一个理想范围，然而，这一真正理想范围的获得通常较为困难。我国正常男性平均体重为65 kg，女性为55 kg。体重过重与许多疾病有联系。随着人们审美观的发展，对体格发育有了新的认识，提出了关于标准体重及理想体重和超重等概念，并形成了相应的计算公式：

男性标准体重（kg）＝身高（cm）－105

女性标准体重（kg）＝身高（cm）－100

评价标准：以标准体重加减10%为正常体重范围。实际体重不足或超出此正常范围者，即为消瘦或超重。小于10%～20%为轻度营养不良，小于20%～40%为中度营养不良，小于标准体重40%为严重营养不良；大于10%～20%为超重，大于20%为肥胖。体重过重与许多疾病相关。

肥胖（obesity）是指人体脂肪的过量储存，表现为脂肪细胞增多和/或细胞体积增大，即全身脂肪组织块增大，与其他组织失去正常比例的一种状态。

关于肥胖的定义需特别指出的是，虽然肥胖常表现为体重超过标准体重，但超重不一定全都是肥胖。机体肌肉组织和骨骼如果特别发达、重量增加也可使体重超过标准体重，但这种情况并不多见。肥胖病却必须是机体的脂肪组织增加，导致脂肪组织所占机体重量比例的增加。

针对肥胖病的定义，目前已建立了许多诊断或判定肥胖的标准和方法，常用的方法可分为三大类：人体测量法，物理测量法和化学测量法。

人体测量法包括身高、体重、胸围、腰围、臀围、肢体的围度和皮褶厚度等参数的测量。根据人体测量数据可以有许多不同的肥胖判定标准和方法，常用的有身高标准体重法、皮褶厚度和体块指数（BMI）三种方法。

①身高标准体重法：这是WHO极力推荐、文献中最常见的衡量肥胖的方法。公式为：

$$肥胖度（\%）=\frac{实际体重（kg）-身高标准体重（kg）}{身高标准体重（kg）}\times 100\%$$

判断标准是：凡肥胖度≥10%为超重；20%～29%为轻度肥胖；30%～49%为中度肥胖；≥50%为重度肥胖。

②皮褶厚度法：用皮褶厚度测量仪测量肩胛下和上臂肱三头肌腹处皮褶厚度，二者加在

一起即为皮褶厚度。另外还可测量髂骨上嵴和脐旁 1cm 处皮褶厚度。皮褶厚度一般不单独作为肥胖的标准，而是与身高标准体重结合起来判定。判定方法是：凡肥胖度≥20%，两处的皮褶厚度≥80 百分位数，或其中一处皮褶厚度≥95 百分位数者为肥胖；凡肥胖度＜10%，无论两处的皮褶厚度如何，均为体重正常者。

③体块指数：近年来，在群体医学研究中普遍采用了体块指数（body mass index, BMI）作为评价体重的指标。

体块指数（BMI）的公式为：

$$体块指数（BMI）= 体重（kg）/ 身高（m^2）$$

判断标准为：BMI＜18.5 为慢性营养不良，18.5～25 为正常，＞25 为超重或肥胖。近几年国外学者多数主张使用 BMI，认为 BMI 更能反映体脂增加的百分含量，可用于衡量肥胖程度，而不一定适用于判定人体发育水平。采用体块指数评价体重，使得不同身高的人群可以采用同一衡量标准来评价体重，因而，使群体研究中大样本数据的处理更加方便。

3. 新生儿低体重发生率

一般以出生体重小于 2500 g 为低出生体重。低出生体重发生率表示每 100 名活产数中体重不足 2500g 的婴儿数所占的百分比。其计算公式如下：

$$新生儿低体重发生率 = \frac{某年出生中体重小于 2500g 婴儿数}{同年活产数} \times 100\%$$

（二）行为发展指标

行为发展是健康的重要标志。人的行为发展虽有很大个体差异，但也有一定的年龄规律。到一定年龄时，就应学会相应的行为和动作，过晚或特别提前一般都应视为不健康的表现。

（三）营养摄入指标

除生长发育指标外，通过评价一个人每日摄入的营养素的总量及各种不同成分的量也是评价健康状况的经典方法。是一组每日平均膳食营养素摄入量的参考值，其中包括 4 项内容：平均需要量（EAR）、推荐摄入量（RNI）、适宜摄入量（AI）和可耐受最高摄入量（UL）。

1. 平均需要量（EAR）

EAR 是根据个体需要量的研究资料制订的，是根据某些指标判断可以满足某一特定性别、年龄及生理状况群体中 50% 个体需要量的摄入水平。这一摄入水平不能满足群体中另外 50% 个体对该营养素的需要。EAR 是制订 RNI 的基础。

2. 推荐摄入量（RNI）

RNI 相当于传统使用的 RDA，是可以满足某一特定性别、年龄及生理状况群体中绝大多数（97%～98%）个体需要量的摄入水平。长期摄入 RNI 水平，可以满足身体对该营养素的需要，保持健康和维持组织中有适当的储备。RNI 的主要用途是作为个体每日摄入该营养素的目标值。

3. 适宜摄入量（AI）

AI 是通过观察或实验获得的健康人群某种营养素的摄入量。例如纯母乳喂养的足月产健康婴儿，从出生到 4～6 个月，他们的营养素全部来自母乳。母乳中供给的营养素量就是他们的 AI 值。AI 的主要用途是作为个体营养素摄入量的目标。

制定 AI 时不仅考虑到预防营养素缺乏的需要，而且也纳入了减少某些疾病风险的概念。根据营养"适宜"的某些指标制定的 AI 值一般都超过 EAR，也有可能超过 RNI。

4. 可耐受最高摄入量（UL）

UL 是平均每日摄入营养素的最高限量。这个量对一般人群中的几乎所有个体似不致引起不利于健康的作用。当摄入量超过 UL 而进一步增加时，损害健康的危险性随之增大。UL 并不是一个建议的摄入水平。"可耐受"指这一剂量在生物学上大体是可以耐受的，但并不表示可能是有益的。

二、心理健康测量指标

心理是人类大脑反映外界客观事物的过程，它由认识、情感和意志三种活动过程组成。认识包括感觉、知觉、记忆、想像及思维；情感则是满意、愉快、忧伤、愤怒及烦恼等态度体验。在认识与情感体验的基础上，人类为了满足某种需要，自觉地确定目的，制定计划，克服困难而努力达到目的，这是人类的意志过程。

人类的心理因素受到多种因素的作用与影响。当一些因素的刺激强度过大或作用过久，会使人体心理功能失去平衡，引起抑郁和焦虑多情绪反应，进而可发展为某些心身疾病及精神性疾病。而某些疾病或意外创伤又会影响人们的身心健康，使之产生一系列心理问题，如焦虑和抑郁等。焦虑和抑郁会明显地影响病人的舒适感，影响病人判断和对治疗的依从性，降低了病人的生活质量。一些研究还表明，抑郁是最常见的与免疫异常和免疫疾病有联系的一种心理状态，会导致抗体生成下降，淋巴细胞增殖反应受到抑制，NK 细胞活性下降等，是影响各种疾病临床过程和恢复的重要因素。因此，对心理健康的测量成为健康测量的重要内容之一。

个体的心理发展及其特征是相当复杂的，是健康中最难测定的一个项目。因为除了心理健康的范围很难确定外，心理症状的诊断也相当的复杂。怎样才能较好地评价个体的心理健康是人们一直探索的问题。虽然人们已经找到许多有关心理学指标，对这些指标的评估方法也非常之多，但大多数是对心理异常现象的测量与评价，因此，对心理健康的测量没有一个公认的标尺。目前，对于个体心理健康状况的评价，一般从人格、智力、情感及情绪几方面予以测评，有关心理学的概念在前面章节中已有阐述，故不赘述。

（一）人格

人格测验：个性心理特征的测量方法是人格测验，这对个人健康状况的评价极为重要。临床较常采用的方法，其中比较成熟的有下列 3 种方法：

(1) 明尼苏达多相人格问卷（Minnesota multiphasic personality inventory，MMPI）；

(2) 艾森克人格问卷（Eysenck personality questionnaire，EPQ）；

(3) 卡特尔（Cattell）人格测验（16 personality factor，16PF）。

（二）智力

人的智力通常通过智商测验来评价。应用最为广泛的是韦克斯勒智力量表；该量表分为学龄前儿童量表和成人量表两种，可以对智力的 7 种基本因素进行测试，包括语言理解力、语词流畅力、数字处理能力、空间关系能力、机械记忆能力、知觉速度和一般理解能力。我国在采用韦克斯勒智力量表的过程中对该量表作了适当的修订，使之更加适合于我国人群的基本情况，并已经形成了可供比较参照的全国常模。

智力评价结果通常用智商（intelligence quotient，IQ）表示：

$$IQ = 智力年龄（MA）/实足年龄（CA）$$

智力年龄（mental age）指智力水平所达到的年龄阶段，由智力量表测得。实足年龄（chronological age）指测定时的实际生物学年龄。通过上述公式可看出智商所反映的智力高低的相对程度。对智商的分析评价通常采用智商分级的方法，韦克斯勒智力量表结果按等级分类如表 6-1。

表 6-1 韦氏智力等级分类

智商	等级类别	理论分布（%）
>130	极优（very superior）	2.2
120~	优异（superior）	6.7
110~	中上（high average）	16.1
90~	中等（average）	50.1
80~	中下（low average）	16.1
70~	临界（broader line）	6.7
<70	智力迟钝（mental retarded）	2.2

此外，对智商的评价还可以采用离差智商，即通过智商均数及标准差来衡量。方法是用被试个体智商值偏离同龄人群平均智商的标准差单位来衡量被测个体智商的高低。另外智商百分位数法也可以用于评价个体及群体的智力水平。

（三）情绪和情感

人的一般心理情绪和情感可通过语言及动作、姿态来测量，情绪和情感的改变可以通过一系列的量表来测量与评价，如对抑郁、焦虑、恐惧等情绪现象都有相应的评价量表，可根据具体情况予以选用。如：

(1) 情感平衡量表（affect balance scale，ABS）。
(2) 流调用抑郁量表（center for epidemiological studies depression. CES-D）。
(3) 焦虑自评量表（self-rating anxiety scale，SAS）。
(4) 汉密尔顿抑郁量表（Hamilton depression scale，HAMD）。
(5) 汉密尔顿焦虑量表（Hamilton anxiety scale，HAMA）。

（四）总体心理健康评价

除了上述的测量方法，目前还有许多学者都希望通过一个问卷就能够测量出心理是否健康。以下为两个常用的问卷。

(1) 总体心理健康问卷（general well-being schedule，GWB）；
(2) 心理健康问卷（mental health inventory，MHI）。

三、健康结果指标

1. *发病率*（incidence rate）

表示在一定时期内，某一特定人群中新发生某病病例的频率。

$$发病率 = \frac{某年（期）内新发某病病例数}{同年（期）暴露人口数} \times K$$

常用时期是1年，K是比例基数，根据某事件发生的情况，可用%、‰、1/万或1/10万表示。

发病率是一项重要的流行病学指标，常用来描述疾病的分布、病因研究以及评价卫生服务和预防措施的效果。这种指标是政府和卫生行政部门分析居民健康状况的常规内容。对一个人口经常变动的地区，分母用暴露人口最为合适。

2. 罹患率（attack rate）

罹患率是特殊情况下发病率的一种计算方式。通常用来表示有明确暴露史的人口中急性感染的发病率。

$$罹患率 = \frac{观察期间新发病例数}{同期暴露人口数} \times K$$

罹患率通常用于一次疾病的流行或暴发的调查，观察期间可用日、周和月。分母以明确的暴露人口来计算，常用于急性病的暴发调查。

3. 患病率（prevalence rate）

患病率指在某规定时间内某一人群中某病的新、旧病例数所占的比例，包括时点患病率和期间患病率。

（1）时点患病率　又称患病率或现患率，指在调查时点（检查时点）上，一定人群中某病现患病例的频率。

$$时点患病率 = \frac{观察时点内某病的新、旧例数}{同期平均人口数} \times K$$

时点在理论上无固定长度，要尽可能缩短这一时间。该指标一般用来描述病程长的慢性病存在或流行的频率。

（2）期间患病率　指在观察期间，一定人群中存在或流行某病的频度。包括观察期间的新病例数和"现患病例"数。"现患病例"是指在观察期间以前就已经得出诊断，但未愈而转入观察期间的病例。

$$期间患病率 = \frac{观察期间旧病例数}{同期平均人口数} \times K$$

适用于描述病程长的慢性疾病，如心血管疾病和肿瘤等。

患病率的高低取决于两个因素：疾病的发病率和病程，它们三者的关系是：患病率＝发病率×病程。如果一种疾病的发病率很低，但病程很长，则患病率可能较发病率相对高，相反，如果一种疾病的病程很短，发病后迅速痊愈或死亡，则横断面调查的患病率会很低。

4. 死亡率（mortality rate）

反映人群死亡水平，指的是在一定期间内总死亡人数与该人群同期平均人口数之比。

$$死亡率 = \frac{某人群某年总死亡人数}{该人群同年平均人口数} \times K$$

它是人群死亡水平的总的度量，在一定程度上可反映人群健康状况的重大变化。死亡率的高低不仅与居民健康状况有关，还受到人口性别、年龄构成的影响。

5. 围生期死亡率（perinatal mortality rate，PMR）

妊娠28周至出生后7天内死亡的新生儿比例。

$$围生期死亡率 = \frac{妊娠28周或以上胎儿死亡数 + 7天内新生儿死亡数}{同年活产数 + 妊娠28周或以上胎儿死亡数} \times 1000‰$$

围生期死亡率是评价围生期保健工作质量的主要指标。围生期主要死因有先天畸形、早产和母亲妊娠并发症等。因此，在围生期内对孕妇，胎儿和新生儿进行一系列保健工作，尽早检出遗传性疾病和先天性畸形胎儿，防治母亲各种疾病及并发症，加强出生后1周内新生儿护理等均可降低围生期死亡率。

6. **新生儿死亡率**（neonatal mortality rate，NMR）

出生后4周内死亡称为新生儿死亡。

$$新生儿死亡率 = \frac{出生后4周内新生儿死亡数}{同年活产婴儿数} \times 1000‰$$

新生儿死亡与早产，先天畸形，出生时损伤及临产时的各种因素有关。

7. **婴儿死亡率**（infant mortality rate，IMR）

指某年每千名1岁内活产婴儿的死亡数。

$$婴儿死亡率 = \frac{某年某地区1岁以下婴儿死亡数}{同年该地区活产婴儿数} \times 1000‰$$

婴儿死亡率是一项重要的指标，它不仅反映医疗卫生条件和婴儿健康状况，而且还反映整个居民健康水平以及营养状况等。因此，许多国家以婴儿死亡率作为衡量妇幼保健、公共卫生状况和社会经济发展水平的指标。

8. **5岁以下儿童死亡率**（under-5 mortality rate，U5MR）

$$5岁以下儿童死亡率 = \frac{某年5岁以下儿童死亡数}{同年5岁以下儿童人数} \times 1000‰$$

5岁以下儿童死亡率是联合国儿童基金会用来衡量健康水平和变化的重要指标，既反映婴儿死亡率，又注意到较大儿童的死亡率。5岁以下儿童的死亡率及其下降率与国民生产总值增长率共同使用，就可表示一个国家或地区在某一时期内，不断满足人民最基本需要的进展情况。

9. **孕产妇死亡率**（maternal mortality rate，MMR）

指怀孕至分娩后42天的孕产妇的死亡率。它不包括与怀孕分娩无关的意外原因的死亡。

$$孕产妇死亡率 = \frac{年内孕产妇死亡总人数}{年内活产数} \times 100000/10万$$

孕产妇死亡率的分母应包括所有妊娠妇女数，但由于活产孕妇数登记远较死胎孕妇数完整，故习惯上仅用活产数表示。

孕产妇死亡率不仅反映产科保健质量，也反映一般经济发展情况，与社区经济、文化发展状况、对产妇的医疗照顾水平及产妇健康状况等有关。新中国成立后，中国大力推广新法接生，普及产前检查，使孕产妇死亡率显著下降。

10. **病死率**（fatality rate）

表示一定时间内，患某病的患者中因该病而死亡的比例。

$$某病病死率 = \frac{因某病死亡人数}{同期某病患病总数} \times 100\%$$

病死率反映疾病的严重程度，同时受医疗水平的影响。由于患者总数难以得到，通常所说的病死率主要是医院统计资料，严格说是住院病人的病死率。

11. **期望寿命**（life expectancy）

指某个年龄组人口预期今后尚能存活的平均年数，是根据各年龄组死亡率用编制寿命表的方法来计算得到，而不是死亡年龄的均数。它是用人们的生存时间长度来反映健康水平，常用的是出生时平均期望寿命，是人口中全部活产婴儿估计所能生存的平均年数。是反映一个国家或地区的经济、卫生发展状况和人口健康水平的重要指标。

四、社会健康测量指标

社会特征是人的生命活动的基本成分之一。人的机体，人的心理品质无不带有人类社会的印记。在测量人的健康状况时不可忽视人的社会性。当然，人的社会方面的情况更是十分复杂。我们只能主要从医学角度出发，提出一些参考指标。

（一）行为模式

行为模式（behavior pattern）是指个人为满足各种生理、社会的需求和达到特定的目的等所形成的特定的模式，任何一种动物都有特定的行为模式，但人类的行为模式与之最大的区别在于，人类的一切行为都必须得到社会的允许与承认，都必须符合社会准则。因此，由于个人所处的社会环境的差别，其所形成的行为模式也必然存在着很大的差异。

每个人的社会行为差异很大。每个人在与他人或团体交往中，其思想、情感、动机、行动都有一定的内容结构和排列方式，这就构成了人的行为模式。行为模式从社会上反映了一个人的结构特点。

关于行为模式测量目前还没有像心理的人格测量做得那么深入和普遍，现在较为盛行的就是 A 型与 B 型行为测量。

A 型行为具有"时间紧迫感、过分的竞争性和敌意"两个核心成分，A 型性格者不断的挣扎，要在少而又少的时间内完成多而又多的事情，易恼火（aggravation）、激动（irritation）、发怒（anger）和急躁（impatience）。称此为 A 型行为的 AIAI 特征。具有 A 型行为的人常表现为：勤奋、忙碌、不知满足，把成功视为人生的价值标准；与人相处时，富有进攻性，爱挑剔；在生活中，常常对大部分日常琐事毫无耐心（如排队买东西等），容易生气、发怒。A 型行为是心血管疾病的主要危险因素之一。

B 型行为，为人随和，生活较悠闲，对工作要求较为宽松，对成败得失的看法较为淡泊。

（二）生活方式

生活方式是个体健康状况的重要指标，可从生活丰度、生活频度、生活内容及生活态度几方面来评价。

1. 生活丰度

指生活丰富程度。可以用问卷形式测量，以在一定时间（天、月、季、年等）内参加活动的项目多少来表达。另外，也可把生活内容分为几个方面，如业余活动丰度、体力活动丰度等。如在研究离退休人员业余活动丰度时发现，离、退休人员年平均主要业余丰度男性大于女性。

2. 生活频度

指每项活动的频繁程度。既可用主观评定法，如经常、偶尔、很少、缺乏等，也可用客观评价法，如每天工作 8 小时，睡觉 8 小时，闲聊 2 小时，娱乐 3.5 小时，其他 1 小时等。

3. 个人活动谱

各种活动在人的生活中所占比例。用各活动项目与相应频度之积求出，反映一个人生活的结构。

4. 主导生活内容

如以物质享受为主还是以精神消费为主，以创造积累为主，还是以单纯消费为主等等。

5. 不利于健康的活动

包括吸烟，酗酒、不饱和脂肪酸摄入太少，工作过于劳累等。

6. 生活满意程度和对待生活的态度

包括物质、精神生活两个方面，可用多级排序估量法评价。

（三）人际关系

人际关系，一方面本身构成社会健康的重要内容，另一方面又是躯体和心理健康的重要标志。人际关系可以表现为亲密、疏远或敌对等。不同的人际关系会引起机体不同的情绪体验，进而对个体及群体的身心健康产生影响。在当代社会中，这种影响对于人类健康的作用，已经变得越来越重要了。

五、生活质量评价指标

生活质量评价作为一种新的医学评价技术，全面评价疾病及治疗对病人造成的生理、心理和社会生活等方面的影响。它不仅关心病人能存活多久，而且更加关心病人活得怎样；它不仅考虑客观的生理指标，而且更加强调病人的主观感受和机能状况；它不仅用于指导临床治疗，而且还用于指导病人的康复治疗和卫生决策、健康教育评价等。

健康促进的真正目标在于生活质量的提高。生活质量正如"健康"的概念一样，既难以定义，更难以测量。尽管如此，仍有许多手段用于评估生活质量，包括客观性及主观性指标。

（一）主观评估指标

1. 生活适应度
2. 生活满意度

（二）生存质量指标

1. 失能（伤残）调整生命年（disability adjusted life years, DALYs）

是死亡导致的生命时间损失和失能状态下的生存时间相结合的综合指标。DALYs将疾病导致的两个重要的负面作用，过早死亡和失能结合起来，以用于估计疾病带给人群的负担，其值越大表示疾病造成的损失也越大。它是失能因素纠正后生活质量人年数。

2. 无残疾期望寿命（disability-free life expectancy, DFLE）

指从寿命表中的平均寿命中减去因失能而耗损的寿命后所得的平均寿命。它与传统的期望寿命不同的是，传统的期望寿命是以死亡为观察的重点，而DFLE是以无失能作为观察重点。该指标反映了居民处于健康状态下的平均寿命，即反映了人生存的质量，而不仅仅是生存的时间长短。

3. 质量调整生存年（quality adjusted life years, QALY）

质量调整生存年是用生命质量来调整期望寿命或生存年数而得到的一个新指标，是生存数量和生存质量两者综合而形成的一种多维的定量化的健康测量指标。

此指标具有很多的优点，反映健康的灵敏度较高，既能反映健康的积极方面，又能反映健康的不良方面。不仅考虑到疾病现象的存在，还涉及疾病所致的后果。

4. 活动期望寿命（active life expectancy，ALE）

是 1983 年 Katz 首次提出的，即能够维持良好的日常生活活动功能的年限。

(三) 生活质量评价的工具

国外常用的测定工具有如下几种。

1. 疾病影响量表

主要用于测量在疾病和治疗影响下的行为改变和角色功能表现。

2. Nottingham 健康量表

该量表由健康问题和个人生活两部分组成。评价个人对卫生保健的需要和保健的效果，并可作为人群健康状态的评价指标。

3. Well-Being 质量量表

量表的第一部分是有关病人日常生活活动方面的内容，第二部分是症状和健康问题的描述。

六、卫生政策指标

国家的卫生政策及有关法律、条款是发展卫生事业，提高社会卫生水平的指导性文件，也是反映一个国家和地区领导层是否重视社会卫生的依据之一。国家的卫生政策是影响健康的一个十分重要的外环境因素。无论是集权制还是分权制管理的国家，卫生政策都会影响到卫生资源的分配。群众的参与，卫生体制与医疗保健制等方面。

卫生政策指标包括：

1. 国家和地方政府部门对卫生事业的重视程度

是否正式把健康教育和健康促进目标纳入政府卫生事业发展规划，是否制定地区健康教育规划等。

2. 卫生资源分配的情况

卫生资源分配的足够程度和公平程度。卫生事业费占财政支出的比重是指政府在卫生事业上的投入。卫生事业费占财政支出的比重反映了政府在卫生事业上投入的相对水平。

$$卫生事业费占财政支出的程度 = \frac{某年卫生事业费}{同年财政支出} \times 100\%$$

3. 社区参与改善卫生状况的程度

社区参与是国家和地区改善卫生状况提高健康水平的重要途径之一，而群众参与是有效地改善社会卫生状况的重要途径。人群的健康意识和参与程度会直接影响到卫生政策的贯彻实施。

4. 卫生组织机构和管理体制的完善程度

可用卫生服务的普及程度和系统性，卫生管理体制内部的协调性，卫生信息系统的利用程度，卫生计划和规划制定和执行情况来分析。

与其他类的指标相比，卫生政策指标更具有宏观性和非定量性。以往的社会卫生状况分析中，对卫生政策指标常忽视，然而这一指标的评价越来越为政策分析者、决策者和卫生状况研究者的重视，并成为社会卫生状况分析指标不可缺少的一部分。

七、社会经济测量指标

1. 国民生产总值（GNP）和人均国民生产总值（人均 GNP）

GNP 是衡量一个国家或地区经济发展水平、发展速度、比例和效益的重要指标，是指一个国家或地区国民经济所有部门的劳动者在一定时间内（常为 1 年）所生产的全部最终产品的总量，是社会全部生产活动的最终成果。

2. 人均居民收入

是反映居民生活水平的重要指标。其中居民收入指一定时期内从国民收入分配、再分配所得归个人所有的、以货币形式和实物形式的收入。

3. 人均住房面积及热量摄入量

既是社会经济指标，又是社会卫生指标，反映居民的基本生活条件。

4. 就业率和失业（待业）率

是综合性的指标，它既可以反映国家经济发展水平和工业化程度，又可以反映劳动人口潜在能力、社会安定程度和生活质量。

5. 15 岁以上成人识字率

是反映国民受教育程度的指标；与其相对应的负指标是文盲率。

6. 人口自然增长率

为出生率与死亡率之差。在一定的条件下，人口保持相应的增长率是健康水平高的标志，增长率过高则反映健康水平低下。社会发展程度愈高，增长率则会趋向稳定的低水平。

7. 安全饮水普及率

指某地某一时点使用安全饮用水的户数与总户数之比。它是反映农村居民生活条件的指标。

八、卫生服务测量指标

卫生服务指标的涉及面比较广，有医疗卫生服务需要量及利用率，卫生资源，医疗卫生服务的数量与质量、医疗卫生费用及医疗卫生服务效果等。其中最主要的是医疗卫生服务需要量及利用率，卫生资源和医疗卫生费用指标。

（一）医疗卫生服务需要量指标

主要有慢性病患病率，2 周每千人患病人数，患病次数及患病日数，每人每年因病卧床日数，休工日数与休学日数等。

（二）医疗卫生服务利用指标

常用的有 2 周内每千人门（急）诊就诊人数及次数，一年中每千人口住院次数及天数，应就诊或住院而未去就诊及住院的比例及原因分析，免疫接种覆盖率，孕产妇产前检查率，产后访视率，住院接生率，儿童待检率及已婚妇女节育率等。

（三）卫生资源指标

主要有人均卫生经费，卫生经费占国民生产总值或政府财政支出的百分比，每千人口病床数，每千人口医生、护士、药剂师数、每百万人口大型医疗设备台（件）数等。

（四）卫生服务费用指标

由医疗费用负担方式构成，人均卫生（医疗）费用，每次门诊（住院）费用及卫生费用中由个人承担的比例等。

九、健康行为测量指标

健康行为对健康有明显影响，但比较缓慢。某些不良健康行为、生活方式（如吸烟、饮酒、吸毒、性乱交等）可直接影响居民的健康，甚至造成社会问题。常用的健康行为指标有：吸烟率、人均烟草消耗量、经常饮酒者在人群中百分比、人均酒精消耗量及未婚少女怀孕率等。

$$吸烟率 = \frac{吸烟人数}{被调查人数} \times 100\%$$

$$人均烟草消耗率 = \frac{烟草消耗总量}{总人口数} \times 100\%$$

$$饮酒率 = \frac{饮酒人数}{调查人数} \times 100\%$$

$$人均酒精消耗量 = \frac{酒精消耗总量}{总人口数}$$

$$未婚少女怀孕率 = \frac{少女怀孕数}{18\ 岁以下少女数} \times 100\%$$

第三节 健康促进测量指标的选择原则

目前，可用于健康促进测量的指标很多，在具体应用时，不可能也没有必要把所有的指标全部选入，多采用多种不同指标组合形式。如何选用才最合理？一般认为，可根据评价目的选择少数重要的、能说明主要问题的指标，而不是越多越好。同时还应考虑到指标的测量方法应精确度高。在实际工作中，还要考虑指标的科学性、可靠性、敏感性、特异性，以及指标的实用价值和测量所需要的人力物力等，以便推广，并能将结果进行比较和评价。现归纳以下几条基本原则，以供选择合理指标实际应用时参考。

一、目的性原则

目的性原则就是要求在选择健康测量指标时，所选指标的应用范围、测量内容和测量时间与所要描述的健康状况相对应。虽然选择指标是为了描述健康状况，但应针对具体问题选用相应的健康测量指标。首先，要求范围对应。描述个人健康状况选与个人有关的指标（如生长发育、情绪、智力、人际关系等）；描述家庭健康状况选与家庭有关的指标（如家庭关系、家庭人口、经济、结构等）；描述单位、地区或国家健康状况时选用群体指标（如人口数、出生率、死亡率、期望寿命、安全用水普及率、成人识字率等）。其次，要求内容相应，描述躯体健康，选择躯体指标，描述心理健康选择心理指标。这里值得指出的是，在个体还比较容易区分生理、心理和社会方面的内容，到家庭和大群体层次时就比较困难了。一般多采用综合性评价。最后，要求时间对应。横断面研究选择相同时点指标进行分析；纵向（趋势、动态）研究则选择历史指标进行比较分析。

二、可行性原则

可行性原则是指在选择健康测量指标时，应尽可能考虑其可行性。有些直接指标很好，如慢性病发病率、个人智力、社会能力等，但很难获得。相反，许多间接指标如社会经济发展等，比较容易获得。那么，在实际工作中就应适当选取慢性病死亡率或社会经济发展等一些间接指标。

三、公认性原则

公认性原则是指在选择健康测量指标时，有权威的机构或专家经常选用，事实上已为大家所公认。如目前在地区、国家乃至世界范围内描述健康状态时几乎都是使用如下指标：

(1) 出生时期望寿命（岁）；
(2) 出生率（‰）；
(3) 死亡率（‰）；
(4) 人口增长率（‰）；
(5) 孕产妇死亡率（10万）；
(6) 婴儿死亡率（‰）；
(7) 5岁以下儿童死亡率（％）；
(8) 成人识字率（％）；
(9) 安全饮用水普及率（‰）；
(10) 寿命损失率（岁/人）。

目前，有人提出，在衡量健康状态时还应注意选用正向指标，如人群中无病者所占比例、健全者所占比例等，这反映了医学发展的又一种新的指向。

四、系统性原则

系统性原则是指在选用健康测量指标时，应考虑指标的系统性。在本章第一节中已经介绍了指标体系问题，即不同的指标归类有所不同。因此，在考虑选用指标时，特别在对一个地区、国家的健康状况进行研究时，指标的选择一定要有系统性。要考虑到用生物—心理—社会医学模式来衡量各个侧面，不能只见树木，不见森林，要系统综合评价。

五、发展性原则

发展性原则主要指在选择健康测量指标时，应结合科学发展的需要。由于科学的发展，不断揭示生命活动的本质，人们对健康的认识不断深入，随之各类健康测量指标也会不断发展。一些旧的指标会被新的指标所淘汰，旧的标准被新的标准替换，这是一种必然规律。在实际工作中要善于发现、发展、丰富和完善健康测量指标。如对死亡率的校正，近来提出的寿命损失率等，都标志着人们对健康认识的深化。

六、科学性原则

科学性原则是指在选择健康测量指标时应坚持所选指标必须具有科学性。科学性包括客观性、特异性、灵敏性、准确性、稳定性和重现性等。科学性原则主要表现在选用指标时应注意：

1. 客观性

客观比主观好，因为主观易产生偏性，就会导致错误的结论，如高血压病人主观感觉，不如量其血压准确，问心脏病人是否感到心慌，不如做心电图准确。

在观察病人时切忌受下列因素的影响：病人对药物的印象、对医生的威望、语言的诱导和暗示，医生的主观偏向性等，故提倡双盲试验（即病人及医生都不知用何种药物）。

2. 特异性和灵敏性

特异性是某种疾病专一的、特有的指标，只反映某特定情况的变化。例如婴儿死亡率是儿童健康水平的一项敏感指标，且是有效而可靠的指标。然而，它对任何具体的卫生措施却没有特异性，因婴儿死亡率下降，可归因于社会经济、卫生事业发展的有关因素，却很少归于任何一项卫生行动。灵敏性是指指标对有关情况和现象变化能敏感地反映出来，如病情稍有变化就能反映出来的。灵敏性既要考虑寻找灵敏的指标，还要考虑灵敏的方法和灵敏的仪器（高分辨力，高精度的仪器）。

3. 稳定性和重现性

稳定性是指指标的测定值的变异程度，变异程度小就是稳定性高，灵敏性与稳定性是矛盾的统一，稳定性高往往重现性高，重现性高才有实用价值。

影响稳定性的因素有很多：如仪器，操作技术，责任心，受试者的心理活动，实验环境条件的变化等，控制系统误差可以提高稳定性。

4. 准确性和精密性

准确性（或准确度）是指观察指标（观察值）与真值的差异程度，主要受系统误差影响。如差距大，就是准确性差。作生长发育调查如果身高计，体重计不经校正，所测的结果与真值有差距，这就是准确性差。

精密性（精密度）是指观察值的可重复性的大小，选用的指标最好准确度高，精密度也高。

（哈尔滨医科大学　王　琪）

第七章 健康促进计划的设计

第一节 健康促进计划设计的原则

在各种不同的人群中存在着多种卫生问题和个体群体的多种健康问题，对这些问题有影响的因素广泛存在于人们的日常生活中。特别是不良行为生活方式已经形成习惯，要改变已经形成的习惯势必会有一定困难。而且，相关的政治、经济、文化、政策、卫生服务等因素也有着非常重要的作用。因此要引起人们的足够重视，预防疾病和提高健康水平，必须进行深入持久的健康促进活动。为了使有限的健康教育资源发挥出较大的效益，必须针对重点人群中需优先解决的健康问题，科学地制定健康促进计划。

健康促进计划设计是针对目标人群有关健康问题及其特征，提出的在未来一定时期内解决该问题所要达到的目标及实现这一目标的一系列具体方法、步骤和策略，包括计划、实施、评价全过程的规划。即在健康促进项目开展之前预先决定所谓的"5W3H"：

(1) Who，对何人做？（目标人群）

(2) Why，为什么做？（目的）

(3) What，做什么？（内容、目标）

(4) Where，在哪里做？（地点、范围）

(5) When，何时做？（日程计划）

(6) How，怎样做？（步骤、策略、技术）

(7) How much，做到怎样程度？（行为、政策的改变程度）

(8) How to measure，如何测量这种变化？（评价）

健康促进是一项复杂的系统工程，涉及到个人、家庭、社会等多部门的方方面面，所以在进行健康促进计划设计时要遵循以下原则。

一、目的性原则

计划设计必须紧紧围绕健康教育与健康促进的目的，以保证计划目标的实现。健康教育与健康促进计划应有明确的总体目标和切实可行的具体目标。总体目标也可称为远期目标，是健康教育与健康促进计划的最终达到的目标。具体目标是在健康教育与健康促进实施各阶段要实现的目标，也称为近期目标和中期目标。强调目的性才能体现计划的整体性和特殊性，才能保证有限资源发挥最高效率。

二、重点突出原则

计划的重点必须突出，切忌面面俱到包罗万象。没有重点的规划必然是目的含糊不清，全面出击则导致干预的分散，有限的资源不能集中使用而使规划难以奏效。特别是健康教育与健康促进的计划，更要有针对性。因为健康教育与健康促进工作涉及到社区的各个机构和方面。

三、整体性原则

健康教育与健康促进在整个卫生发展系统中是一个子系统，或者说是一个专项，在制定计划时必须明确卫生保健总体目标，遵循国家的卫生发展的政策和卫生工作的方针。

四、前瞻性原则

计划都是对未来的发展的规划，所以要以科学的方法进行预测，要考虑到社会的政治经济等方面的发展，制定前瞻性目标，体现出科学性和先进性。适应社会发展的需要。

五、弹性原则

在制定计划时要尽可能预见到在实施过程中可能发生的情况，要留有余地并事先预定应变对策，以确保计划的顺利实施，这就是所谓的"弹性计划"。但在没有评价反馈、没有修改计划的指征时，不能随意更改计划，这是一项重要的原则。

六、从实际出发原则

计划应以社区资源为基础来制定相应的步骤、方法和途径，即应当根据人力、物力、财力因地制宜，而不是从主观愿望出发。这就要求在制定计划前作周密细致的调查研究，不仅要研究健康问题，还要深入研究社会问题，研究群众的思想、习俗、传统观念、兴趣、知识水平、经济状况、工作中可能遇到的困难和障碍，这样才能做出切实可行的计划。

七、科学性原则

计划要建立在科学的基础上，健康教育与健康促进的核心是促使人们建立新的行为和生活方式，制订一系列使行为和生活方式向有益于健康发展的策略，减低危险因素，预防各种"生活方式病"。在进行信息传播和行为干预及制订策略时，要讲究科学性原则，在调查研究的基础上运用正确的理论和干预模式。要注意内容正确无误，引用数据可靠，举例实事求是，切忌哗众取宠，过于片面和绝对，造成误解。

八、参与性原则

鼓励社区居民积极参与项目的制定及项目的各项工作活动。在社区需求评估中，就要求社区居民和社区各组织机构积极参与，得到居民的支持，优选出与社区居民健康密切关联的项目，然后在项目的实施和评价中，更需要社区居民和组织机构的参与，完成社区健康教育与健康促进计划任务，实现计划的总目标。

九、多样化原则

健康教育计划应该设计多样的活动内容，以提供各类受教者或团体依需要选择合适的受教方式。在实施时，除了依据不同的目标选定不同的策略之外，也要灵活运用多种方法，增强健康教育的效果及对行为改变的作用。

第二节 健康促进计划设计的模式

最著名、应用最广泛的健康促进计划设计的模式是美国著名学者格林（Green）提出的 PRECEDE—PROCEED 模式（图 7-1）。该模式的特点是从"结果入手"的程序，用演绎的方式进行思考，即从最终的结果追溯到最初的起因。此外，该模式强调必须在设计干预计划前对产生结果的重要影响因素作出诊断，而且是多方面多维度的诊断，以帮助计划制定者把这些因素作为重点干预的目标，确定干预的方法和措施，同时产生特定的计划目标和评价标准；还强调了干预后评价的多层次性，并且考虑在计划执行与评价过程中运用政策、法规和组织的手段。

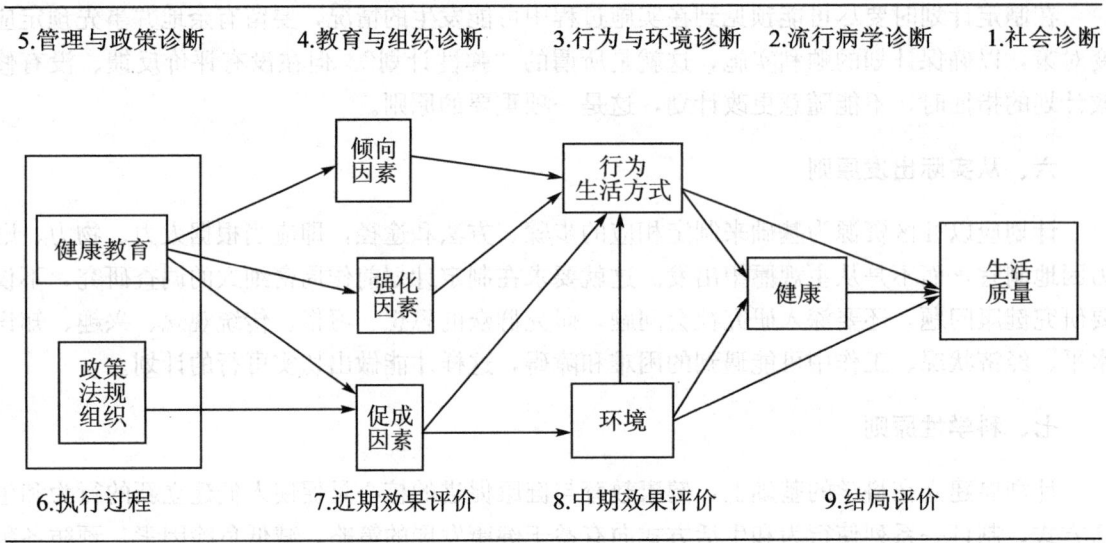

图 7-1 健康教育与促进计划设计与评价模式（PRECEDE—PROCEED 模式）
（引自吕姿之主编．健康教育与健康促进．北京大学医学出版社，2002 年）

该模式分为 PRECEDE 和 PROCEED 前后相互呼应的两个阶段，形成了一个包含设计、执行及评价各阶段的连续步骤。

一、PRECEDE 阶段 即诊断阶段或称需求评估阶段

PRECEDE（predisposing, reinforcing and enabling constructs in educational/environmental diagnosis and evaluation），指在教育/环境诊断和评价中应用倾向、促成及强化因素。

这一阶段是基线诊断过程，从分析目标人群的生活质量和健康状况入手，评估出人群存在的问题，需要优先解决的问题，并且根据现状和资源确定解决这些问题所需的健康促进的干预措施。这一阶段包括：

（一）社会诊断

通过了解目标人群的生活质量，评估他们的健康问题和需求。主要包括：

1. 生活质量

即测量包括主观和客观两个方面指标,来评测目标人群的生活质量。客观指标即社会性指标,如失业率、缺勤率、非婚生人口数、福利、犯罪、交通、教育、经济、卫生政策与卫生服务等,也包括一些物理环境指标如居住密度及空气质量等。主观性指标指目标人群对生活各方面满意程度的主观感受,可以用普适性量表来评价如 WHO 生活质量量表(WHOQOL-100、WHOQOL-BREF)。

2. 健康问题

即了解目标人群的健康状况,如患病的种类、患病率、患病时间、患病相关的因素等。

3. 卫生服务问题

即了解卫生机构的数量和特征;卫生发展规划是否把健康促进纳入其中;卫生服务有无针对性、是否有足够的覆盖面(资源的可得性、地理的可及性、目标人群对卫生服务的利用、卫生服务的完整性、卫生服务质量与效果)、目标人群利用服务的情况;服务提供时是否考虑了危险人群和重点人群(如妇女、儿童、老年人等)或特殊人群(如公安干警、公安交警等);卫生服务人员的素质和态度;机构间的相互合作情况;是否建立经常性评估制度。

4. 政策环境

即政府(或领导机构)重视和承诺情况,是否制定有效的卫生政策和立法,卫生资源配置如何,组织和管理网络建立情况等。

5. 经济环境

即社区人口增长率;人均 GNP 或 GDP;目标人群人均年收入水平,就业、教育、交通、住房状况等。

6. 文化环境

即目标人群的文化程度;崇尚的信念和信仰,宗教背景;与健康行为有关的特殊风俗习惯等。

7. 资源情况

即社区或目标人群的卫生资源和非卫生资源。包括人力、物力、财力、信息、社会动员潜力等。

(二)流行病学诊断

通过流行病学和医学调查确认目标人群特定的健康问题以及相关的行为和环境因素。其目的是发现威胁目标人群生命与健康的疾病或健康问题,包括身体、心理和社会方面的问题,找出对该疾病或健康问题有影响的危险因素,确定这些疾病或健康问题的高危人群(性别、年龄、种族、职业等的特征),描述这些疾病或健康问题在人群、地区、季节、时间上的分布、频率和强度。

(三)行为与环境诊断

确认与健康问题相关的行为和环境问题,即行为和环境危险因素。这些危险因素需要通过干预加以影响。环境因素对个人来说是外部的因素、是个体无法控制的,但可通过人们的行为来改善环境,适应健康的需要。环境因素包括物理环境、政治环境、社会环境、经济环境、心理环境等。行为诊断的指标主要为对预防措施的利用、消费形态、生活方式、自我保健等方面行为的类型、开始的时间、频率、范围、持续性等。行为诊断的目的是区分健康行为和不健康行为。

健康行为是指人们为了增强体质和维持身心健康而进行的各种活动。如充足的睡眠、平衡的营养、运动等。健康行为的重要性不仅在于能不断增强体质，维持良好的心身健康和预防各种因行为、心理因素引起的疾病，而且也在于它能帮助人们养成健康生活方式和习惯。不健康行为是指对个体和群体健康有害的直接和间接的行为活动，这种行为往往偏离个人、他人、社会的期望。如吸烟、酗酒、不平衡膳食、不运动、作息无规律、不良性行为、追求刺激、吸毒、就医不良、A 型行为、C 型行为等。通过行为分析，可有针对性地采取健康教育干预措施，促使目标人群提高健康行为意识，并自觉改变不良行为。

（四）教育与组织诊断

健康促进计划是以促进行为和环境两大方面的改变为目的，应从影响行为与环境的因素着手。

根据健康和行为的大量研究，有多种因素对健康行为有潜在的影响。这些因素可归纳为三大类，即倾向因素、促成因素和强化因素。

1. 倾向因素

又可称为动因因素或前置因素，包括个人或群体的知识、信念、态度、价值观以及理解，是诱发行为发生的因素，也就是产生某种行为的动机。

2. 促成因素

又可称为实现因素，包括技能、资源或计划执行中的障碍、可能促使行为与环境改变的各种因素。也就是资源的有无、资源的便利性等。如卫生保健机构、保健设施、卫生保健人员、经济支持、交通工具、个人保健技术等。行政的重视与支持，法律政策等也可归结为促成因素。

3. 强化因素

又称为加强因素，指激励行为产生、维持、发展的因素及采纳健康行为后的反馈信息，包括精神心理因素和物质因素。主要来自社会支持（如社会风气、大众传媒、社区组织的态度）、亲朋的支持（如有关的医生、保健者、教师、父母、家人、朋友、同伴、领导的作用）、对行为后果的感受（如受到社会的承认与赞扬、改变了精神面貌、感到身心舒畅）以及实质性的奖励和惩罚（经济、行政、政策的奖惩等）。

研究这三类因素的主要目的在于正确地制定教育策略，即根据各种因素的相对重要性及资源情况确定干预重点。在健康教育过程要注意三类因素的协调，只强调人群主观的倾向因素而忽视促成因素和强化因素，不为其创造客观的条件，行为和环境改变的目标是难以实现的。所以，应正确分析这三类因素的正负面影响，发扬积极的因素，干预消极的因素。例如婴儿母亲母乳喂养行为的三类影响因素见表 7-1。

表 7-1 婴儿母亲母乳喂养行为的三类正负向因素

	正 向	负 向
倾向因素	知道喂母乳对母婴健康有益 相信自己能用母乳喂养孩子 非常愿意以自己的奶喂孩子 为了孩子的健康，自己受些累也值得	缺乏母乳喂养的知识 相信进口代乳品营养价值比母乳还好 喂不喂自己的奶无所谓 怕喂母乳影响体型美

续表

	正 向	负 向
促成因素	有母婴同室 单位有哺乳室,且有哺乳的时间保证 社区卫生人员常家访给予具体指导 代乳品价格昂贵,一般家庭承受不了	没有母婴同室 单位没有哺乳室,单位离家远 缺乏具体指导 代乳品推销力度大、购买方便、价不贵
强化因素	丈夫、家人鼓励母乳喂养 节省开支和时间 增进母子感情,母亲高兴 母乳喂养作为评选五好家庭的条件之一	丈夫、家人不支持母乳喂养 不在乎花多少钱和时间 母亲感到疲惫不堪 不作为评选的条件

(引自吕姿之主编.健康教育与健康促进.北京大学医学出版社,2002年)

(五) 管理与政策诊断

评估组织与管理的能力以及在计划执行中资源、政策、人员能力和时间安排。通过社区开发、协调、完善组织与政策,以利于计划的顺利开展。

二、PROCEED 阶段 即执行评价阶段

PROCEED (police, regulatory and organizational constructs in educational and environmental development),指执行教育/环境干预中应用政策、法规和组织的手段。

这一阶段主要是执行和评价过程,一般来讲评价过程不是最后的阶段,应该是贯穿于整个模式的始终。主要包括:

1. 执行过程及评价

按照健康促进的计划步骤进行实施,并且分析与评价执行过程中的组织、分工、程序、进度、经费等是否按照计划实施。总结经验,找出差距,提出需要引起重视的问题,并及时向项目组织者反馈,必要时对计划和行动进行调整,以保证计划的顺利实施。

2. 近期评价

计划经过一段时间的实施后,要评价项目取得的哪些阶段性效果,近期目标是否达到。主要针对倾向因素、促成因素和强化因素的评价。

3. 中期评价

主要是针对行为生活方式及环境改变的评价。从时间顺序上讲中期评价在近期评价之后,但是没有一个固定的时间。近期还是中期,需要根据整个项目计划的时间、内容、目的来确定。

4. 结局评价

即远期评价。在计划结束时,需要开展远期评价工作。它的重点是检查项目预期目标的达到程度,项目的成效(包括效果、效益与效用等),项目成效的可持续性、可推广性以及必需的条件与范围等。这是一个综合性评价,主要对健康促进计划的长远影响和效应进行评价。由于健康促进计划的项目对人群生活质量的改变在短时间不能表现出来,必经过长时间

后才能显示出结果。

在PRECEDE阶段之后、PROCEED阶段之前就需要对健康促进计划进行设计，即根据PRECEDE阶段的需求评估来确定健康促进计划的步骤。

第三节　健康促进计划设计的步骤

在研究健康促进计划设计的步骤时，根据目标人群及目的、项目大小、内容、目标的不同而有一些差异，但是大体步骤相同。参照格林（Green）的PRECEDE—PROCEED模式，我们提出健康促进计划的设计程序可分为如下七个步骤（图7-2）。

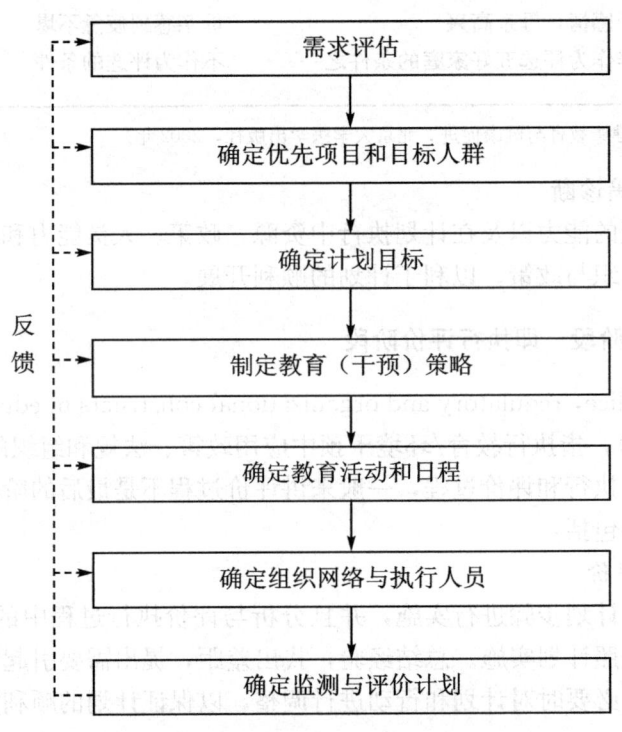

图7-2　健康促进计划设计的步骤

一、需求评估

健康促进计划的产生，不是凭我们的想像和主观臆断而提出的，而必须根据目标人群的实际需要来确定。需求评估为计划的制定提供必要的资料、数据和依据，是制定健康促进计划的第一步骤。需求评估主要包括PRECEDE—PROCEED模式中诊断阶段的社会诊断、流行病学诊断、行为和环境诊断、教育与组织诊断、管理与政策诊断。

需求评估可采用社会学调查方法如召开座谈会、个人访谈、集体访谈、问卷调查、参与性和非参与性观察等；流行病学方法如描述性研究、横断面调查等；文献资料法如卫生部门的死亡统计资料、疾病监测数据、妇幼保健记录、医院病案资料和既往在本社区开展的各种专项调查资料以及相关的文献信息等。

二、确定优先项目和目标人群

通过需求评估,可以发现目标人群的需求是多方面、多层次的。因为资源的有限性,全面解决所有问题是不可能的,所以,在实际工作中必须首先解决最重要的需求。而且,很多需求往往互相关联,满足一项优先的需求实际可以解决多个问题。确定优先项目,就是确定优先干预的健康问题或行为问题。它应真实地反映目标人群最迫切的需要,以及反映各种特殊人群存在的特殊需要,以相对最小的投入实现最大的效果。

(一)确定优先项目的基本原则

在目标人群中同时存在多个健康问题时,可按以下原则进行优先问题的筛选:

1. 重要性原则

即卫生问题或健康问题对目标人群健康的危害程度。可以通过分析人群的发病率、病残率、死亡率以及与行为环境因素的关系、卫生或健康问题造成的经济负担、社会负担、康复成本、经济损失来确定其重要性。

2. 有效性原则

即卫生问题或健康问题是否能够通过健康促进干预得以解决,以及健康促进是否会得到目标人群、尤其是干预对象的支持和赞同,干预计划执行以后是否会收到明显的效果和社会效益。此外,还要进行成本-效益分析,能用最低的成本取得最大的效益、效果和效用。

3. 可行性原则

即资源支持的程度。主要分析社会以及政策、制度对卫生问题和健康问题干预的支持力度和有利条件,包括领导的支持,相关部门的配合,人力、物力、财力、技术资源的条件,特别是经费资源的支持。

(二)确定优先项目的方法

1. 环境因素联合排序法

将影响卫生问题或健康问题的各种因素分为小环境因素和大环境因素,并按表7-2所示的方式进行分析。小环境因素指内在因素,既包括个体的年龄、性别、遗传等生物因素,也包括健康教育可影响的范围,如知识与态度、技术与能力、亲友的动态等。大环境因素指法规、制度、经济基础、医疗卫生、人文地理、生物环境等。以下4种情况可供确立优先项目时参考:

表7-2 确定优先项目的环境因素联合排序法

		小环境因素	
		良好	不良
大环境因素	良好	Ⅰ	Ⅱ
	不良	Ⅲ	Ⅳ

(引自吕姿之主编.健康教育与健康促进.北京大学医学出版社,2002年)

Ⅰ:小环境与大环境良好。应鼓励与表扬其工作成就,并继续保持。
Ⅱ:小环境不良,大环境良好。应加强健康促进,此种情况是健康促进的最佳时机,控烟计划、营养教育计划、艾滋病预防控制计划等均属此范围。

Ⅲ：小环境良好，大环境不良。在此情况下应加强政策和制度的制订。

Ⅳ：大小环境均不良。此时，应等待时机改变，并加强基础研究。

2. 问题的重要性与可变性评估法

根据卫生或健康问题的重要性和可改变性来选择优先项目。可改变性主要指解决问题的干预措施的可行性和有效性。见图7-3所示。

Ⅰ：问题非常重要，经干预后效果非常好，如某些呼吸道传染疾病、麻疹等，发病率高，传染性大，后果严重，但通过免疫接种效果非常好，因此可列为优先项目。

Ⅱ：问题非常重要，但干预后无法改变或效果不佳，如病毒性感染，流行范围极广，发病率高，但目前尚无有效的免疫方法，可列为有条件的优先项目。

Ⅲ：重要性不高，但效果较好，如预防儿童吸入异物，一般应视为重点宣传项目。

Ⅳ：重要性低（病例很少），效果也存在疑问，如预防婴儿猝死，一般为条件支持项目。

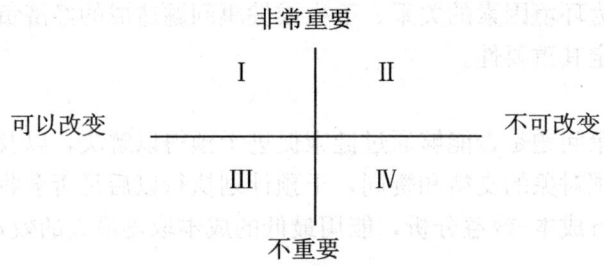

图7-3　问题的重要性与可变性评估法

（引自黄敬亨主编．健康教育学．1997年）

3. 问题树方法

在收集、整理、综合了各种资料后，经过全面、科学的需求评估，需要明确重要健康问题的时候，也可用一种系统分析的方法，即问题树方法来确立优先项目。问题树方法是帮助研究者进一步逐级分析影响健康的各种原因以及他们之间的逻辑关系的研究方法，可用于清晰而具体地了解可采取哪些干预措施，明确解决行为的或非行为的具体问题。问题树方法将分解的各步以图解的形式加以描述，如图7-4所示。

4. 德尔菲法

德尔菲（Delphi）法是一种专家评价法。其具体做法是：

（1）将要选择的问题写成含义明确的调查提纲，分别送给经过选择的专家，请他们用书面形式作出回答。

（2）专家们在背靠背、互不通气的情况下，各自独立作出回答，然后将自己的预测意见以无记名方式反馈给研究机构。

（3）研究机构汇总专家的意见进行定量分析，然后将统计分析的结果反馈给专家。

（4）专家们根据反馈的资料，重新考虑原先的预测意见，既可改变自己的看法，也可坚持原来的意见，然后再以书面形式反馈给研究机构。

这样循环往复，经过3～4轮反馈，各种意见就逐渐趋向集中后形成的集体的抉择结论。这种方法具有匿名性、重复性、定量性和集体性，它的最大优点是排除了各种无法完全排除的社会心理因素的干扰，从而使抉择的结论更准确，更有效。在确定健康促进的优先项目

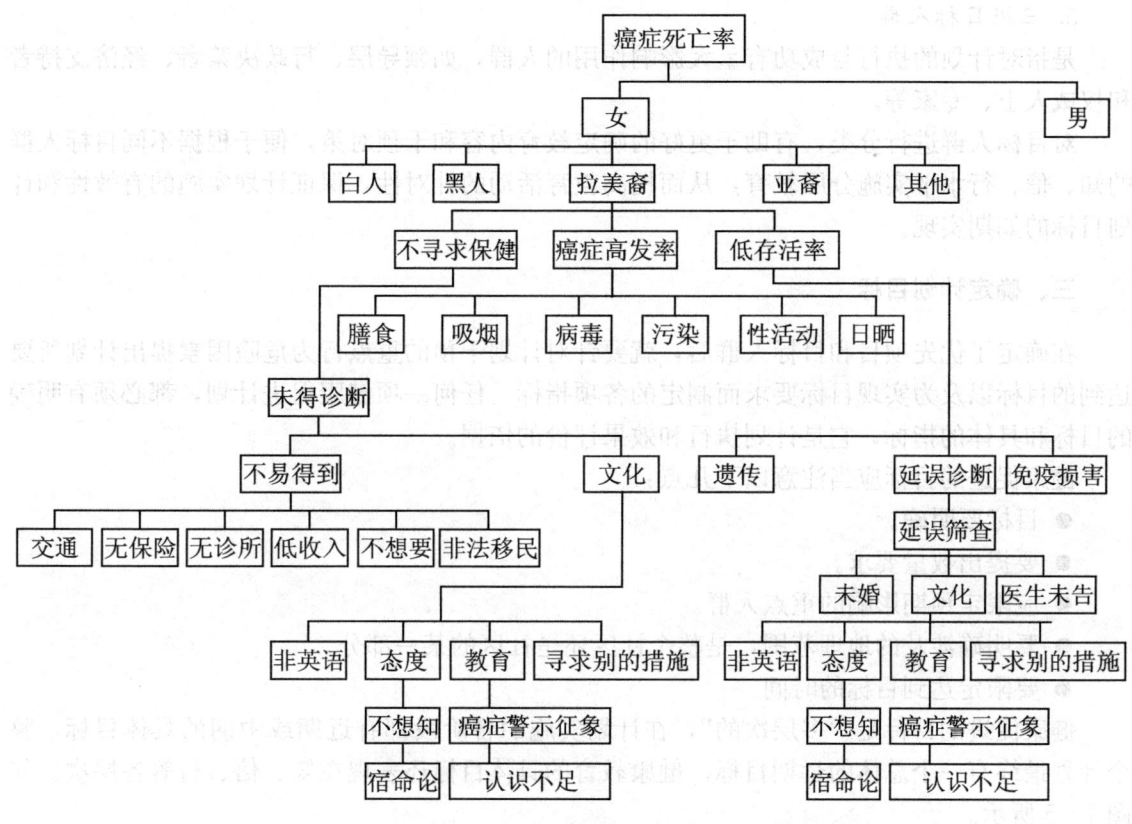

图 7-4 问题树-癌症
(引自吕姿之主编.健康教育与健康促进.北京大学医学出版社,2002年)

时,可参照德尔菲方法,进行专家评价,尤其是在项目的理论意义、重要性、可行性、有效性、受施对象的可接受性、参与性等诸方面请专家来共同评价,以找出最佳的效果,确定优先项目。

(三)目标人群的确定

目标人群是指健康促进计划干预的对象或特定群体。通常,在确定优先解决的健康问题时,已经涉及疾病或健康问题在目标人群中的分布。那些受疾病和健康问题影响最大、最严重,处在最危险状态的群体,一般就是健康促进干预的特定目标人群。优先项目的确定必然包括目标人群的确定。目标人群一般分为三级:

1. 一级目标人群

是指预期接受健康教育后将直接采纳所建议的健康行为的人群。例如,在母乳喂养社区教育项目中,一级目标人群就是孕妇和乳母;在预防脑卒中教育干预计划中,一级目标人群就是高血压患者群体。

2. 二级目标人群

是指与一级目标人群关系密切,并对一级目标人群的信念、态度和行为有一定影响的人群。例如,在母乳喂养社区教育项目中,二级目标人群是指孕妇、乳母的丈夫、父母、亲友、同伴等。在预防脑卒中的计划中,二级目标人群则包括高血压病人的家属、病友、医护人员等。

3. 三级目标人群

是指对计划的执行与成功有重大影响作用的人群，如领导层、行政决策者、经济支持者和权威人士、专家等。

对目标人群进行分类，有助于更好的确定教育内容和干预对策，便于根据不同目标人群的知、信、行水平实施分层教育，从而提高教育活动的针对性，保证计划实施的有效性和计划目标的如期实现。

三、确定计划目标

在确定了优先项目和目标人群后，就要针对计划干预的重点行为危险因素提出计划所要达到的目标以及为实现目标要求而制定的各项指标。任何一项健康促进计划，都必须有明确的目标和具体的指标，它是计划执行和效果评价的依据。

健康促进的目标应当注意以下几点：
- 目标要明确。
- 要提出数量要求。
- 应限定预期影响的重点人群。
- 要明确涉及的地理范围，是整个社区还是社区的某一部分。
- 要限定达到目标的时间。

健康促进的目标是"多层次的"，在计划实施的各阶段都有近期或中期的具体目标，整个计划最终有一个总体的远期目标。健康教育的具体目标还表现在知、信、行等各层次。如图7-5所示。

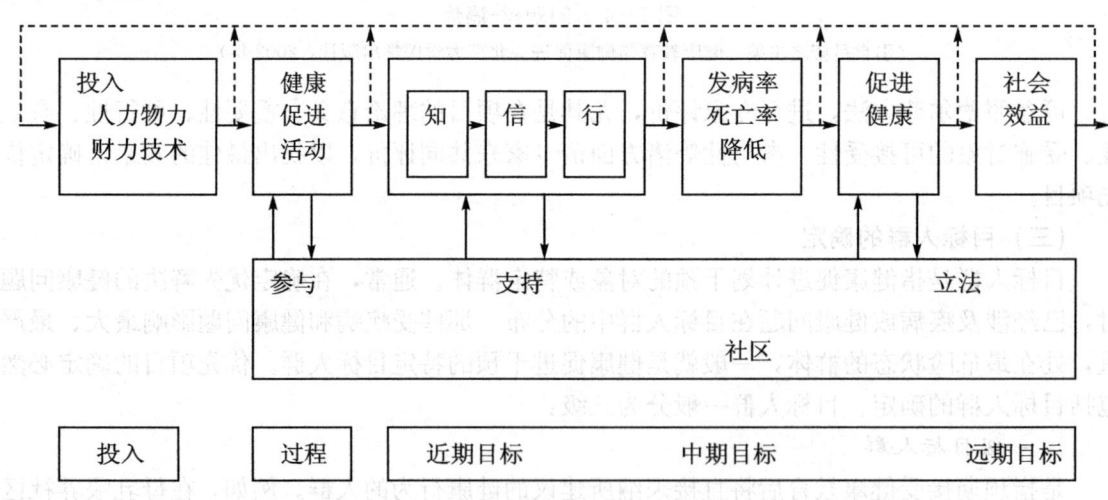

图7-5 健康促进目标的多层次
(引自贾伟廉主编.健康教育学.1988年)

(一) 计划的总体目标

计划的总体目标是指该计划理想的最终结果，即远期目标实现目标人群健康水平的提高。

总体目标的实现取决于计划的性质、持续时间、是否可能在执行期内产生健康效应，往往是一个较长期的过程。例如高血压病干预的远期目标是高血压发病率、脑卒中发病率下降等；围产期保健计划的总体目标是通过提高产前保健质量，促进儿童良好的生长发育，提高产妇和婴儿存活率等；控烟计划的总体目标是减少吸烟和被动吸烟引起的疾病的发病率和死亡率等。传统的健康指标包括：

1. 人群健康指标

生长发育、出生生育、期望寿命、期望健康、无残疾寿命，残疾调整生命年（DALY）、质量调整生命年（QALY）、健康调整生命年（HALY）等。

2. 日常生活质量指标

无病痛或残疾、情绪愉快，精力旺盛、良好地适应个人和社会生活。

3. 临床健康指标

①疾病和健康缺陷指标：发病率、罹患率、患病率；②死亡统计指标：粗死亡率、年龄别死亡率、病死率等。

4. 社会健康指标

生理适应度、情感、社会活动等。

（二）计划的具体目标

计划的具体目标是为实现总体目标设计的在计划的每一阶段要实现的明确的、具体可测量的目标。

具体目标可以用一系列指标来测量，指标必须具备5个要素。即变化对象、变化时间、变化范围、变化内容及变化程度。具体目标可根据不同的阶段分为近期目标和中期目标：

1. 近期目标

是为了实现行为改变所必须具备的有关知识、信念、态度、价值观及个人技巧等倾向因素；技能，资源等促成因素；鼓励或抑制某种行为的强化因素的目标等。

例如，某地区艾滋病综合防治健康促进计划的近期目标为：

（1）倾向因素　①三年内使示范区群众预防艾滋病知识知晓率达到75%以上，其中14～49岁妇女及青少年知晓率分别达到85%以上；高危人群知晓率达到85%以上；艾滋病患者及家庭成员预防艾滋病知识知晓率达到90%以上；②70%以上的社区居民不歧视艾滋病患者。

（2）促成因素　①二年内使示范区防治队伍专业素质与业务技能达到与防治任务相适应的要求；②三年内90%以上的艾滋病病毒感染者和患者得到规范的诊疗、监护和预防保健服务；③三年内在示范区建立符合当地实际的性病诊疗服务网络，提供可及、规范的性病诊疗服务；④二年内在每示范区各建立一个针具交换的试点。

（3）强化因素　①二年内90%以上的患者能够得到相应救助和关怀帮助；②二年内使示范区所有愿意接受检测的高危、重点等人群100%得到免费自愿咨询检测服务。

再如，某地控制吸烟计划的教育目标（倾向因素）：

（1）知识方面　①90%的青少年能说出三项及以上吸烟对健康的危害；②60%的青少年能说出吸烟成瘾的主要原因。

（2）信念方面　①50%吸烟的青少年相信自己能把烟戒掉；②70%的青少年相信不吸烟的行为能得到家长的支持。

（3）态度方面　①70%的青少年表示非但现在不吸烟，以后长大工作了也不吸烟；②80%的青少年更喜欢与不吸烟的人交朋友。

（4）价值观方面 ①50%的青少年认为健康最为重要，为了健康摒弃烟草；②70%吸烟的青少年认为，即使戒烟要失去要好的朋友也在所不惜。

（5）技巧方面 ①50%的青少年学会如何拒绝第一支烟的技巧；②90%不吸烟的青少年，掌握在公共场所劝阻他人吸烟的语言技巧。

2. 中期目标

是指健康促进计划实施后，计划干预对象特定行为变化的指标，同时也是反映计划中期效果的指标。主要是行为改变的目标如饮食习惯、锻炼率、吸烟率、酗酒率及吸食违禁药品等；环境状况是否改善的目标如环境污染指标、基础设施的质量、住房质量、供水和环境美化程度等。

例如，某地区艾滋病综合防治健康促进计划的中期目标为：①三年内示范区艾滋病感染者、患者配偶中安全套使用率提高到95%以上，其他高危人群提高到70%以上；②40%以上吸毒人群改变共用注射器的高危行为。

再如，某地控制吸烟计划的中期目标（行为目标）：①60%青少年吸烟者戒了烟；②40%的青少年能劝阻家人不吸烟。

总而言之，一项健康促进干预计划应设计多少个指标，没有统一的规定。一般来讲，指标的数量以既能反映计划目标的要求和计划干预的近期、中期和远期效果，又便于计划的实施完成为宜。国内有人建议，在一项3年期的健康促进计划中，设计的指标数目原则上不应少于15个。

四、制定教育（干预）策略

健康促进的策略是指通过影响健康问题的倾向因素、促成因素和强化因素而直接或间接地改变个体或群体行为的各种方法、技术和途径的组合。当健康促进各层目标确定后，就要紧紧围绕目标人群的特征及预期达到的目标来制定健康促进的策略。包括确定健康促进的方法、材料、场所等。

（一）健康促进方法

健康促进的方法多种多样，每一种方法都要适合于特定的环境和人群，不仅要考虑受教育者人群的特点和素质，还要考虑到教育工作者的交流能力；不仅要考虑到个体和群体，还要考虑到社会制度、环境资源的整体。

健康促进方法应该包括教育方法、社会干预方法、环境干预方法三个方面。

1. 教育方法

健康教育内容广泛，场所各异，目标人群具有不同的社会特征、心理特点、健康状况，而且目标人群的行为所处的阶段也有所不同。这就决定了教育干预方法的多样性。常用的方法有：

（1）信息交流（传播）类 包括人际传播和大众传播等。如人际传播中的讲课、小组讨论、个别咨询、个别指导；大众传播中以电子媒介为载体的电视讲座、广播讲座、公益广告、录像带、录音带、影碟等，以及以印刷媒介为载体的各种文字资料（杂志、报纸、宣传单等）、健康日历、挂图等。

（2）技能培训类 包括技能发展、模拟、游戏、咨询式学习、小组讨论、模仿和行为矫正等。如技能培训性讲座、组织观摩学习、设计示范家庭和示范学校。

（3）组织方法类　包括社会行动、社会规则、组织发展等。这一类方法是在政府机构的支持下，依靠社区或目标人群中的各类资源，改善目标人群周围的经济、社会、文化状况，提高生活水平和生活质量的过程。

2. 社会干预方法

社会干预方法是指制订有关的社会政策、法规、制度以及政府、军队、学校、商业机构制定的正式和非正式的规定。如控制吸烟的干预，包括公共场所禁止吸烟、制定禁止商店向未成年人售烟的政策或地方法律，出台学校鼓励禁烟和惩罚吸烟的规定等。

3. 环境干预方法

环境干预方法是指为了目标人群个体或群体的健康，制订改变社会环境和物理环境的一系列的政策、规定等。如在控烟的社区健康促进中，规定在公共场所不设立售烟亭，在一定场所设置明显的吸烟区等。

总之，以上这些方法都有自己的特点和局限性。要根据特定的场合和特定的人群来选择，要随特定人群和环境的变化而不断调整。一般至少要选择三种教育方法，其中应包括视听手段或某种媒介技术，以提高学习者的兴趣，巩固和增强其他教育方法的效果。项目计划持续的时间越长，采用的教育方法应越多；目标人群的行为问题原因越复杂，所采取的教育方法的范围则应越广泛。同时，要强调系统性、科学性、综合性，注意运用易于为教育对象所接受、简便易行、有效、经济的适宜技术。

（二）健康促进的材料

健康教育活动中使用的教育材料是指健康信息的载体，主要分为视听材料、印刷材料和网络材料等。

视听材料又称音像材料，如幻灯片、电视录像片、录音磁带、影碟等。

印刷材料主要包括书籍、报纸、杂志、小册子、传单等出版印刷物。

网络材料指在网络上可传播的各种形式的健康教育的数据、文件、多媒体材料等。包括文字、数字、视频动画、音频等资料的综合。

健康教育材料必须强调科学性、针对性、通俗性、趣味性；必须符合教育（干预）内容的要求。同时，设计、制作教育材料应注意的一个重要问题，就是要在小范围内对材料初稿进行预试验，对教育材料的形式、内容、教育对象的接受理解能力、效果以及材料的针对性、科学性、通俗性、趣味性等进行评价，然后进行必要的修改、完善，大量复制和大面积发放。此外，对资料来源、经费，资料的品种、数量、发放渠道，宣传器材设备等都应有所计划、有所准备。

（三）健康促进的场所

教育场所是否合理关系到健康促进项目是否能够得到有效的实施。所以，在项目计划中必须确定。一般说来，一个较大的或综合的健康促进项目需要多个场所和多种途径以共同完成项目目标。以下是几类干预策略实施的场所：

第一类，教育机构。包括幼儿园、小学、中学（包括职业学校）、大学等各级各类从事教育的场所。由于儿童青少年可塑性强，他们在年龄范围、社会阅历方面具有同质性，又有群体生活，所以便于组织教育；而且他们与家庭和社会的关系密切，教育效果能向社会人群辐射，因而学校是开展健康教育和健康促进的理想场所。

20世纪80年代中期世界卫生组织（WHO）在学校健康教育基础上提出了一个新的概

念"健康促进学校"(health promoting school)，它是指通过学校及学校所在社区成员的共同努力，给学生提供能促进并保护学生健康的、全面的、积极的经验和知识结构的组织机构。WHO的"健康促进学校"一般都设立中小学校的教育机构。

第二类，卫生机构。包括卫生保健机构、医院、诊所、康复机构等。绝大多数居民每年都要就医求诊，患病时对健康知识更是求知若渴，容易接受教育。此外，卫生机构又有人才密集，对象集中等优势，是开展有针对性健康教育的重要场所。

1986年WHO贯彻《渥太华宪章》提出"健康促进医院"(health promoting hospital)的概念，健康促进医院是医院健康教育与健康促进工作的制度化、长期化和可持续发展，健康促进医院的目标是通过改善就医环境、出台或改革有利于病人、医护人员及社区居民健康的政策、开展健康教育、普及健康防病知识和技能、提供综合的健康服务等措施，建立以促进健康为中心的医院。医院不仅仅提供治疗服务，也关注于用最适合的方法和渠道，为患者和家属提供以人为中心的健康服务，促进疾病的痊愈，增加病人防治疾病的知识、能力和技能。有效使用最经济的资源，为健康促进工作提供人财物的保证，并与社区和其他健康保健机构建立密切的合作关系。

第三类，工作场所。包括工厂、车间、办公室等，是劳动者一天主要的工作环境和人事环境。尽管他们的年龄、性别、社会背景各不相同，但他们是有组织的人群，有共同的工作目标和领导，因此在工作场所实施行为干预、环境改变和制定有关政策等一系列的教育和社会活动，有便于组织的条件。

第四类，公共场所。包括街道、商场、公园、车站、机场、港口等公共场所。这些场所具有社会性、公益性和服务性。因为这类场所人群流动性大、背景复杂、适宜开展对各类人群都有普遍意义的项目。

第五类，居民家庭。家庭是社会的细胞，家庭内部成员间具有特殊的关系，便于互相沟通信息，在观念和行为上易于互相影响。因此，健康教育的家庭化是促使教育深入发展，取得良好效果的有力保证。

（四）健康促进策略的框架结构

健康促进的三种不同的教育方法和五类不同的教育场所构成了健康教育与促进策略的基本框架结构。以控制吸烟计划为例，其框架结构见表7-3。

表7-3 控烟教育策略的框架结构

干预方法	教育场所				
	教育机构	卫生机构	工作场所	公共场所	居民家庭
教育方法	● 在学校开设有关吸烟危害的专题讲座 ● 在学校传授如何抵御吸烟的技术	● 对医生进行健康教育技术培训 ● 医生对病人进行吸烟危害的咨询	● 在工间进行有关吸烟危害的讲座	● 开办戒烟培训班 ● 标语、板报、橱窗、宣传画等多种宣传	● 分发吸烟有害的宣传资料 ● 印发戒烟日历

续表

干预方法	教育场所				
	教育机构	卫生机构	工作场所	公共场所	居民家庭
社会方法	● 学校制定禁止吸烟的规定 ● 学校制定奖惩办法	● 医院诊所禁止吸烟 ● 卫生机构内部禁止出售香烟	● 工作场所禁止吸烟 ● 工作场所内部不出售香烟	● 公共场所禁止吸烟 ● 张贴禁止吸烟广告	● 家中无人吸烟作为评选模范家庭的必要条件
环境方法	● 学校布告栏张贴宣传资料 ● 动员教师和家长不吸烟	● 医院门口禁止摆放烟摊	● 工作场所内部禁止摆放烟摊	● 商店禁止向未成年人销售香烟 ● 宣传人际和公共交往不以香烟作媒介	

（引自吕姿之主编．健康教育与健康促进．北京大学医学出版社，2002年）

五、确定教育活动和日程

健康教育计划活动大体可分为四个阶段，在确定活动日程时，要科学、合理地按照阶段进行。

（一）调研与计划设计阶段

包括基线调查（如社区人群卫生知识、行为习惯现状调查）、确定教育对象、制定教育目标、设计监测和评价方案等。

（二）准备阶段

包括确定教育内容、选择教育方法、制作教育材料、建立教育网络、培训教育执行人员、准备物资、材料等。

（三）执行阶段

包括争取领导和社会支持、各种传播、教育手段的运作、对教育过程进行监测、评价等。

（四）总结阶段

包括收集、整理、分析资料、数据，撰写教育计划执行情况和项目总结报告，找出存在的问题和不足，提出今后改进的意见。

教育活动的日程安排要详细、具体（如起止时间、活动内容及要求、任务执行人、采用的教育方法、监测评价方法等），最好用图或表的形式表现出来，这样不仅一目了然，便于部署、检查阶段性工作，而且便于掌握工作进度。

在这个步骤中，特别注意在计划执行阶段的日程安排要详细，要制定时间表，强调在实施每一阶段的时间、内容、地点、负责人员、经费预算、特殊需求等。

六、确定组织网络与执行人员

健康促进设计必须考虑组织网络和执行人员的组织管理问题。执行人员可以以专业人员为主体，吸收政府各部门、大众传播部门、各级医药卫生部门、中小学校等参加。组织社区各机构组成具有多层次、多部门、多渠道特点的网络，确保计划目标的实现。对于执行计划的各类人员要根据工作性质分别进行培训，提高执行计划和评价计划的多种技能。对计划执行的社区组织网络要进行能力评价，即对计划项目的实施的社区机构、组织网络的实际能力等影响项目计划的有关因素进行可行性分析，找出计划实施的有利条件和不利因素，主要内容包括：

（一）计划执行的可行性如何

计划解决的健康问题及其措施是否与卫生政策或卫生中心工作协调一致；上级主管部门是否支持；项目执行单位的人力、物力、经验、技术水平等条件是否具备；经费能否落实等。

（二）社区网络内可利用的资源是否充足

如基层卫生组织网络是否健全，有关单位是否积极配合，传播渠道是否畅通，健康教育设施、器材是否齐全等。

（三）目标人群的参与程度，对各项活动的支持与关心程度

（四）计划执行中可能出现的干扰因素有哪些

通过社区组织网络能力评价，有助于我们发现和挖掘社区潜力，抓住有利因素，避免不利因素，以争取项目实施获得最大可能的成功。但如果经过分析，不利因素多于有利条件，计划的可行性差，成功率小，这时，就要慎重考虑此项计划是否还有设计和实施的必要。

在这一步骤中，确定健康教育的组织网络和执行人员时，必须考虑到行政部门在网络中的领导协调作用。

七、确定监测与评价计划

监测与评价工作不是在计划执行结束以后才进行，而是起于计划开始实施之时，并贯穿整个项目实施的全过程。监测与评价是保证项目向目标顺利前进，衡量健康教育效果的重要措施。必须建立一个严密的监测与评价系统。对监测与评价的活动、指标、方法、工具、时间、监测人、评价人、负责人作出明确的计划。

（天津医科大学　李敬永）

第八章　健康促进计划的执行

第一节　健康促进计划执行的 SCOPE 模式

健康促进计划设计完成后，就要按照计划的日程去执行，也就是通过有效的实施使计划的目标得以实现，并获得预期的效果。在健康教育与健康促进活动的整个过程中，实施是主体工作部分，也是活动的重点和关键。

健康促进计划的执行可按照 SCOPE 模式去进行：①制订实施时间表（schedule）；②实施质量的控制（control of quality）；③建立实施的组织机构（organization）；④实施人员的组织和培训（person）；⑤配备实施的材料设备（equipment）。见图 8-1。

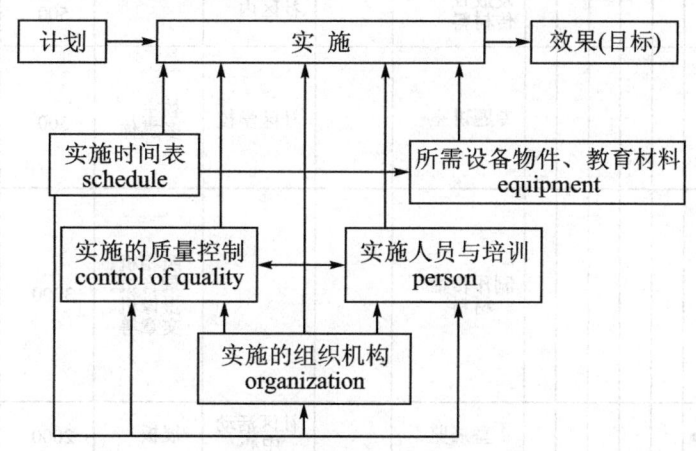

图 8-1　健康教育与健康促进计划实施的 SCOPE 模式图
（引自吕姿之主编．健康教育与健康促进．北京大学医学出版社，2002 年）

一、制订实施时间表

在项目计划的日程中，已经对实施的时间作了计划，这就是实施时间表。

在计划执行过程中，要按照时间表有条理、有步骤地进行执行。实施时间表应明确规定工作内容、要求、实施起止时间、地点（场所）、负责人、经费预算、特殊要求等内容。可以用图表的形式来表述。见表 8-1。

1. 工作内容

是指各项具体的实施活动，如启动会、培训班、材料制作、传播活动、干预活动等，但不宜划分成过细的活动，有些小活动可以在大的实施时间表之外再另外计划更细小的活动计划。

2. 工作地点

指该项活动发生的地点。

表 8-1 社区高血压健康教育计划实施时间表

实施时间（1997~1998）												工作内容	负责人	地点	材料设备	经费（元）	备注
4	5	6	7	8	9	10	11	12	1	2	3						
▬												成立领导小组		社区政府			
▬												社区动员		社区活动中心	多媒体	1000	主任以上干部参加
	▬											人员培训		健康教育所	教室、多媒体	1000	专、兼职基层健康教育人员参加
	▬											印制宣传材料		印刷厂		500	
		▬										发放宣传材料		社区内		500	
		▬▬▬										专题讲座		社区学校	教室、多媒体	500	聘专家讲学，每周一次，共四次
		▬▬▬▬										制作传播材料			照相机、录音机、摄像机、文章等	3000	供广播、电视播放、展览和报纸宣传用
					▬							小型展览		社区活动中心	展板	2000	连续展出30天
	▬▬▬▬▬▬▬											大众传播		电台、电视台、报纸		5000	每月2次
	▬▬▬▬▬▬▬▬▬▬											过程、近期、中期评价			调查表计算机	500	定性或定量分析
											▬	远期评价、总结			计算机	2000	效果分析

3. 负责人员

是该项活动的具体负责人员。

4. 经费预算

是对该项活动所需要的费用的估计。正如 Lawrence Green 在 PRECEDE 模式中讲到的"精确制定预算是一种技巧,也是一门艺术"。既要使各项活动得到经费的保证,又要做到合理分配使用经费,尽量避免出现有的活动经费过于充足而有的活动经费短缺不足的情况。当然,再精确的预算仍然是一种估算,与实际需要总是会有一定的差距的。因此,预算与实际开支之间存在一定的差距是允许的,但应该把这个差距控制在10%以内。

编制经费预算要考虑到多种因素,如活动的内容、活动所需要的人力、活动所需要的时间(工作日)、需要的媒体材料和设备物件等,还要考虑活动发生的地点及与地点有关的差旅费和当地的物价及物价上涨等因素。

5. 特殊需求

指该项活动所需要的特定设备、资料、场所以及技术支持等特殊需要,如投影仪、幻灯机、车辆、媒体材料等。

时间表也是一个对照表,可以用来评价检查各项工作的进展速度和完成数量。在进行项目过程评估时,时间表是一个主要的依据。评估人员首先要依据时间表检查每项工作是否按计划进行,有多少项工作滞后于时间表上规定的时间,按照按时完成工作项目占计划总项目的比例或从经费使用角度计算出任务执行率。

$$执行率(完成工作项目) = \frac{按时间完成的工作项数}{计划中的工作总项数} \times 100\%$$

$$执行率(经费使用) = \frac{按期使用的经费数额}{预算的经费总额} \times 100\%$$

二、实施的质量控制

实施的质量控制就是采用一定的方法、手段对实施过程进行监测和评估,了解实施过程和实施效果,及时发现并解决实施工作中存在的问题,及时调整实施策略、工作方法和人力、财力、物力的分配。

(一) 质量控制的内容

1. 对工作进度的监测

计划工作进度应该按照实施时间表上预计时间进行。

各项活动是否是在预计的时间之内,或者延误了多久,对于这些进展情况,实施工作的负责人必须十分清楚。一项大型的健康教育与健康促进计划不仅内容庞杂、活动多,活动覆盖的地域范围可能也大,分项目负责人也多,因此,应要求每个分项目的负责人按照实施工作的管理要求,按时汇报实施工作的进展情况,必要时还可以通过召开会议来收集信息,了解哪些活动没有按时完成,哪些活动需要在时间上进行调整。对于进展情况的监测有利于保证实施工作按预定计划进行。

2. 对活动内容的监测

主要是监测在内容、数量等方面是否符合计划的要求。

检查工作实际开展的情况,包括了解活动的组织准备工作做得如何;参与活动的部门和人员是否符合要求等几方面。如培训的内容是否符合要求，教授的课程数量、教学时数是否符合计划，教材和教师是否符合要求，学员的数量和质量是否符合要求等。

3. 对活动开展状况的监测

计划活动开展的状况监测主要是对实施人员工作状况、目标人群参与状况和相关部门配合状况三个方面进行监测。

首先，对实施人员工作状况的监测主要是了解实施人员是否按计划进入岗位，是否按要求接受了培训，是否掌握了应掌握的知识与技能。以及他们的工作态度如何、积极性怎样，出勤天数多少等等。

其次，对目标人群参与状况的监测主要是了解目标人群的参与率以及目标人群对项目活动的态度。目标人群的参与态度可以反映出实施人员的工作效率，如果工作效率不高，目标人群不能积极地参与项目活动，就难以取得好的效果。

最后，对相关部门配合状况的监测主要是看与活动实施相关的各个部门是否能够在领导机构的协调下与实施机构配合行动，支持实施活动、为实施活动提供帮助，适时地向领导小组提供这方面的报告有利于不断协调有关部门之间的关系，促进合作。在很多情况下，项目活动实施开始时所建立起来的合作关系如果缺少了监测和不断的督促，往往会随着时间的推移而逐渐减弱，而监测活动可以促进部门间的协调和合作。

4. 对人群知信行及有关危险因素的监测

健康教育干预的主要目的在于提高人群在预防疾病方面的知信行水平，减低危险因素尤其是行为危险因素。

对于人群知信行水平及危险因素的监测，有利于掌握项目活动的针对性和有效性。监测可提供的反馈信息既可了解项目进行的质量，也是必要时调整干预方法的主要依据。

"行为危险因素监测系统"（behavioral risk factors surveillance systems，BRFSS）在很多国家都已建立，通过对人群中与疾病的发生发展有着密切关系，对人体健康产生危害作用的各种不良卫生习惯和不良生活、行为方式的监测，进行动态观察与分析。我国1996年后行为危险因素监测系统已经覆盖7市、2省，大约有60个区县的城市居民常住人口2500万、流动人口1000万。对健康教育计划的监测可以利用这一系统来监测行为危险因素。

5. 对经费开支的监测

计划的经费预算在设计阶段已经规划，但是在实施过程中难免会有出入，所以对经费开支监测尤为重要。对计划总经费以及各分项活动经费开支情况进行监测有利于及时调整分项预算、控制整体预算，保证计划顺利实施。

经费开支情况的监测包括两个方面：一是审计活动的实际开支与预算的符合程度；二是分析经费开支与预算之间出现差距的原因。这样能够及时作相应调整，并且评估预算和实施工作的质量。

例如，在某项健康教育计划的实施过程中，印制传播材料所支出的经费超过了预算的20%，其原因是印制材料的工作是在实施工作开始后一年半进行的，此时的纸张价格已经比制定预算时有了大幅度上升。根据此项监测结果，实施负责人必须另外寻求经费，或者从其他活动中进行调整来解决此项经费的短缺，并且要重新调整其他印刷材料的预算或者调整印刷计划。

（二）质量控制的方法

1. 记录与报告方法

在计划实施过程中要求各分项目和各部分工作的负责人切实作好实施记录（实施日记）。实施记录就是即时记录下实施工作中的重要信息，内容包括活动发生的地点和时间、参加活动的人员、现场情况、经费使用、参与人员对活动的意见等。实施记录可以反映实施过程、实施内容、实施方法、实施的现场情况，对于掌握实施的全过程和控制实施质量有重要意义。

将计划实施情况定期或不定期向领导小组和实施负责人报告，有利于了解实施情况，监控实施质量。根据项目实施范围大小、时间长短、参与人员多少等情况可以决定是否建立报告制度。对于一些大型项目，则必须建立报告制度。记录是报告的基础，也是报告的依据。定期或不定期的报告，无论是书面报告还是口头报告都应以记录为依据。

2. 现场考察和参与方法

主要负责人员对实施活动现场进行考察或亲自参与实施活动，了解实施工作情况，发现问题并及时解决，通过掌握的第一手资料，为指导实施工作提供可靠依据。

实施负责人应尽量多到实施现场，多参与活动。现场考察和参与活动应是有计划的，应列入实施时间表。监测活动可以是监测小组的集体活动，也可以是专业人员或管理人员的单独活动。监测人员应作好监测记录，供报告和讨论用。

3. 审计方法

主要是对财务方面（经营开支）的监测。

对于一些大型项目的经费开支情况必须作好分项目审计、阶段性审计和总体审计。审计的目的是监测经费的管理和使用情况，审计的结果可以用来指导经费的管理和分配，调整预算，保证经费的使用质量，也可以用来向资助人报告经费的使用情况，在经费不足时争取补足经费。

4. 专项调查方法

通过调查来获取资料，监测实施过程和控制实施质量。

调查方法可分为定量调查、半定量调查和定性调查等 3 种。定量调查一般只用于基线调查和效果评价，在实施过程的监测活动中使用不多，因为严格的定量调查需要耗费较多的人力、物力和时间。半定量调查和定性调查则常用于实施过程中的质量监测。

例如：监测传播效果和干预效果，需要用粗略的"率"反映问题，这时可以用简便易行的批质量保证抽样方法抽取很少的样本，进行半定量调查和分析。其结果可以粗略反映实施工作中的信息传播效果和干预效果。实施人员可从结果中了解工作的重点，并估测与终期目标的距离，指导后续工作。如果要了解某些深层的信息，如群众对传播渠道的喜好程度和喜好原因，农村妇女的哺乳习惯相对代乳品的看法等，则采取定性调查方法以获取信息，发现问题。常选用的方法有专题小组讨论、访谈、观察等。

三、建立实施的组织机构

在开始实施一项健康教育与健康促进计划时，首要的任务是建立领导实施工作的领导机构和具体承担实施任务的执行机构，并确定协作单位。

（一）领导机构

实施的领导机构应根据计划所涉及的层面来确定。

实施的领导机构有的可以由原有的行政机构兼任或替代，有的则需要另行成立。参与领导机构的成员需根据实施工作所涉及的范围和部门来确定。一般而言，一个领导机构（如领导小组）应该包括与该项计划实施直接相关的部门领导和主持实施工作的业务负责人。领导机构成员应该了解和熟悉计划内容，对预期效果具有信心，支持该项计划，并具有决策能力。一个具有影响力和决策能力、办事效力高的领导机构是顺利实施项目计划的基础。

领导小组的职责是审核实施计划和预算，听取项目进展报告，提供政策支持，研究解决执行中的困难和问题。

（二）执行机构

执行机构是指具体负责操作和运行计划的机构。

除特殊情况需要另成立专门机构外，一般执行机构往往设置在某一相关业务部门内，其成员大多由专业人员组成。例如妇幼健康教育计划的执行机构一般设在妇幼保健所；预防艾滋病健康教育计划的执行机构可以是健康教育所或疾病预防部门。还可以以一个部门为主体，吸收相关部门的专业人员参加。根据我国国情和以往的经验，执行机构的确定或组成往往取决于计划项目申请单位和经费的来源。执行机构人员的数量和专业组成根据计划内容确定，既要适应工作需要，又要避免庞杂。执行人员的相对稳定十分重要，特别是执行时间较长的项目，从开始确定执行人员时就要考虑到主要执行人员是否能够从始至终完成任务。

执行机构的职责是分解计划中的每项活动，将计划的意图付诸实施，开展活动，实现目标。同时，执行机构有责任向领导机构汇报工作进展情况，听取和接受领导机构的意见。

（三）部门协调与合作

健康教育与健康促进计划的实施是一项社会工程，需要多个部门的合作。

社会有关组织、机构、团体是否被发动并参与到计划实施中来，是否和计划的执行部门协调行动并提供支持，是关系到计划能否顺利实施、实施工作能否获得预期效果的另一个关键，如在某社区预防高血压的健康教育计划，除了卫生部门外，还必须有社区街道、居委会、文化部门、大众传媒等社会团体的支持。在健康教育与健康促进活动中充分应用社会动员和行政干预的功能，协调社会有关部门的关系并建立起多个部门的联合是成功实施计划的一项重要保证。

（四）政策支持

政策是指政府部门就某些方面的内容制定发布的相关条例、方针或规章制度。

在健康教育与健康促进计划实施地区出台有利于计划实施的政策对于实施工作具有很大的影响。这类支持性政策可以动员当地资源（包括经费、人力、物力、信息）的投入；可以开创多部门协调合作的局面；可以影响当地群众参与的态度；可以创建有利于实施工作的环境。实施的领导机构可以影响当地政府，促进支持性政策的出台。

四、实施人员的组织与培训

（一）实施人员的选定及其相关知识技能

健康教育与健康促进计划的实施需要有相适应的人员，选定人员应根据计划的具体内容确定，既要考虑到人员的数量，又要考虑到人员的专业能力。人员的数量以各部分工作有人负责和操作为准。实施人员主要是从执行机构中选定，必要时应从相应业务部门聘请人员共同工作。实施人员应该掌握与实施该项计划有关的知识与技能。原有的知识、技能和经验也十分重要。

1. 管理知识

每个计划的实施都有管理工作，特别是大型项目的实施需要有较多的人力和时间放在管理工作上。实施人员需要懂得和熟悉有关的管理规章和知识，如年度计划的制定；年度和阶段性总结报告的书写；人员、经费、物件的管理和调配；与上级领导部门和相关协作单位的联络等。

2. 专业知识

实施人员需要掌握的专业知识根据计划内容差别很大。除有关的健康信息外，还应包括调查方法、行为干预方法、传播知识与技巧，以及资料收集方法和报告书写方法等。在不同层面工作的人员需要掌握的内容和深浅程度不同。如在省级工作的人员需要掌握调查问卷的设计知识，而在县或县以下工作的人员只需懂得如何使用问卷、如何询问、填写问卷即可。担任培训任务的专业人员还应掌握培训方法。

近年来在一些国际合作项目中被我国健康教育专业人员所引进和采用的一些新知识、新方法在各类健康教育和健康促进计划的实施中都有重要的实用价值，应为多数实施人员所掌握和运用。如定性研究方法、成人培训方法、传播材料预试验方法、批质量保证抽样方法等。

3. 专业技能

实施人员应该掌握与实施内容相关的专业技能才能适应实施工作的需要。如在《生命知识》传播教育中应掌握糖盐水的配置、幼儿体重的测量、血压计的使用以及幻灯机、投影仪、放像机、录音机等器材设备的使用技能。

（二）实施人员培训

1. 培训工作的意义

实施一项健康教育与健康促进计划的过程就是工作人员把计划分解并用具体的方法表达和体现计划的思想和实现计划目标的过程。为了成功地完成这一过程，工作人员必须经过必要的培训。培训工作可以使实施工作人员熟悉项目的管理程序，使其掌握相关的知识与技能，并学习新的工作方法。经过了培训的人员才能够适应实施工作的需要。没有这样的一组人员，项目计划目标的实现是不可能的。因此，培训工作是成功实施项目计划的一个重要的基本内容。

2. 培训计划

培训计划是在培训开始以前由培训工作负责人制定的。制定的依据是执行任务的需要和培训对象的需要，因此，在制定计划之前全面了解任务内容和评估培训对象的需求是很必要的。

培训计划的内容除时间、地点、课程、教师外，还应包括培训对象基本情况及其需求分析、培训的具体目标、评价方法、培训前后的测试问卷、教材选定、所需教具、经费预算和后勤服务等。教师的授课计划由各门课的授课教师准备，应包括教学目的、授课内容、教学时间和教学方法等。制定培训计划是培训工作的基础，应该尽量制定得细致具体，培训工作将在培训计划的指导下进行。

参加制定培训计划的人员应是了解整体计划工作内容、项目目标、培训目标并具有教学经验的专业人员,这些人员应该参加项目所计划的各项培训工作。这样,他们能够熟悉培训工作的要求和培训方法,有利于培训工作。

3. 培训班组织

培训班的组织工作主要是教学和后勤两部分。在教学方面要注意结合任务和培训对象尽量把培训班安排在适当的季节,如在农忙季节培训乡村医生就不会被欢迎。教室应该光线充足,环境应该安静。预先准备好教材、教具,提前把授课时间表发给学员。课时安排应合理,不可过紧,也不能松散。后勤工作主要是保证好学员的饮食和休息,适当组织文娱活动,调节学习气氛。

4. 培训方法

健康教育与健康促进项目的培训工作目的明确,是为了开展某项工作,解决现实问题。培训的对象是有工作经验的成年人。这种培训,它不同于一般学校对学生的系统教学,学员的学习也不像学校学生那样是系统学习各科基础知识。这种培训活动所采用的方法应不同于学校教师对学生的常用教学方法。对成人的培训多采用参与式教学方法,参与式教学方法要求教师能够调动学员的积极性,鼓励学员积极参与回答提问、讨论、游戏、角色扮演、现场实习、模拟练习等教学活动。学员的参与可以大大提高学员学习的积极性和热情,共享学员的知识和经验。同时,参与性教学可以帮助学员理解和记忆。

常用的方法有"头脑风暴"法、角色扮演法、小组讨论法、案例分析法等参与式教学方法和其他的培训方法。

5. 培训评价

评价是培训工作不可缺少的一部分。评价工作主要包括对培训效果的评价、对教师和教材的评价、对组织和后勤工作的评价,以及对培训远期效果的评价。

五、配备实施的材料设备

在计划实施前,除了做好人员的准备,还要做好物质的准备,主要包括计划实施所需的健康教育材料及设备等。

(一)健康教育材料

选择和制作合适的健康教育材料(传播材料)是一项关键性的工作。

传播材料的正确使用可以提高传播活动的效果。一个大的健康教育与健康促进项目,首先应本着节省时间和经费的原则,在现有的传播材料中寻找、选择可以利用的、基本适合于该项目的材料。在很多的情况下,项目需要制作新的材料,这时应遵循一定的程序保证科学的制作。

(二)健康教育的设备

健康教育与健康促进计划的实施工作需要设备的支持。这些设备大到交通工具、印刷设备,小到纸张、铅笔,凡是实施工作所需要的都与成功实施有着密切的关系。设备应有专人管理,充分发挥各件设备的效率和作用。

第二节 健康促进计划执行的要素

健康促进计划的执行必须在领导机构的组织协调下,在人力、物力、财力等资源的支持下，才能保证实施的进度与效率。所以领导重视、工作网络健全、资源保证、目标人群广泛参与是健康促进计划执行的基本要素和社会保障。

一、领导重视

政府或领导部门的领导对健康促进工作的重视和支持程度是当地健康教育工作能否顺利开展和获得成效的关键。主要是因为领导的健康教育与促进的观念的强弱，直接关系到相关的政策和支持问题。目标人群的健康教育与促进需要多部门的参与支持，包括卫生、教育、宣传、群众团体等机构，其中多方关系，应该由政府或领导部门来协调。所以，领导应该把健康教育与促进工作列入重要工作日程，制定政策，协调力量，组织实施，考核评价。

二、组织网络健全

健康促进是一项系统工程，是需要根据实际进行计划、实施和评价的连续性、经常性、长期性的工作。而且，教育的对象包括各阶层个体、群体。因此，必须建立起结构完整功能协调有序运转的健康教育与促进的工作网络。首先，建立与完善市、区和街道三级健康教育与促进领导机构。在当地政府的领导下，成立由多部门、多学科以及群众代表组成的极具号召力、聚集力的权威性机构即健康教育与促进领导机构。其成员包括政府各部门、政府组织、企事业单位、学术机构、私人组织和居民代表等。机构领导应由社区主要负责人承担。在特殊部门如军队、公安局等部门，健康促进机构的领导应由首长或局长担任。其次，建立健康教育与促进的业务指导机构。以卫生部门为主体，进行设计、实施、监督评价的指导工作。这样可形成以医疗保健（健康教育与促进）机构为主体，以专兼职健康教育与促进专业人员为骨干的健康教育与促进纵向网络和以主管领导牵头，由教育、卫生、财政、环保、群众团体及各单位领导等共同组成的健康教育与促进横向网络。

三、资源保证

资源是健康促进计划实施的物质基础，是计划顺利进行的保障。与健康教育与促进直接相关的资源包括：人力资源，如参与健康教育的工作人员、自愿参与健康教育行动的积极分子、志愿提供服务的医护人员、教师及其他技术人员；财力资源，如政府、企事业单位、军队、社会团体及个体劳动者的资助；物力资源，如开办健康教育学校所需的活动场所，教学设施及教材；信息资源，如目标人群对健康促进计划的建议、决策及活动实施后的信息反馈；社会动员潜力，在社区中潜在的受居民健康意识影响的教育资源和物质资源等，通过健康教育能开发和挖掘出来的用于健康促进工作的资源。以上都是社区内部资源，还有社区外部资源，如社区以外的外源性的技术、人力、材料、设施等的支持。

四、人人参与

人人参与是健康教育与促进计划实施的群众基础，是计划成败的决定因素。社区每个成员把参加健康教育活动看成是维护自身和社区健康的行动，积极参加卫生保健活动，如学习健康知识和技能，改变不良的行为方式等。形成人人关心健康，个个参与健康教育与促进活动的局面。这个人人参与的过程是健康促进计划执行的主要过程。

第三节 健康促进计划执行中的教育形式

在不同的人群中进行健康教育，可以采用不同的教育形式。具体情况要因地制宜来选择。在社区人群健康教育与促进的项目中常用的形式有：

一、社会教育

社会教育（social education）属非正规性的普及教育，系指学校教育以外的一切文化教育措施对社区人群的各种教育活动。这是中国社区健康教育与促进中普通使用的一种干预策略。如健康教育夜校，培训班，学习班等，是对社会教育策略在社区健康教育领域的具体应用。社会教育的对象是成人群体，通过有计划、有组织、有系统的教育活动，不仅提供知识信息，唤起人群的健康意识，而且强调对个人和家庭自我保健技能的培训和指导，使学习知识和行为改变密切结合。

健康教育工作者在社会教育中承担着教学、指导、咨询和组织者的任务。

二、城市社区健康教育主要形式

（一）社区卫生服务

社区卫生服务是以居民健康为中心，以社区为范围，以家庭为单位，以老年人、妇女、儿童和残疾人为重点人群，适应居民需求的综合的基本的卫生服务模式。社区卫生服务将预防、保健、医疗、康复、健康教育与计划生育技术指导、健康教育内容融为一体，将居民的常见病多发病的防治解决在社区内，为社区居民提供从"生"到"死"的全程医疗保健服务，全科医生是社区卫生服务的提供者，也是社区健康教育最直接最有效的实施者。社区卫生服务中的健康教育主要通过如下途径：

1. 建立完整的个人、家庭健康档案，包括医疗保健记录、双向转诊记录、健康教育培训记录等。
2. 进行社区主要疾病高危人群监测及健康教育。
3. 开展家庭病床健康教育。

（二）各种传播渠道

城市社区居民的居住和活动范围相对集中，经济、文化水平较高，所以在城市社区可有多种多样的健康教育形式。

1. 通过报社、电台、电视台等新闻单位实施。充分利用当地报纸、广播、电视及闭路电视等开辟健康教育专栏节目和公益广告，向社区居民普及医学科学知识。
2. 通过固定的宣传阵地实施。如卫生宣传橱窗、卫生宣传栏、黑板报等在各街道和居民小区展出，方便灵活，经济可行。
3. 通过文化教育部门组织开展健康教育和全民健身运动。如组织中小学生开展周末街头宣传活动；组织电影院、文化宫、俱乐部等文化娱乐场所放映卫生科普电影或录像片；组织文艺团体编排卫生宣传节目；组织居民积极参加各种文体和健身活动等。
4. 通过社区活动中心实施。如街道、居委会、居民小区的老年活动室、文化活动站开展健康教育活动与培训。

（三）社会组织运动

城市爱国卫生运动和创建国家卫生城市是健康教育与健康促进实施的重要途径，根据城市爱国卫生和环卫工作的任务和重点，调整、部署健康教育的内容，使二者有机的结合在一起，互相促进，以充分发挥其在促进城市卫生文明建设、增进社区居民健康方面的协同作用；此外，根据社区特点开展"卫生科普一条街"活动；根据行业特点组织发动城市商业区的各行各业，开展健康教育活动如"创建无烟商场"等。

（四）社区典型

建立健康教育示范小区，抓好典型，对指导全局具有典型示范的重要作用，对成果和经验的推广有着深刻的意义。健康教育示范小区的组织实施如下：

1. 建立社区健康教育领导小组或社区健康促进委员会，将健康教育考评纳入目标管理。
2. 建立健全社区健康教育网络，培训骨干人员，宣传与动员群众。
3. 创建文明卫生的社区环境，提供健康教育设施、场所、健康教育材料，营造健康教育氛围。
4. 完善社区健康教育管理制度，以行政、组织、社区规范、评比奖惩等措施保证社区健康教育工作的落实。
5. 提供相应的社区卫生服务，包括建立家庭健康档案、重点人群监测、社区常见病普查普治、社区健康咨询等。
6. 评估社区需求，制定与实施社区健康教育的健康促进计划，评价健康教育效果。

三、农村社区健康教育主要形式

（一）全国亿万农民健康促进行动

1994 年 7 月，全国爱卫会、卫生部、农业部、广电部等部门联合发起了"全国九亿农民健康教育行动"，旨在通过实施大众传播与人际传播相结合的策略，在农村大力普及基本卫生知识。2001 年，国务院体改办、国家计委、财政部、农业部、卫生部等 5 部门联合下发了《关于农村卫生改革与发展的指导意见》和卫生部、国家计委、财政部、农业部、国家环保总局、全国爱卫会、国家中医药管理局等 7 部门印发的关于《中国农村初级卫生保健发展纲要（2001~2010 年）》，将"九亿农民健康教育行动"更名为"全国亿万农民健康促进行动"，并列为农村卫生工作的主要任务之一。

"行动"的基本任务是：由中国健康教育研究所承担制作以农村健康教育为内容的系列专题录像片，免费提供给各地农村地区的广播电视台（站）。各地安排专门时间，定期反复播放，让广大农民家喻户晓，真正受益。

（二）农村传播媒介和渠道

1. 有线广播

利用农村有线广播网或村内大喇叭，是进行社区动员，宣传卫生知识的一种经济而简便易行的方法。

2. 民间传播渠道

编写三字经、顺口溜；讲故事；编演地方戏曲、民歌；绘年画、壁画等等，均是深受群众喜爱的教育形式。

3. 农民技术学校、文化活动站

在这些场所里设置卫生宣传栏、卫生报刊栏，举办卫生科普讲座；播放卫生科普录像片；设置供人们阅览的卫生读物等，使之成为农村健康教育的活动中心。

4. 卫生科普赶集

农村的集市活动是进行健康教育的极好机会和场所，在农村集贸市场可通过有线广播、图片展览、现场咨询、小型文艺演出等多种形式开展健康教育活动，还可组织商业部门向群众宣传与商品和药品有关的卫生知识。

5. 传统的民族节日

中国传统节日较多，如春节、元宵节、重阳节，以及民族地区的传统习俗节日。在这些节日期间，可适当地把宣传普及卫生科学知识融入喜庆活动之中，也能收到良好效果。

（三）家庭保健员

通过培训家庭保健员，开展"卫生科普入户"活动。农村家庭主妇是家庭卫生和保健活动的主角，是妇幼工作的直接对象，也是农村社会活动的积极参与者。通过农村妇联、计划生育管理网络，把农村家庭妇女组织起来，进行必要的卫生知识培训和行为指导，使其成为家庭中的保健员。将健康教育材料如小册子、卫生报纸、卫生传单、张贴画等发到每一农户，促进农村卫生状况逐步实现由个人、家庭、邻里到社区的改变。

（四）乡村卫生所

乡村医生利用应诊、治疗、家庭访视等机会，对患者及其家属进行面对面的教育和必要的技术指导，是深受群众欢迎的健康教育形式，具有灵活、具体、结合实际、针对性强的特点，还有利于建立良好的医患关系；此外，可利用农村开展计划生育、计划免疫、妇女病普查、地方病普查等工作的机会，开展生动具体的健康教育活动。

（天津医科大学　李敬永）

第九章 健康促进计划的评价

第一节 概 述

一、评价的概念

健康促进计划主要由计划设计、实施和评价这三个相互衔接又不断循环发展的基本环节所组成。其中,评价自始至终贯穿健康促进方案及其实施的全过程。

所谓的评价就是判断预定目标取得的数量、进展和价值的过程。健康促进计划的评价是在健康教育与促进工作中通过一个系统地收集、分析、总结资料的过程,来判定健康促进计划的价值、进展和预期目标达到的效果,是健康促进工作的一种重要手段和组成部分。评价工作是对健康促进方案及其实施的全面审核过程,这就是对照原有设计,衡量在达到目标、设计先进合理、完成质量、进度、效率以及有关各方面对方案满意的程度。是全面检测、控制、保证计划方案设计先进、实施成功,并取得应有效果的关键性措施。

评价工作有助于总结经验、吸取教训,借以改进当前计划的不足之处。因此无论是业务部门还是行政部门都应该十分重视评价工作,把评价结果与制定政策结合起来。评价工作必须精心设计评价方法和指标,适时有效地开展评价工作,作出切合实际的判断,为制订新的计划和今后的工作提出建设性的方案和措施。

二、评价的性质

(一) 评价是管理的重要组成部分,贯穿于计划实施的全过程

评价并不是在计划实施结束后才进行,而是贯穿于计划实施的始终。在每个程序上都要注重评价工作。对于一项完整的评价,在项目未实施前,首先应作需求评估与计划评价,即评价项目是否符合社会需要和目标人群的需要,制订的计划目标和指标是否切合实际,实施时可能遇到的障碍,是否具备实施的主观和客观条件;在项目实施的不同阶段要作进展评价,即评价工作进程是否按预定的实施方案执行,检查计划目标和指标完成情况,探讨存在的问题及相应的改进对策和措施等;在项目实施结束阶段,要作结果(成就)评价,即通过比较实施前后结果的变化,评价项目取得的社会效益和经济效益。健康促进评价最主要的目的是判断健康促进的进度、效果与效益。

(二) 评价的基本原理是比较

只有通过比较,才能鉴别,找出差异,分析原因,总结规律,完善管理,提高效率。所以,比较评价是健康教育评价的一种综合性的评价方法。

(三) 确定价值标准是评价的前提

评价本身是一种认识,是评价者对一定事实与自己的价值关系的认识,是一种主观活动。评价要在价值体系下作出判断,取决于评价者的价值取向。这种价值取向就是一种标

准。标准可以是公认的标准，可以是自身的标准，也可以是他人的标准。评价就是对特定的目标与一个可接受的标准作比较。

（四）测量是评价的重要手段，准确的信息是评价成功的保障

测量就是按一定的规则获得信息的过程。通过对相关事物评价指标的定量、定性的测量，评价才能得出准确的结论。因此，需要有完善的信息的支持，需要建立一套科学可行的指标体系及各项指标的测量标准的方法。

三、评价的目的及意义

（一）评价的目的

1. 确定健康促进计划的先进性与合理性。
2. 明确健康促进活动的数量与质量，以确定健康促进活动是否适合目标人群，各项活动是否按计划进行及资源的利用情况。
3. 确定健康促进计划达到预期目标的程度及其影响因素。
4. 总结健康促进项目的成功与不足之处，提出进一步的研究假设。
5. 向公众介绍项目结果，扩大健康促进项目的影响，改善公共关系，以取得目标人群、机构、社区更多的支持与合作。
6. 向项目资金提供者说明项目结果，完成合同的要求。

（二）评价的意义

1. 健康促进计划的评价是健康促进计划取得成功的必要保障

在健康促进计划的设计阶段，进行形成评价以确定目标人群的健康教育需要和适宜的干预方法，是保障健康促进计划取得成功的基本条件之一。在计划执行阶段，运用过程评价和形成评价方法，可以保证计划执行的质量，并为解释项目效果提供依据。

2. 健康促进计划的评价可以科学地说明计划的价值

健康促进旨在通过有针对性的干预措施改变人们的健康相关行为，进而改善人群健康状况。然而人类行为是复杂的，除干预措施之外，还会受到多种因素的影响，健康状况同样也存在非行为因素的影响。只有通过评价，才能科学地说明健康促进计划对改变健康相关行为及健康状况的影响，说明计划的价值。

3. 健康促进计划的评价是一种改善计划并且对决策者施加影响的管理工具

健康促进计划在执行过程中是行动的纲领，但不能成为僵死的教条。这就需要通过评价来改善计划，使之更适合目标人群的特点，评价可以为决策者提供科学管理的依据，从而保障计划可以达到预期目标。

4. 通过评价，可以使公众了解健康促进项目的效果，扩大项目对社会的影响。
5. 健康促进计划的评价可以提高健康教育专业人员的理论与实践水平。在评价的过程中，总结成功经验，发现不足之处，完善现有的健康促进项目，改进日后的工作。

第二节 评价的分类

健康促进的评价贯穿于项目活动的始终，按照不同的分类方法可分为以下类型：

一、按评价内容分类

可分为形成性评价、过程评价、效果评价、结局评价和综合评价。

二、按评价研究方法分类

1. 社会学评价　如公平性评价，社会支持性评价等。
2. 经济学评价　如成本—效果分析、成本—效益分析、成本—效用分析等。
3. 卫生（健康）学评价　主要从人群的疾病和健康影响正反两个角度进行评价。传统的方法主要从疾病存在、发生（患病、发病）、死亡或疾病好转、痊愈等进行评价。近年来，随着医学模式的发展和卫生革命的目标的转移，比较新的方法不仅从疾病和死亡的角度，同时从健康的角度来评价，如生命质量评价（quality of life）和伤残调整生命年法（disability adjusted life years，DALY）等。

三、按评价时间分类

（一）基线评价

又称为基线调查。即通过定性、定量相结合的方法收集项目实施之前的有关资料，明确有关指标的基准状况，如知识的知晓率、不良行为的发生率、疾病的发病率、患病率等。为以后项目中期和终末性评估提供基础性的参考数据，以明确项目实际产生的成效。所以，项目的基线评价的作用是很重要的，不能忽视。

（二）预试验评价

在正式的项目实施前，研究者往往会在一小的范围内选择某个（些）单位进行试点。以评价计划设计的合理性、计划干预方案的可行性、计划的实施效果、研究对象的可接受性与满意度、进度安排的适宜性等等。对于在预试验中发现的问题，及时给予修改。此外，通过预试验还可以对执行人员进行标准化的培训，使他们统一概念、统一方法、统一程序等。

（三）近期评价

计划经过一段时间的实施后，要评价计划取得的哪些阶段性效果，近期目标是否达到。在健康促进计划中主要针对倾向因素、促成因素和强化因素的评价。评价知识知晓状况、态度、信念的改变情况等。此外，还包括对计划实施过程的监测、反馈，及时修改计划。

（四）中期评价

近期评价后，需要根据整个项目计划的时间、内容、目的来确定中期评价。包括综合检查计划设计的适宜性，即项目预先的概念和思路在目前是否仍然正确，项目的环境是否发生了变化，环境的变化对计划目标的实现是否有重要的影响，取得的哪些阶段性成果与产出等，计划存在哪些问题，这些问题的主要原因是什么，是否需要修改项目的计划、目标、投入等，同时提出计划后期的指导原则和有关的建议。健康促进计划的中期评价主要是针对行为生活方式及环境改变的评价。

（五）远期评价

几乎所有的项目在其结束时，都需要开展终末性评价工作。它的重点是检查项目预期目标的达到程度，项目的成效（包括效果、效益与效用等），项目成效的可持续性、可推广性以及必需的条件与范围等。

(六) 跟踪评价

这种评价属于远期评价的一部分，即对目标人群健康的长远影响进行评价，这是由于诸如健康质量的改善等项目在短时间不能表现出来，必须跟踪才能得出结果，而项目方案的优劣也只能通过跟踪评价，才能作出科学的判断。

四、按世界卫生组织推荐的分类方法

包括6个方面，即适宜程度、足够程度、进度、效率、效果和影响。

(一) 适宜程度

指所制订和执行的计划是否适应社会、经济、文化、卫生发展水平和现行的卫生政策，提出的目标和措施、资源是否适应当地居民的需要，在经济、技术、民意支持方面是否可行，由此评价计划、政策、活动、措施的合理性。

(二) 足够程度

指所制订的计划对各种重要的卫生问题和措施是否已经明确，给予足够的重视，并在卫生资源配置上给予足够保证。

(三) 进度

指计划实施的进展程度，即根据计划预期目标检查计划的实施与落实情况，资源提供与利用状况，总结成功经验，找出差距，提出需要引起重视的问题，并及时向决策者或项目组织者反馈，必要时对计划和行动进行调整，以保证计划的顺利实施。

(四) 效率

指计划实施后，在数量和质量方面的产出与卫生资源（包括人力、物力、财力等）投入之间的比值，即投入每单位资源所产出的符合规范要求的服务量。效率评价的目的在于改善工作效率，提高管理水平。

(五) 效果

指计划在实施过程或结束阶段，所取得的成效或计划预期目标实际达到的程度。

(六) 影响

指一项计划的实施对社会、经济、卫生发展和居民健康的贡献和影响，或对其结果的可持续性作出评价。

五、按评价的主体分类

1. 内部评价

指实施项目计划的机构、人员的自我评价。

2. 外部评价

指与计划实施无关的他人对计划及其实施的评价。

六、按评价的形式分类

1. 函评

函评是指项目实施者将待评价的资料以函件的形式邮寄给相应的评价成员进行评价的形式，也包括网络函评。函评具有客观、费用节省、操作性较强的特点，但费时且不易交流。函评方法主要对评价项目资料的主题依据、国内外研究进展、项目的必要性、创新性和实际

运作的可行性等诸方面的内容进行评价。函评的方法可适用于项目的选定及设计阶段的形成评价。

2. 会议评价

会议评价是现场评价工作的一部分，是指全体评价成员、项目实施组主要成员、领导及其指定的各有关成员共同参加的评价会议。会议评价一般在项目现场进行，由评价组长或主持评价的领导主持。

3. 现场调查评价

是评价者在审读了健康促进项目的有关材料并查阅了大量的文献资料后所进行的一项有目的、有计划的观察与调查活动。现场调查的方法有典型评价、集体访谈法等。

第三节 评价的基本程序

评价工作要进行详尽的安排、计划，写出评价方案。其基本程序如下：

一、确定和阐明目标

评价工作的前提首先要评价项目的目标，两类目标要加以区别：总目标是从总体上阐明计划工作应达到的目的，它往往能够说明总体的要求和大致方向，总体目标不一定能被具体地测量。具体目标是总体目标具体化了的目标，是从内容、时间、对象、工作方式和方法等方面阐明总目标的详细特征，具体目标则一定要求能够加以定量化。要根据现状和发展趋势评价目标的可及性。

二、明确定义和测量标准

对评价的各项概念要清晰，标准要统一。如①健康状况、社会需求和需要的评价标准；②行为、不良生活方式的概念、标准及等级；③卫生资源如人力、物力、财力的概念、标准；④知识、态度、信念的概念、标准；⑤质量标准；⑥结果和效果的概念、指标标准等。

为了统一标准，通常要确定一系列指标，按不同层次、不同等级、不同组合方式形成指标体系。将具有原则性、概括性和抽象性特征的评价目的逐级分解成为具体的、行为化的和可测量的分目标。

（一）选择指标应考虑以下几点特征

1. 重要性（important）和实用性（useful）

指标是较为公认的重要而实用的指标，能反映某一方面的情况。

2. 有效性（valid）

指标能够测量所要测量的事物，能确切反映评价目标的内容和实现的程度。

3. 可获得性（accessible）

指标对所要测量的事物可以进行实际测量，指标容易获得。

4. 灵敏性（sensitive）

指标对所要反映的事物的变化应该是敏感的。区别力好，能迅速鉴别事物的变化水平。

5. 特异性（specific）

指标只反映特定事物的变化，不能被其他指标所取代。

6. 可靠性（reliable）

选指标真实可靠，能准确反映实际情况，不同的人应用这一指标，结果都是一样的。

7. 代表性（representative）

所选指标包含的信息量大，能在一定程度上反映其他指标的信息。

(二) 确定指标体系的原则

1. 全面与系统性

即指标体系要通过某事物的不同侧面、不同部分、不同层次以及相互逻辑关系反映某事物的总体全貌特征；例如，在评价某个健康促进项目时，其指标体系应该涵盖知信行指标、卫生政策指标和人群健康指标等。

2. 一致性

即指标体系中每组甚至每个指标应与评价目标相一致。如前面所提及的知信行指标、卫生政策指标和人群健康指标都是从不同的层面反映健康促进目标的。

3. 结构层次性

即指标体系结构清楚、层次合理；指标体系结构的层次性应表现为结构上严谨，清晰的逻辑框架。

4. 指导性

即各项指标不仅要反映总目标的特点而且要符合当前卫生方针与政策要求，具有政策引导性。

5. 简单可行

就某一问题而言，一般来讲其评价指标越多，则反映该问题越全面。然而并非指标越多越好，指标多，收集资料难度增大，误差也随之增加，因此，在众多指标之间需要进行筛选，原则上应当以最大的指标反映问题的全部特征。因此就应该选择那些灵敏度高、特异性强而具可行性的指标。

6. 联系性

确定评价指标必须与干预措施相联系，即指标必须反映干预措施实施后可引起的健康或卫生问题的变化。

(三) 指标体系的构建

指标体系应具有描述功能、监测功能和预测功能，其构建过程实际上是指标的筛选过程。指标的筛选通常采用两种方法，专家咨询法和现场调查法。

三、进行预评价和正式评价

预评价是检查所选择的方法和指标是否合理、证实评价研究在组织上和技术上是否可行、时间安排是否适宜的评价。主要内容包括：评价的方法是否恰当、合理和科学；评价的指标是否调整，如何调整；执行人员是否经过充分的培训，资料能否按计划进行分析。

通过预评价对方案进行修改后，就可以开始实施正式评价工作。正式评价工作要注意质量控制，保证数据正确可靠，所有参与评价的人员对评价的内容要有一致的理解和认识。

四、资料收集

掌握足够可靠的信息是科学评价的基础，没有信息就没有评价工作。有些信息可从常规报告和登记资料中获得，如卫生工作基本情况年报表，医疗机构年报、月报、旬报、日常工作记录（如门诊、住院、病历、医学检验记录），各种报告卡（如出生报告、死亡报告、传染病报告、职业病报告、肿瘤发病和死亡监测报告等）、居民健康档案等，都是了解社区卫生状况和社区人群健康状况的基本资料，但是有些评价资料如目标人群行为生活方式资料还需要通过专门调查来补充常规登记和报告资料的不足。

常用的收集资料的方法主要有：访谈调查法、信访调查法、观察法、实验法、文献法和健康检查法等。

五、资料分析

资料分析包括对调查资料进行核对整理分析和推断。选择合理科学的方法整理资料，运用正确的统计分析方法分析资料及统计推断，发现其中的必然性和规律。

六、结果报告和建议

根据资料分析的结果进行总结，得出评价的结果，提出报告及建议。

由于评价问题的特征及资料完整程度各不相同，不可能要求每一项评价工作严格遵守上述的每个程序，评价者可以根据实际情况自我把握。

第四节 评价的内容

一、形成评价

形成评价（formative evaluation）是一个为健康促进计划设计和发展提供信息的过程，包括为制定干预计划所做的需要评估及为计划设计和执行提供所需的基础资料，其目的在于使健康促进计划符合目标人群的实际情况，使计划更科学、更完善。在计划实施开始之前使其具有最大的成功机会；在计划实施中及时纠正偏差，进一步保障计划的成功。因此，形成评价主要发生在项目计划执行之前的阶段，其部分职能将延续至项目实施早期阶段。

（一）形成评价的具体内容

1. 了解目标人群的各种基本特征。
2. 了解目标人群对各种干预措施的看法。
3. 了解教育材料发放系统，包括生产、贮存、批发、零售以及发放渠道。
4. 对问卷进行预调查及修改。
5. 了解哪些健康促进干预策略适用于目标人群，了解健康教育材料的预试验情况，以确定其适宜性。
6. 针对计划执行的早期阶段可能出现的问题，根据新的情况对计划做适度调整（在实际操作中，通常将这一内容归并于过程评价之中）。

（二）形成评价方法及指标

在形成评价中，可采用多种研究技术为上述问题提供答案，以进行相应内容的评估。例如文献、档案、资料的回顾，目标人群调查，现场观察，预试验与试点研究等。关于形成评价的指标可考虑整个计划的科学性、政策的支持性、技术上的适宜性以及群众的可接受性等。

值得注意的是尽管形成评价不能绝对确保项目的成功，但却是非常重要的环节，它能评估计划目标是否明确合理、指标是否恰当，工作人员是否有完成计划的能力，资料收集的可行性等。总之，它能最大限度降低健康促进项目失败的风险，相应地增加其成功的机会。形成评价为项目的精心准备及正确实施，进而取得高质量的结果提供了保证。

二、过程评价

过程评价（process evaluation）是对计划实施过程的评价，起始于健康促进计划实施开始之时，贯穿计划执行的始终。过程评价可监测、评估计划执行中的各项活动是否符合计划设计要求，计划实施是否取得预期的效果，及时发现计划执行中的问题，并有针对性地对计划以及干预方法、策略等进行修订，使之更符合客观实际，保证计划实施的质量和计划目标的实现。

完善的过程评价资料可以为解释健康促进计划的结果提供丰富信息。而在计划执行阶段，过程评价也可以有效地保障和促进计划的成功。因此，它是健康促进计划评价的非常重要的组成部分。

（一）过程评价的作用

过程评价的作用实质与计划监测的目的是一致的，可以概括为两大方面：评估项目运作和修正项目计划。

1. 评估项目运作情况

健康促进计划的执行是一复杂的过程，不仅涉及健康促进计划的设计者、管理者、目标人群，还涉及每项活动的具体执行者。在很多项目中，一些活动的执行者由社区志愿者、新闻工作者或其他非健康教育（卫生）工作者承担，使得项目运作在一个立体交叉的网络中进行。因此，在过程评价中要对以下问题进行评估：

（1）教育干预是否适合于教育对象，并为他们所接受？
（2）教育干预是否按既定的活动类型、时间、频率加以实施，干预的质量如何？
（3）教育材料是否全部发放给目标人群？教育的覆盖率如何？
（4）目标人群参与是否积极？不愿参与的原因何在？
（5）教育服务利用情况（如展览、咨询等服务项目），利用率低的原因何在？
（6）是否建立完整的信息反馈体系？各项记录的完整性、质量如何？
（7）在项目实施期间有无重大的环境变化（如各种重大事件），对项目执行的影响如何？
（8）工作人员的职业技能、工作态度、责任心、与教育对象、工作人员之间的配合情况如何？

2. 修正项目计划

根据上述过程评估资料，确定哪些干预活动是成功的，哪些效果不好需进行调整；是否需对工作人员进行进一步的培训；环境变化后，是否要求项目计划作相应的变更。总之，尽管在项目实施开始之前已进行了形成评价，但这并不能保证计划可以永远适应变化着的目标人群及环境，为此，及时收集来自各方面的反馈信息，对计划进行必要的修正，使之更符合实际情况是非常必要的，也只有这样，才能不偏离项目目标。

修正项目计划这一职能，其性质与评估方法与形成评价一致。故可以将其看作是形成评价在计划实施过程中的延续。

（二）过程评价的实施方法

1. 观察法

观察法是直接观察各项干预活动情况来评价，可以由指导者观察评价、同行观察评价和自我观察评价。观察法的形式有很多，可从非常严格、仔细设计的形式到比较宽松的形式。观察法评价技术有优点，也有不足。观察法的优点是比较容易操作，费用相对较低，测量方法比较容易设计，可以评价效果、技术、态度、工作习惯、沟通能力、兴趣、判断力和应用知识的能力；观察法的缺点是有时难以得到对行为的客观和可靠的评价。如果在设计时，能仔细地明确测量的行为和测量的标准，就可减少或消除观察法的主观性和评价的一致性差的弱点。

2. 专项调查法

对社区及目标人群进行调查，可根据随机原则，在少量目标人群中进行抽样调查、中心地区调查、网络调查、专题小组讨论等。

3. 会议评价法

定期举行计划设计者、管理者及执行者的联席会议，讨论来自各方面的反馈信息，对项目进展进行阶段性评估。

4. 日志评价法

以记录档案的形式对各项活动开展的日期、内容、目的、地点、持续时间、活动组织者、目标人群及参与情况进行追踪了解。

为了有效地评价项目的运作，及时收集各方面的反馈信息，建立过程追踪系统是十分必要的。一般说，过程追踪系统可由以下各方面人员组成：①健康促进计划的设计者；②健康教育专业人员；③项目合作者（即参与项目的其他部门、团体、志愿者等）；④目标人群代表；⑤卫生机构、新闻机构代表等。该系统可随时对项目进行监测评估，并定期以会议、内部文件等形式向项目主管部门及其他协作者反馈和交流信息，以使健康促进项目作为一个有机整体协调发展。

（三）过程评价指标

1. 项目提供的干预活动

（1）干预活动的类型，干预次数，每次活动持续时间。如健康教育材料的种类、发放批次、数量，项目活动执行率等。

$$项目活动执行率 = \frac{某阶段已执行的项目活动数}{某阶段应执行的项目活动数} \times 100\%$$

（2）媒介拥有情况，可用媒介拥有率表示。

$$媒介拥有率 = \frac{拥有某种媒介的人数}{目标人群总人数} \times 100\%$$

如：

$$健康教育材料拥有率 = \frac{拥有某种健康教育材料的人数}{目标人群总人数} \times 100\%$$

（3）干预活动覆盖情况，可用覆盖率表示。

$$干预活动覆盖率 = \frac{接受某项干预活动的人数}{目标人群总人数} \times 100\%$$

如：

$$健康教育培训率 = \frac{接受社区健康教育骨干培训的人数}{社区健康教育专兼职人员总数} \times 100\%$$

2. 目标人群参与情况，可用干预活动暴露率、目标人群满意度等表示
（1）干预活动暴露率

$$干预活动暴露率 = \frac{实际参与某项干预活动的人数}{应参加该项干预活动的人数} \times 100\%$$

如：

$$健康教育节目收视率 = \frac{收视某健康教育节目的人数}{目标人群总人数} \times 100\%$$

（2）目标人群满意度一般从以下四个方面评估：

①对干预活动内容的满意度，如培训内容是否符合自己的需要，干预活动是否对自身及社区人群的健康的改善有帮助等。

②对干预活动形式的满意度，包括对已执行活动形式的满意程度，对未来活动的建议等。

③对干预活动组织的满意度，如干预活动从时间安排上是否方便目标人群参与；服务设施是否充足，材料的发放途径是否合适；服务价格是否可以接受等。

④对人际关系的满意度，如对项目工作人员态度、可接近性的满意度，与其他参与者相处的满意度，参与干预活动心情是否舒畅等。

3. 有效指数（effectiveness index）

$$有效指数（EI） = \frac{干预活动暴露率}{预期达到的参与百分比}$$

在计算每项干预活动的有效指数的基础上，可以求出项目有效指数（program effectiveness index），即各项干预活动有效指标的算术平均数。

$$项目有效指数(PEI) = \frac{\sum_{i=1}^{n}(EI)_i}{n}$$

4. 资源使用进度指标，包括活动费用使用率、年度费用使用率、费用进度比等

$$活动费用使用率 = \frac{某项干预活动的实际费用}{该项干预活动的预算费用} \times 100\%$$

$$年度费用使用率 = \frac{某年度项目活动实际费用}{该年度项目活动预算费用} \times 100\%$$

$$年度费用进度比 = \frac{年度费用使用率}{年度活动执行率}$$

（四）过程评价中的质量控制

过程评价要解决的主要问题是确认项目活动的数量与质量。只有高质量的过程评价才能保障项目目标的最终实现，并为解释项目结果提供有价值的信息。过程评价中的质量控制可通过专家小组审查来进行。

1. 内部质控（internal quality control）

项目内部工作人员在对项目进行过程评价时，应严格掌握评价标准，把好评价质量关。为此，须在项目计划制订过程中，制订每一项活动的评价标准，即对每一项活动评价什么、如何评价给出操作性定义。如评价目标人群在一项培训中的参与情况，简单地计数到场人数是不够的，还应了解参与者是否都是预期培训的对象，若有目标人群以外的人参与，在统计实际培训人数时不应被包括在内。

做好内部质控的一项重要工作是对项目工作人员进行培训，使之熟悉各项活动的评价标

准及其操作性定义。并在评价过程中，能以高度的责任心去完成过程评价。

2. 外部质控（external quality control）

外部质控指的是由项目以外的、有项目评价经验的人对过程评价进行的质量控制，常用的方法是专家小组审查（expert panel review）。专家小组一般由健康教育专家及其他有关专业的专家组成，有关专家在对项目计划有了详细了解之后，将计划实施记录与一系列专业标准进行比较，对项目工作人员工作能力、项目活动、安排、干预方法、仪器设备使用、经费使用等内容进行审查。专家小组审查在计划实施的早期意义尤为重大，故一般在计划实施的头半年之内要进行一次，以后可以每年进行一次，或于项目中、末期各进行一次。专家小组审查可以为改善项目计划提供直接的指导意见。

三、效果评价

健康促进通过改变人们的健康相关行为来实现改善人群健康状况、提高生活质量的最终目标。与健康最终总目标（健康结局）相比，健康相关行为的影响因素及健康相关行为较早发生变化，所以在效果评价（effectiveness evaluation）中，要评估健康促进计划导致的目标人群健康相关行为及其影响因素（倾向因素、促成因素、强化因素）的变化。也就是近期效果和中期效果的评价。

（一）近期效果评价

一项健康促进计划活动的近期效果，重点表现在目标人群知识、态度、信念的变化上，因此，近期效果评价，主要针对知识、信念、态度的变化进行评估。评价的主要指标有：卫生知识知晓率、卫生知识合格率、卫生知识平均分数、健康信念形成率等。

1. 卫生知识知晓率

$$卫生知识知晓率（正确率）=\frac{知晓（正确回答）某项卫生知识的人数}{被调查的总人数}\times 100\%$$

2. 卫生知识合格率

$$卫生知识合格率=\frac{卫生知识测试（考核）达到合格标准的人数}{被测试（考核）的总人数}\times 100\%$$

3. 卫生知识平均分数

$$卫生知识平均分数=\frac{被调查者卫生知识测试总分之和}{被调查测试的总人数}$$

4. 健康信念（态度）形成率

$$健康信念（态度）形成率=\frac{形成某信念（态度）的人数}{被调查总人数}\times 100\%$$

（二）中期效果评价

健康促进的中期效果主要指目标人群健康相关行为和环境的改变，评价的指标有健康行为流行率（如单纯母乳喂养率）、不良行为改变率（如戒烟率）等。

1. 健康行为流行率

$$健康行为流行率=\frac{有某种特定健康行为的人数}{被调查总人数}\times 100\%$$

2. 不良行为改变率

$$不良行为改变率=\frac{在一定时期内某项不良行为发生改变的人数}{观察期开始时有该行为的总人数}\times 100\%$$

3. 环境改变，如安全饮用水普及率等。

四、结局评价

结局评价（outcome evaluation）就是远期效果评价，是对健康促进项目计划实施后产生的远期效应进行的评价，远期效果包括目标人群的健康状况和生活质量的变化。

1. 健康状况的指标

①生理指标，如身高、体重、血压、血色素、血清胆固醇等；②心理指标，如人格测量指标、智力测验指标（智商）、症状自评量表（SCL—90）等；③疾病与死亡指标，如发病率、患病率、死亡率、病死率、婴儿死亡率、孕产妇死亡率、潜在减寿年数、平均期望寿命等。

2. 生活质量的指标

如生活质量指数（PQLI）、美国社会健康学会指数（ASHA）、功能状态量表（ADL）、生活满意度指数量表（LSI）、生活质量量表（WHOQOL）等。

在进行结局评价时要注意，健康状况指标的改变需在相当长时间之后，而此期间社会政治、经济、文化状况的变化也将对人群健康产生影响。所以，不要简单的把人群健康状况、生活质量的变化归结于健康促进干预的结果，健康促进计划需精心设计，有效控制混杂因素。

五、综合评价

综合评价（general evaluation）是对健康促进计划设计、执行过程的全面评价。在综合评价中，可以应用多种评价方法。

（一）总结评价

总结评价是对形成评价、过程评价、效果评价、结局评价的综合以及对各方面资料的总结性概括。评价的内容及指标如表9-1所示。

表9-1 健康促进计划综合评价的种类与内容

	计划设计阶段	计划实施阶段	评价阶段			
			中间目的	行为改变	健康状况	生活质量
评价内容	计划设计的合理性	计划的实施情况	健康相关行为的影响因素（倾向因素、促成因素、强化因素）	健康相关行为	健康状况	生活质量
评价指标	科学性 适宜性 可接受性	干预活动次数 参加人数 干预活动暴露率 有效指数	知识知晓率 信念流行率 资源分配 社会支持	行为流行率 行为转变率	生理指标 心理指标 疾病指标 死亡指标	PQLI 生活满意度
评价种类	形成评价……→过程评价		效果评价		结局评价	
	综合评价					

（引自吕姿之主编. 健康教育与健康促进. 北京大学医学出版社，2002年）

通过总结评价,可以对健康促进项目进行评估,确定项目的成败。

(二) 比较评价

综合评价中最常用的就是比较评价方法。比较评价既可以是描述性的,也可以是分析性的或推断性的;既可采用单指标(单因素)比较方法,又可采用多指标(多因素)比较方法。相互间的比较,可以是绝对数、平均数、相对数之间的比较,也可以是实际值与标准值(目标值)之间以及抽样资料与常规资料之间的比较。不同对象、不同方法、不同干预措施之间的比较对于评价效果和效益、提出防治重点、找出最佳途径等是一种不可缺少的手段。

例如,糖尿病的健康教育方法研究中,小组化加个体化的强化教育与单纯小组化教育相比,具有明显的优越性,提高了患者对糖尿病的认识,使其更加注重关怀自己;注重患者在与疾病斗争过程中的实践指导,强化理论与实践的结合,增强了患者对医嘱的依从性;通过家访提高患者家属对疾病的认识,从而加强在医疗行为及日常生活过程中的看护与督促;加强了医患之间的交流,改善医患关系,以上各点都有利于血糖的控制。

1. 比较评价注意的几个问题

(1) 设立对照 一般来说,在绝大多数的评价研究中,至少有一个研究组(或样本)和一个对照组。如果仅有观察组或干预组而没有合适的对照组,就会降低评价结论的真实性和可信程度。只有当一项研究毋须说明因果关系,毋须证明某种结果归因于某种干预计划的作用,或对现有资料进行调查只作一些描述性研究时,可以不设对照组。但是,所有分析性的研究,包括干预计划和措施的效果评价和许多其他的调查研究,都必须设立对照组。

(2) 齐同对比 在要求对照的基础上,还要注意对照组来自与研究组相同的人群(同质的总体)。比较的各组除了正在进行研究的因素(如干预措施)不同外,其他有关的条件、特征都应尽可能要求相同或相似,即要求各对照组之间有可比性,这样所得的研究结果才是有根据的。实际上,进行严格意义上的、有可比性的比较研究并不是一件轻而易举的事,有许多技术问题需在项目计划设计及评价时作周密考虑,如资料收集方法的一致性、测量技术的一致性、统计指标口径的齐同等。

(3) 自身前后对照与平行对照 在健康促进研究中,经常进行一些社区干预试验,以评价某种干预措施的影响和作用。通常,设立自身前后对照进行前后比较研究,可能对措施效果之间的关系作出一定程度的逻辑推断,即对研究人群先作一次基线调查,然后实施干预措施,再调查这批人群,通过对比干预前后某个(或某些)指标的变化,分析干预措施的作用。但是,这种单纯前后比较的研究设计存在缺陷,主要缺陷在于它不能严格区分在干预前后的这一时间段中多种外部因素如政策、经济等因素对干预产生的作用,因此,在不能保证研究者可以控制干预措施的实施和时间的前提下,武断地认为这种(或这些)变化就是所施加的干预措施的作用,显然是缺乏充分的说服力,更不可能作为因果关系的证据。为了提高结论的真实性,并具有一定的推断因果关系的力度或证据,这时设立平行对照极其重要。

2. 比较评价方案

比较评价的设计方案很多,常用于健康促进计划评价的有以下五种。

(1) 单组前后比较设计(one group pretest and post-test design) 这是最简单的非实验设计方案,主要方法是用同一对象在接受教育干预前后的变化进行比较。假定非干预因素在干预前后保持不变,就可认为干预前后的变化是由于干预而引起。因此该设计一般只在观察指标不易随时间改变的情况下使用。

该评价方案的优点在于设计与操作简单，能节省人力、物力。可用于观察期间短且能排除与时间有关因素影响的项目或阶段，如评估培训计划的即时效应，知识及技巧变化的评估等。由于观察或干预前测试可能会对参与者产生影响，因此必须加以注意。无论评价的样本数多大、目的如何，要控制这种影响就必须尽可能地控制测量工具的质量及资料收集过程的偏倚。

该设计方案不足之处在于受时间因素的影响较大。当项目周期较长时，评价结果的真实性可能受到许多因素的影响，所以，一般不用来评价规划效果。而且计划所选人群可能并非代表某个社会、组织人群的特征。分析对结果的影响可通过确定参与者与非参与者的可比性来检验。因此如何选择计划参与者，减少与非参与者的差异尤为重要。

(2) 简单时间系列设计（simple time-series design，STSD） 方案中不设对照组，在对目标人群进行多次观察之后，实施干预，干预过程结束后再进行多次观察。

此方案必须满足下列条件：A. 可建立能测量的时间周期及结果变量模式；B. 保证结果测量的稳定度；C. 可顺利收集真实可靠的观察资料；D. 可在多个时间点进行观察，多数情况在干预前后6个月到1年进行；E. 可在特定时间开展一项干预并可突然停止。

运用该设计方案需要许多时间点进行最敏感的统计学检验。多时间点有助于推断计划的因果关系，因此该方案最起码要求有足够的观察次数。国外有学者推荐评估效果最少需50个时间点。观察点间期应相同且应足够长，以确定结果变量的干预前后的变化。必须注意的是统计问题，通过多时间点的观察，分析某行为的变化趋势。此外还必须注意对主要影响因素如历史性因素以及气候、季节、计划人口变动、奖金变化等因素的控制程度。因为这些因素会对结果产生混杂。

该方案可提示计划的效果，但通常不能确认效果。

(3) 非等同比较组设计（nonequivalent control group design） 此方案设立干预组和对照组，通过干预组对干预前后自身的变化、对照组在相同时期前后的自身变化的比较，以及比较两组变化量的差异，来评价健康教育项目的效果和健康结局。这种设计对健康教育干预的效果能做出极具有说服力的解释。两组不同点在于干预组开展健康教育干预活动，对照组不开展此项活动。设立对照组的目的在于控制混杂因素，最大限度地减少外部的误差来源。在两组之间作比较时，要求在实施干预前各组除干预因素外，其他特征应相同，为此必须对两组的相关因素作统计学检验，以保证两组的可比性。

(4) 复合时间系列设计（multiple time-series design，MTSD） 此方案设立干预组和对照组，在干预前后对两组进行多个时点的观察，比较干预组和对照组在不同时间点的变化结果。该方案可减少可能的历史性因素和混杂因素的影响，但主要困难是在干预前后要对两组进行多次基线调查和追踪随访，所以要注意对干预组与对照组使用相同的测量技术。

(5) 实验设计（experimental design） 将评价研究对象按随机原则分为实验组和对照组，分别观察他们在干预前后的情况。由于此类设计有助于最大限度地控制影响因素，因此其对结果的说服力较强，具有决定意义。

实验研究理论上讲是一种理想的评价方案，但此种研究一般难以实行，尤其是随机原则在健康促进计划评价中难以实现。

(三) 卫生经济学评价

因为健康促进资源的有限性，所以就有必要进行经济学的评价，以使有限的资源合理配置，发挥最大的效率，获得最大的经济效益和社会效益。这也是对健康促进计划进行决策的依据之一。

卫生经济学评价主要是比较投入和产出之间的关系。投入量（成本）是衡量一项工作花费的代价，包括人力、物力、财力、技术、信息等资源，一般在评价中都应该转化成货币单位。产出量可根据计划的性质分为效果、效益和效用。所以，卫生经济学评价常用方法是成本—效益分析、成本—效果分析和成本—效用分析。

1. 成本—效果分析（cost - effectiveness）

成本效果分析是比较各个计划方案的成本与计划目标之间的关系，任何达到一定目标的计划方案的成本越低，该计划方案越好；或者任何一定数量的卫生资源（成本）在计划方案的使用中获得的卫生服务效果越大，该计划方案越好。效果指标主要是能够反映健康状况变化的指标，如死亡率、发病率、期望寿命等。成本效果分析一般有三种方法：成本相同时比较其效果的大小，即指方案的成本总额相同，比较其效果的大小；效果相同时比较其成本的高低，即指方案的效果相同，比较其成本；比较增量成本和增量效果的比率。

2. 成本—效益分析（cost - benefit）

效益是用货币表示的卫生服务结果。在健康促进计划评价中，效益即是开展计划所得到的利益或节省的费用。成本效益分析是通过比较各种备选方案的全部预期效益和全部预计成本的现值来评价各种备选方案，作为决策者进行计划方案的选择和决策时的参数和依据。主要内容就是研究一个方案的效益是否超过它的资源消耗的机会成本，只有效益不低于机会成本的方案才是可行的方案。主要方法有四种：

（1）净现值法　净现值就是计划期内方案各年效益的现值总和与成本的现值总和之差。净现值法是根据货币时间价值的原理，消除货币时间因素的影响，对计划方案的总效益的现值与总成本现值进行比较，根据差值即净现值对方案进行选择和决策。只有净现值大于零，方案才可以接受，多个方案中净现值大者为优。

（2）年当量净效益法　就是将方案各年实际发生的净效益折算为每年平均净效益值，它是净现值考虑贴现时的年平均值。应用年当量净效益指标对方案选择和决策即称为年当量净效益法。尤其是几个互斥的卫生计划方案计划期限不同时，一般采用年当量净效益法对计划方案进行选择和决策。

（3）效益成本比率法　就是根据卫生计划方案的效益现值总额与成本现值总额的比例，进行方案选择和决策。只有效益成本比大于1，方案才可以接受。被选方案中效益成本比大者为优。

（4）内部收益率　是指一个方案的成本现值总额等于效益现值总额，即使净现值等于零的那个贴现率。例如一个医院生产某种药品制剂的内部收益率为22%，大于医院期望的最低期望内部收益率19%，则该方案可以实行。

3. 成本—效用分析（cost - utility）

效用是指满足的程度，在卫生服务中的成本效用分析中，效用指标一般有质量调整生命年和残疾调整生命年等。

（1）质量调整生命年（QALYs）　将不同生活质量的生存年数换算成生活质量相当于完全健康的人的生存年数，称之为质量调整生命年。健康水平的不同，用效用值来表示。效用值的范围为0~1，0表示死亡，1表示完全健康。

(2) 伤残调整生命年（DALYs） 这是过早死亡和失能（残疾）的复合健康评价指标，用来衡量人们健康的改善和疾病的经济负担。在方法上，质量调整生命年估计的重点是确定和选择效用权重，而伤残调整生命年则是伤残权重的确定和选择。

第五节　影响评价的因素

对健康促进评价有影响的因素主要是产生偏倚的一些混杂因素，在项目的全过程中，这些因素普遍存在，所以在设计、实施、评价时，要采取适当的方法加以控制。

一、历史因素（时间因素）

因为健康促进项目的周期一般比较长，在计划执行或评价期间可能发生一些重大的、可能对目标人群产生某种影响的事件，这类事件称为历史性因素，如新的卫生政策的颁布，食物供应的变化，自然灾害等。历史因素不属于干预措施，但可能对目标人群有积极或消极的影响，以致加强或减弱健康促进计划本身的效果。此外，项目周期长伴随着社会的发展和经济、文化等因素随时间的变化，人们的行为与健康状况也会有所改变。这种自然的变化对健康促进干预来讲是一种时间因素，影响着评价结果的真实性。

二、测试或观察因素

评价资料的收集，需对目标人群的健康相关的知、信、行及健康状况、生活质量进行定期测量、并随时观察、记录项目进展。这些资料的准确性，取决于测试（观察）者，测量工具、目标人群三方面。

（一）测量者因素

1. 项目工作人员的外在素质

主要指测量者的年龄、性别、民族特征、外貌、衣着、言谈举止等。这些因素综合起来会给测量对象留下最初印象，最初印象的好坏影响到测量的结果。一方面影响合作度和依从性，另一方面影响到资料的真实性。

2. 项目工作人员的内在素质

主要指测量者的态度、责任心、交流技巧、技术水平等。这些因素也会带来系统误差（偏倚），所以在项目工作人员的选定和培训中，要注意对工作态度、职业道德的培训和培养。

3. 项目工作人员的成熟性

随着项目的持续进展，项目工作人员能越来越熟练地运用有关知识和技能，观察到的项目效果变得优于其实际结果。如项目工作人员随年龄增长、社会心理更加成熟、知识增加；工作人员因反复调查，对调查内容更加熟悉、技术更加熟练、使调查质量提高。这种偏倚可通过设立对照组，对工作人员加强技术培训，以及由同一批工作人员进行干预前后的调查等方法使尽可能减少。

4. 暗示效应

健康教育者或评价者先入为主的态度使目标人群的行为向其意向发展。如健康教育者认为家庭经济条件差的学生个人卫生习惯差，学生受到这种态度的暗示，就会真的不在意个人卫生。这时我们所观察到的卫生行为是真实的，但并非由健康教育干预所导致，故所观察到的不是健康教育项目的真实结果。

5. 月晕效应（halo effect）

即其他因素对被研究因素的影响。如若评价者对某事物持有先入为主的观念，这将影响到以后他对该事物的看法，造成评价偏差。

（二）测量工具因素

测量工具包括问卷、仪器、药品、试剂等，其有效性和准确性也直接影响评价结果的真实性。因此，在进行评价测量之前，首先要选择适宜的测量方法和工具，然后检验工具的可靠性，这样才能获得真实、可信的评价结果。

（三）测量对象因素

1. 测量对象成熟性

在项目开始时，目标人群不十分了解项目目标，随着其进一步的参与或被重复调查某些内容，可能引发调查对象对有关内容的关注，增加了学习兴趣，使认识提高，使测量结果好于项目干预的真实结果。

2. 霍桑效应

某些研究对象被干预或评价时，由于感受到正在被研究或被评价而表现的行为异乎寻常。例如在营养调查中，被调查者由于意识到自己正在被研究，从而改变以往的饮食习惯，趋向于表现出社会期望的、计划期望的或自己认为正确的行为。

3. 测量对象的消极性

测量对象的最大消极因素是"害怕"心理。往往采取不合作或作假的态度。有的害怕陌生人到自己家里来；有的害怕自己的观点、信念、行为等被公布于众；有的对工作人员存有戒心。

4. 测量对象的其他偏误

来自于被测量者的偏倚还有礼貌偏误、迎合偏误、社会期望偏误等。

礼貌偏误是 Jones 1963 年在南亚的调查中首先提出的。在社区访谈调查中，尤其是农村地区，人们对访谈员都看成是"上面来的"，于是非常礼貌，为了维持愉快的气氛，被测量者对任何问题都回答"是"、"对"。

迎合偏误是当被测量者曲解了项目的意义时，常常出现迎合与讨好测量者的情况，这时，他的言行就尽量满足测量者的期望。这种偏误往往发生在测量者表现过分友好的情况下，而且在调查当时就强调自己欣赏什么。

社会期望偏误是当被测量者认为自己的言行可能与社会上的多数看法不一致时，常常会隐瞒真实情况，而按社会舆论的看法做回答。

（四）回归因素

由于偶然因素，在初次测量时个别被测试对象的某特征水平过高或过低，在以后的测量中可能会回复到原有的实际水平的现象。

这种现象可见于危险因素的筛检和测量中。如筛检后对高血压或高血脂水平的个体再次检查，可预期复查时血压值会下降，这是因为最初异常高的个体测量值"向均数回归"。这种降低实际上是一种统计学假象。回归因素的影响可能被错误地认为是干预的结果，所以要控制回归因素对评价结果正确性的影响，可采用重复测量的方法。

(五) 选择因素

在选择与干预组对象的某些特征相似的对照组（人群）时，由于人类社会、心理因素的复杂性，以致某些时候所选择的对照组与干预组不齐同，这种现象称为选择偏倚。可通过随机化或配对选择的方法防止或减少其对评价结果正确性的影响。

(六) 失访

当目标人群失访比例较高（超过10%）或是非随机失访，即只是其中有某一特征的人失访时，会导致评价结果的偏倚。因此应努力减少失访，并对应答者和失访者的各种特征进行分析比较，以鉴别是否为非随机失访，从而估计失访是否会引起偏倚及其程度。

(七) 其他因素

在评价时还有一些其他因素妨碍评价的正确性。

1. 评定错误

评价者的意向会影响到评定结果的高低。评价者主观上希望健康促进计划达到预期目标，取得良好的效果，因此在评定时可能会有意无意地放松评定标准，而使干预组成绩提高、得出阳性结果，这将会使结果偏离实际情况。

2. 因果混淆

由于时间的先后混淆因果关系。如由于 A 在 B 之前，所以认为 A 引起 B，但实际上并非如此。

以上这些因素虽然会对计划结果的真实性产生影响，但是并不是不可以控制的。在计划的设计、实施、评价的全过程中，注意科学性、严谨性、随机性，态度端正，技术过硬，把随机误差和系统误差控制到最小。

（天津医科大学　李敬永）

第十章 学校健康教育与健康促进学校

第一节 概 述

学校健康教育（school health education）是全民健康教育的重要组成部分。作为一种教育活动，其根本目标是改变学生行为。即：通过有计划、有组织、多种形式的教育活动，使学生获得必要的卫生知识，树立健康价值观，培养巩固健康行为，达到预防疾病，增强体质，促进身心发展，提高终身生活质量的目的。

学校健康教育通常由规划设计、实施和评价三部分组成。规划设计是在一定理论的指导下，结合目标人群的健康问题，形成对该问题的理论假设，提出解决此问题的目标及具体方法、步骤和策略，并选定科学的评价指标，规划设计对学校健康教育活动的各环节起决定性作用。实施是按照规划确定的方法、步骤，逐步达到目标的过程。该过程需要不断通过评价来验证、修订规划，审定各种实施方法和步骤的科学性和可行性。第三是评价，是对健康教育项目的全过程进行质量检查并对最终效果进行评价，并为进一步的规划或干预提供科学的依据。

学校健康教育作为学校系统教育的组成部分，不仅体现在教学上，而且可通过多种多样的健康促进活动，全面向学生的学习和生活渗透。因此，学校健康教育的基本架构由教学、服务、环境这三个相互依赖、相互促进的要素组成。学校健康教学是针对学生认知水平，围绕知识、态度、技能、行为等方面需求，设置系统课程，规定教学时数。学校健康服务可配合学校各种卫生保健活动，提供相应知识宣教和咨询服务，帮助学生在树立健康信念基础上，促进行为改变。学校健康环境是指营造促进学生参加健康活动，主动培养健康意识的外部环境，即学校内的各种活动和措施以及师生间、同学间的和谐健康的人际关系等。

一、学校健康教育的意义

学校不仅是教育机构，同时也是促进学生健康的机构。WHO 的主要社会目标是到 2000 年时让所有的人获得富有成效的健康水平。促进学生健康也是学校的重要功能之一。学生获得健康知识，有利于控制有损健康的各种因素，学会健康的卫生习惯和良好的生活方式。学校健康教育是一项投资少、见效快，让学生终生受益的预防保健战略措施，应当融入整体教育之中，才能实现培养德、智、体全面发展人才的目标。

（一）学生群体是健康教育的最佳对象

我国现有各类学校近百万所，学生人数占总人口的 1/4。通过健康教育，可使他们在获得健康知识、态度技能等方面直接受益；学生通过健康教育建立起来的良好行为和习惯，也将对整个国家和民族的健康水平产生深远影响。

通过健康知识的传授和健康习惯的培养，能激发广大儿童青少年的主观能动性，自己起来同疾病、迷信和不健康的习惯作斗争。这对于预防儿童少年时期的常见病、多发病，保护身心健康，保证能精力充沛地学习有重大意义。

（二）学校健康教育影响人的整个生命周期

任何一个良好的习惯都不是轻易形成的，它有一个产生、巩固、发展的过程。儿童少年在人的一生中，是接受能力最强、可塑性最大的时期，比成人容易形成动力定型，是形成各种行为模式的时期。这种行为模式一经建立，就不容易改变、甚至影响终身。俗话说，"三岁养成的习惯，九十岁也改不掉"。所以，健康行为的养成要从儿童少年做起，各种健康行为的培养应越早越好。

近些年，一些中老年的多发病也呈现出年轻化趋势。因此在儿童青少年中进行健康教育，使其进一步了解健康的价值和意义、增强维护自身健康的责任感和自觉性、提高自我保健和预防疾病的能力，可以使其自觉选择健康的行为和生活方式、消除或减少危险因素的影响，从而促进身心健康、改善一生的生活质量。

学校是儿童青少年学习和生活的场所。学校有完整、系统的教育体系、资源和手段，可方便地将健康教育整合到全部教育过程。学校的这些特点禀赋了它是健康教育可以发挥最大作用的地方，充分利用学生群体生活的特点，从小开始进行系统的健康教育过程，形成各种良好的行为模式，对学生一生的健康和生活质量起到重要影响。同时对树立良好的社会风气，振兴民族精神具有重要的意义。

（三）有利于健康教育效果向家庭和社会的辐射

学校健康教育不仅教给学生知识，而且鼓励他们向成年人传递健康信息。通过健康教育，能使祖国的下一代从小树立移风易俗、改造落后面貌的爱国主义思想。通过他们向家长、亲友、社会宣传健康知识，可以积极地、普遍地提高人们的自我保健意识和能力，教育人们实行身体上的自我保健，情绪上的自我调节，生活上的自我控制，人际关系上的自我调整。对于推动各种健康教育活动，提高全民族的科学文化水平，都具有深远的意义。

二、学校健康教育的现状

学校健康教育是随着社会的发展需要和人们的认识需要而产生和发展的。

目前在世界许多国家，学校健康教育已成为学校教育不能分割的重要组成部分。例如美国将学校健康教育列为基础教育的一个部分，制定了相应的国家"健康教育标准"，明确规范了从幼儿园至学校儿童健康教育的操作指标。澳大利亚教育委员会在中小学课程计划中，将"健康与体育教育"规定为与数学、科学课程等同的一个重点学习领域。根据英国政府相关法律，《性教育与交往教育》是中学生的必修课，小学可以选择该课程作为小学生的选修科目。此外，在英国还为10岁以上的学生提供《个人技能、社会交往与健康教育》课程，目的在于提高学生的生活技能、社会交往能力和促进心理健康发展。日本开设的"保健体育课"是将体育和健康教育相结合的课程，其设置始于1949年。该课程规定自小学直至高中阶段，从生理、知识学历和人格三个水平，系统地向学生提供有关健康教育的知识，以提高学生的思考力、判断力，并培养学生保持及增加健康的实践能力和态度。

全球学校健康教育发展突现了两大主流特点：

1. 学校健康教育日益显示出在促进儿童青少年系统全面的健康观念及能力，进而促进公民健康素质，提高社会整体健康水平的作用。

2. 多角度、多层面的健康促进内涵已融入学校健康教育之中，成为更为广泛而重要的内容。

我国的学校健康教育起步于 80 年代初期。1987 年 9 月,广州湛江雷州师范专科学校体育系第一届招收健康教育师资,填补了我国中小学健康教育教师培养的空白。1990 年经国务院批准,国家教育委员会和卫生部联合颁布《学校卫生工作条例》,并在第 13 条中明确规定,"学校应把健康教育纳入教学计划。普通中小学必须开设健康教育课,普通高等学校、中等专业学校、技工学校、农业中学、职业中学应当开设健康教育选修课或者讲座。"国家教委体育卫生与艺术教育司制定的学校卫生与健康教育"九五"规划明确提出:到 2000 年,各省会市、直辖市和计划单列市的健康教育开课率要达到 100%,县镇以上学校要达到 80%～90%,县镇以下学校要达到 70%～80%。凡开设健康教育课的学校,其健康教育师资均应接受培训达到规定要求,其健康教育课评价的优良率应达到 85% 以上。

随着国家一系列法规、文件的出台,各种以学校为基础开展的综合健康教育、营养教育、艾滋病预防、控烟、禁毒、心理健康、青春期教育等等,涉及了学校健康教育的不同范围和内容,多种有效的教育途径及模式的探索也不断涌现。

三、学校健康教育的目标与原则

(一) 学校健康教育的目标

依据"知—信—行"的理论,学校健康教育的目标是以传授健康知识,建立健康行为,改善环境为核心内容的教育。以中、小学生为主要的受教育者,开展适宜、适时的健康教育。在健康教育过程中,随着知识的增长,理解的加深,需求的增大,逐步渗透到信念、价值、意愿和自信心中去,导致行为的改变,环境的改善,最终保持身心的健康。该过程应实现的主要目标如下:

1. 提高学生卫生知识水平

通过学习知识,明了健康的价值和意义,确立珍惜生命、热爱生活的观念。使儿童青少年逐步建立有益于健康的行为,自觉选择健康的生活方式,有效抵御各种不良诱惑,为终生健康奠定良好的基础。

2. 转变态度

学生对待卫生的态度如何,是促使其将卫生科学知识转化为行为和习惯的动力,是健康教育取得良好的社会效益的前提。态度指人对各种事物和人所持的行为倾向,对行为起直接干预作用。学生对待卫生问题的正确态度是通过卫生知识的学习及周围人的影响而逐步形成的,一旦形成,改变就比较困难。因此健康教育者必须尽快开展学校健康教育,使学生运用卫生科学知识,逐步形成正确的卫生行为和习惯。

3. 培养自我保健意识和技能

学校健康教育主要是使学生产生和形成各种有益于自身、社会和民族的健康行为,抵制各种不健康的行为,增强自我保健能力,适应目前医疗卫生观念从"依赖型"向"自助型"的转变需要。自我保健意识的建立,将充分调动学生利用各种保健服务的积极性。健康教育也注重指导学生掌握自我保健技能,让他们达到"……从现在起就学会能应对各种不期而遇的健康挑战所必备的认知和行为技能"(美国著名健康教育专家格林语)。

4. 提高对疾病的防御能力

学校健康教育很重视学生常见病对终身生活质量的不利影响,通过普及预防知识,学校体检等，在及早发现和矫治这些疾病方面发挥重要作用。近年来，伴随都市化和生活现代化等社会变革，高血压、糖尿病、冠心病、肿瘤等成年期常见病的患病率明显上升，我国学生的肥胖检出率正以每五年翻一番的速度猛增，而肥胖是导致上述成年疾病的重要危险因素。因此，学校健康教育正以积极姿态迎接这些新挑战。学校健康教育重点放在引导学生养成良好的生活习惯、从小建立健康生活方式等方面。

5. 预防心理卫生问题和各种健康危险行为

伴随着现代生活中大量的紧张刺激，儿童期心理行为问题增加，青春期焦虑症、抑郁症、睡眠障碍等神经官能症的发生率也明显上升。因此按照学生的认知水平，通过学校心理健康教育，系统传授心理保健知识，帮助他们正确对待青春期心理变化，建立良好人际关系，同时配合儿童行为指导和青春期心理咨询，培养他们健康的人格，积极向上的情绪，顽强的适应能力，减少心理卫生问题的发生。

根据我国儿童少年疾病谱的重大变化（伤害已取代疾病，成为首位死因），学校健康教育已将预防青少年健康危险行为发生作为教育重点之一，我国青少年常见的健康危险行为有①非故意伤害行为：坐车不注意安全，骑自行车违规，到非游泳场所游泳；②故意伤害行为：携带武器，校内外斗殴，情绪抑郁，有自杀意念，计划自杀，自杀未遂等；③物质成瘾行为：吸烟、酗酒、玩电子游戏成瘾；④上网成瘾；⑤不健康性行为；⑥盲目减肥行为；⑦缺乏体育锻炼行为等。学校健康教育的重要目的之一就是要使学生养成良好的生活习惯，建立健康的生活方式。只有养成良好的生活习惯，才能自觉自愿地坚持健康的行为。良好的生活习惯、健康的生活方式，会为终身的健康奠定良好基础。

（二）学校健康教育的原则

下列原则普遍适用于各种类型、以各种方式进行的学校健康教育，目的是提高教育的针对性、有效性，取得实际效益。

1. 要有明确目标，正确的指导思想

知识有助于提高学生自我保健意识。正确态度可促使其将所学知识及时转化为健康行为。目标明确的健康教育活动一般都注重技能传授，帮助学生提高在复杂环境中抵御各种不良诱惑的决策能力，增强自我保健能力。行为的改变是教育目标的真正体现，但需要通过长期的教育活动才能观察到。

健康教育不能就事论事，而应该与思想教育、理想与情操教育相结合。只有具有高度政治思想性的卫生教育，才能使儿童少年的行动有明确的目的性。例如讲授青春期生理卫生既要传授适当的生理卫生常识，破除性的神秘观念，又要引导学生树立健康的人生观和高尚的道德情操。

2. 要理论联系实际

我国地域辽阔，不同地区的社会文化背景和风俗习惯有较大差异。因此，各地学生中迫切需要解决的问题不同，而各地能利用的卫生资源差距更大。因此，要使开展的健康教育活动切实可行，有针对性，必须在设计之初进行周密、详细的调查，了解当地学生的急迫需求，同时深入考察当地的社会背景和知识水平等。

健康教育要从不同年龄、性别、季节、地区、生活条件等实际出发，采用不同的内容和方法，做到有的放矢。例如，对幼儿园小朋友，应着重教育他们不要在地上坐，在地上爬，不要把手指头或玩具放在嘴里，要注意手的清洁卫生和不随地吐痰及大小便等。对小学生可以进行卫生常识宣传教育。对中学生则可以系统地讲解人体各系统的解剖生理和卫生。到夏天时，可着重宣传游泳卫生、预防肠道传染病等。在冬季则重点宣传预防一氧化碳中毒、注意居室通风卫生等，以及如何预防呼吸道传染病等。城市学生要重视预防近视眼、扁平足和脊柱弯曲。农村学生则更应预防蛔虫病、蛲虫病，不喝不洁生水，不到有血吸虫孳生的河湾里游泳，等等。总之，要注意内容的针对性，而且这种针对性越强越好。

3. 要注意内容的可接受性

健康教育的内容和教材要考虑不同年龄的需要和接受知识的能力。幼儿园和小学低年级儿童识字不多，所以大多采用看图片，看幻灯、讲故事、唱儿歌、演节目等方式进行形象教育。内容要短小精悍，生动活泼，以适合儿童注意力持续时间短的特点，也会促进他们对学习卫生知识的兴趣。小学高年级儿童活动范围增大，会提各种各样的问题。可先在课下收集同学们感兴趣的问题，课上逐题给予解答，还可以介绍他们读些课外卫生读物，以满足他们旺盛的求知欲。中学生喜欢钻研科学原理，又喜欢动手做些科学实验。健康教育方式可改为启发式和讨论式，以帮助他们广泛了解课本以外的各种健康知识。

4. 要注意方式的艺术性

针对儿童知识水平不高、抽象思维尚未开发的特点，宣传方式应当尽量直观。可采用实物模型、挂图、标本、幻灯等，以吸引儿童少年，维持其注意力，不断加深印象。讲解卫生知识要采用儿童少年乐于接受方式，力争做到题材新颖别致，内容丰富多彩。多运用浅显生动的描述，恰当形象的比喻，简单有趣的实验和对比鲜明的比较，真正做到科学性和艺术性的高度统一，使学生印象深刻。我国各地在中小学校健康教育实践中也总结出许多教育形式，并取得良好的效果。

5. 突出重点

由于健康教育资金投入有限，因此每项健康教育活动，都要突出重点。将有限资源用于解决学生最迫切的需求。

6. 充分动员

为进一步提高学校健康教育的效果，还应与社区乃至整个地区的卫生、教育、社会活动相呼应。可使学校的健康教育活动得到政府充分支持、社会广泛参与和媒体呼应，为活动的顺利实施提供保障。

第二节　学校健康教育的内容和方法

学校健康教育内容广泛，方式多样。既包括课堂里系统地讲授健康知识，又包括在课外开展的有针对性的咨询服务和家访，既有持之以恒的健康习惯培养，也有配合形势开展的各种健康教育活动。教育方式尽管多样，但作为某一地区的中小学，都应该尽量选用统一教材，安排统一计划。从幼儿园到中学毕业，根据不同年龄的需要和接受能力来决定各阶段卫生教育的内容，做到既能互相衔接，逐年加深，又能避免重复，有所区别。

一、学校健康教育内容的选择依据

健康教育的内容需针对目标人群的年龄特点和认知水平。不同年龄阶段的学生，需求不同；不同地区学生的需求也会有差异。因此，确定内容要兼顾科学性和可行性，可将以下八个方面作为选择依据：
(1) 做什么（do what），活动的内容和目标是什么。
(2) 为什么做（why do），开展活动的原因、背景和目的。
(3) 何时做（when do），日程与时间安排。
(4) 哪里做（where do），开展地点与范围。
(5) 何人做（who do），实施本活动可利用的人力资源。
(6) 对谁做（to whom），针对哪个目标人群。
(7) 怎样做（how do），实施步骤、策略和技术。
(8) 预期结果（get what），实施本活动后能取得哪些社会、经济效益。

二、中小学学校健康教育内容

学校健康教育内容繁多，内容的选择应依据不同国家、不同目标人群及健康教育目标的不同加以选择。在美国，几乎所有的幼儿园、中、小学校的学生都要接受系统的健康教育，其内容包括卫生行为、疾病预防、心理卫生、营养卫生等方面。自1988年，美国疾病控制中心开展了青少年危险行为检测项目，定期以学校为基础，调查了解学校儿童青少年中与饮食、锻炼、性行为、滥用药物、意外伤害有关的危险行为。以使儿童青少年从小就在健康方面形成健康的正确观念和行为。1928年英国国家教育委员会发布了《关于健康教育的建议手册》，提出在学校开展健康教育的建议。1990年英国国家课程委员会正式向政府和学校颁布《课程指导（5）：健康教育》，针对不同年纪的学生提出健康教育课程框架，共包括九个部分：①物质的利用与滥用；②性教育；③家庭生活教育；④安全；⑤体育锻炼；⑥食物与营养；⑦个人卫生；⑧环境卫生；⑨心理卫生。1998年，日本提出"教育课程标准改善的基本方针"，关于健康教育基本内容包括："小学：身体的发育与心理发展；防止受伤；预防疾病；健康的生活。初中：身心功能的发展与心理健康；健康与环境；防止伤害；预防疾病；健康与生活。高中：现代社会与健康；环境与健康；终身健康；集体健康。"

在我国，1992年国家教委联合卫生部，全国爱委会制定《中小学健康教育基本要求》并加以推广，在《要求》中提出了中小学健康教育的大纲。全国各省、自治区和直辖市的各级各类学校纷纷开设健康教育课或者采用不同的形式，向在校学生进行健康教育，编写完成了各类学校健康教育的教材。

（一）对小学生可系统开展以下内容的常规健康教育

①人体解剖生理知识；②个人卫生习惯与健康；③合理营养与平衡膳食；④环境卫生；⑤体育锻炼；⑥预防常见病；⑦安全与伤害预防；⑧心理卫生。

（二）对中学生的健康教育内容，侧重以下两个方面

1. 在小学教育内容的基础上，全面加强对知识技能的培训，适当提高理论层次

例如营养教育时，除介绍各种营养素的作用，还应引导儿童少年学会科学安排膳食，做到平衡膳食。生活制度方面，应通过学习大脑的功能活动特点，学会科学用脑，提高学习效率，掌握考试期间的身心调适技能等。

2. 根据中学生生长发育的特点，重点开展科学的性教育

教育内容不仅限于传授生理知识和保健，还应围绕性心理、性伦理、性道德全面进行。教育内容和形式应做到适时、适量和适度，而且应将生理、心理方面的技能传授和道德法律

方面的知识教育同步进行。教育应有明确的目标，如密切结合艾滋病预防，着重建立良好的性观念和性行为准则；结合性侵犯、性骚扰的预防，着重传授各种自我防卫技能，让青少年学会正确保护自己，免受伤害。

通过对中日美三国的健康教育内容比较发现，三国都把生理卫生基础知识、安全和环境教育以及对常见疾病的预防等几个方面作为学校健康教育的基本内容。美国强调以"人"的生活为中心的"教育的保健"功能，尤其强调以公共卫生为基础的健康教育的必要性，因此，在中小学健康教育的内容设置上不仅设置学习生理、卫生等医学健康知识，还通过综合健康教育来改变学生的健康生活态度；日本除了不断加强保健教育内容的建设，进一步完善体育与保健的融合之外，还特别加强班级活动，并通过全体教育活动充实有关保健教育的内容。我国以往的健康教育的教学内容注意根据儿童和青少年的身心特点安排内容，但卫生保健知识的内容比重较大，涉及心理、情感、家庭、社会的内容略有欠缺；另外，教材中传授知识的内容多，能力训练的内容少。

三、学校健康教育方法

多渠道开展健康教育工作是促进学校实施素质教育的重要的方面。成功的学校健康教育就是要依据学生的生理、心理及所处的环境特点，通过最有效的教学手段和方法，激发学生学习有关健康知识的兴趣，指导学生掌握具体实用的健康知识、技巧和技能。学校除保证健康教育课外，还可以利用多种多样的课外健康活动来培养正确的健康思想意识，养成良好的卫生行为。如：利用墙报、版报、专题卫生讲座、演讲比赛、卫生行为及思想观念问卷调查，学校、系、班等自办健康教育小报来宣传卫生健康知识，营造一种健康教育的氛围，使学生在一种浓厚的健康教育的氛围中建立和养成良好的健康行为与习惯。学校定期利用电话教学、录像等现代教育手段进行现场教育，校广播台定期播放健康知识等，让学生掌握基本的保健知识，形成良好的健康行为。

（一）目前学校健康教育常用的教学方式

1. 课堂讲授

是国内最普遍采用的学校健康信息传播方法，用于传授需系统掌握的知识，可正规引导学生群体的健康行为。在1992年9月1日卫生部、国家教委、全国爱卫会发布的《中小学生健康教育基本要求》中要求"在目前已经具备师资等条件的省、地、市各级中小学校要求开设每周至少一学时的健康教育课，而尚无条件者，鼓励可由不定期的健康教育讲座逐步过渡到定期的健康教育课。"课堂讲授是以课本为教材，有明确的教学重点和时间安排。每个章节完成后，进行定期考评，检查学习效果。教师应注意授课时语言表达的逻辑性和艺术性；同时准备相应的挂图、声像资料或其他教具，帮助学生直观地理解知识和概念，增强教学效果。

2. 讨论

其中小组讨论是最常用的讨论方式。让学生先围绕一个或几个问题，以小组形式进行。可穿插于课堂授课中，也可单独进行，目的是激发各种观点自由交流。实施步骤是：①确定讨论主题，进行分组，确定小组主持人和记录员，都由学生担任；②规定讨论时间，保持良好讨论气氛，鼓励学生均参与讨论，发表自己观点；③以小组为单位进行汇报。

3. 头脑风暴法

此法通常是将少数人集中在一起，以会议的形式，对于某一问题进行自由的思考和联想，提出各自的设想和提案。这是一种发挥集体创造精神的有效方法，与会者可以无任何约束发表个人的想法，甚至可以异想天开，"头脑风暴"因此而得名。在学校健康教育中可以请学生在短时间内就某个问题进行迅速思考并立即回答。优点是适合青少年活泼、好胜、思维敏捷的特点，有利于创造参与气氛，激发兴趣，集思广益。教师准备问题应充分，使问题有助引发学生即时思考，事后回味；记录应认真，通过归类和小结，让每人都分享他人的观点，取得实际收益。

4. 角色扮演

按事先准备好的脚本设置场景，邀请2~3名学生分别扮演其中某个角色。通过扮演该角色，再现生活情景，使自己和观众受到感悟和启发。该方法比传统式的游戏/活动方法更重视参与者的即兴发挥和表达真实感受，以利调动学生兴趣，从而促进其态度、信念及价值观转变，同时培养彼此间的交流及合作精神。教师应注意：角色表演的内容要与教育目标相符合；课堂气氛既要生动活泼，又要严肃认真；表演结束后即时组织讨论，评述以正面表扬、鼓励为主。同时多了解观众的感受。

5. 示教

通过具体演示，让学生亲自练习，加深对内容的理解并掌握相关技能。优点是教学过程生动具体，能使学生在积极参与下，学到相应技能。教师应注意：①上课开始后，首先介绍清楚示教的目的和要点；②操作示范的程序、动作要准确；③保证学生有足够操作时间，在练习中进行具体指导，及时纠正错误；④通过小结，鼓励学生提出疑问，发表自己意见。

6. 案例分析

尽量选用真实素材作案例，鼓励学生根据现有知识、技能及经验，共同思考，充分发表意见。可鼓励个人发表意见，也可先小组讨论，然后以小组为单位展开辩论，使大家通过对本案例的学习，巩固知识，掌握解决问题的正确方法。应注意案例有代表性，能激发学生兴趣，但不能指名道姓，泄露个人隐私；小结时既要突出本案例对解决问题的能力有哪些实际价值；又应以启发的方式指出存在问题，并对各种积极建议表示充分肯定。

7. 同伴教育

利用青少年的集群倾向，首先从群体中挑选出一些有影响力和号召力的人进行培训，使其掌握一定知识和技巧，并鼓励他们向周围青少年传播这些知识和技能，达到共同受教育的目的。同伴教育可利用青少年同伴压力的正向作用，具有实效性。同伴教育的内容多是敏感问题，如性行为、吸毒、控烟、意外伤害等危险行为等。同伴教育的方法在各国的健康教育实践中也取得了较好的效果。

（二）以间接方式传播健康知识

随着现代媒介技术的发展，以间接方式传播健康知识、信息和技能的教学方式在学校健康教育中得到日益广泛的应用。

主要方法有以下三类：

1. 大众媒介

学校健康教育应充分利用大众媒介（电子媒介、印刷媒介和展览），对学生进行有组织的积极引导，如鼓励学生订阅卫生报刊、杂志；阅读健康宣教丛书和卫生宣传画；组织收听、收看卫生广播、电视、卫生科教电影；开展"卫生知识竞赛"等生动活泼的宣教活动。

2. 视听手段

视听手段常局限在一个年级或班的小群体内，环境空间远不如大众媒介大，信息也缺乏综合性。但其针对性和时效性强，且可反复来回播放，适用于教授某种具体技能。

3. 网络系统性学习

学生通过计算机终端连接网络进行学习，适用于学生了解那些不宜公开的信息（如性问题），或根据自身兴趣选择内容，掌握进度。也可以集体方式，在老师指导下循序渐进地接受系统学习。本方式能引起学生极大兴趣，对提供知识和信息有很大帮助，但其转变态度、促进健康行为的作用不明显，需和其他教育方式紧密结合。

（三）健康行为的培养方法

1. 循序渐进，先易后难

培养卫生习惯应根据学生年龄、能力和所在班的主要问题，对不同的少年儿童提出不同的卫生习惯要求。通常要依据学生的年龄特点，遵循由易至难，由简至繁，由少至多，由低到高循序渐进的原则。由初入学开始，可以先培养饭前便后洗手、做眼保健操和锻炼身体等习惯。有些习惯，如睡前刷牙、坐立行采取正确姿势以及用眼卫生等。培养起来费时费力，应做好长期的耐心的思想准备，如用眼卫生。

2. 反复训练，坚持经常

培养健康生活习惯，纠正不健康习惯，都是改变已巩固的条件反射和建立新的条件反射的艰苦过程，需要毅力和决心。儿童青少年可塑性较大，意志力比较薄弱，在纠正不良习惯时常会出现反复，要特别注意耐心反复地做工作。

3. 表扬为主，做耐心细致的工作

培养卫生习惯宜坚持正面教育。一方面，对卫生习惯良好的学生要及时表扬，并以他们为骨干，带动卫生差的同学转变。另一方面，对少数有不良卫生习惯的学生，也要做细致的工作，要耐心地启发诱导而不要动辄批评指责。

4. 推广晨间检查制度

晨间检查是一项行之有效的好制度。不仅能有效地预防集体机构儿童中急性传染病的流行，做到早发现、早确诊、早治疗、早隔离，还能起到检查督促学生纠正不良习惯的作用。晨检刚开始时，应该提前公布检查内容（如日常的卫生检查），以后进行突击抽查。

5. 学校应和家庭密切配合

学校是培养儿童青少年卫生习惯的良好环境。在学校里既有有组织有纪律的集体生活，又有有经验的校医和卫生老师指导，所以容易培养良好的卫生习惯，纠正不卫生行为。学校与家庭密切配合，不仅使学生有效保持健康的行为方式，而且可巩固学校健康教育的效果。学校应在以下几个方面和家长保持密切联系，共同督促学生搞好卫生：①将有关卫生习惯的培养计划、目的、要求及时通知家长，共同对学生进行监督、检查；②对个别学生中存在的健康危险行为，如吸烟、喝酒等，要及时通知家长，要严格监督这些不良习惯的纠正；③将有关学生个人卫生用品和家庭作业的采光照明条件等的重要意义和合理要求通知家长，争取家长在物质上的支持；④学期初即应将课程表和学校作息制度书面通知家长，争取家长配合，注意学生劳逸结合，避免负担过重，促进全面发展。

(四)提供卫生咨询的主要方法

1. 不定期察访

健康教育老师可以配合班主任,对卫生缺点较多的学生实行不定期家访。针对其主要弱点向家长作卫生宣传,提出卫生建议,取得家长的合作和支持,对纠正学生的不良习惯有很大助益。

2. 开设定期咨询门诊

每次提前将咨询内容通知家长和学生,邀请他们前来,通过个别交谈,解答他们的各种疑问。咨询门诊一般由有经验的校医主持,亦可邀请各科医生、公共卫生医生、精神病学医生等前来解答一些专业性强的问题。咨询的优点是可使儿童青少年获得针对性比较强的指导,在纠正各种不良卫生习惯方面所起的作用不容低估。

3. 开展家长集体咨询活动

利用学校召开家长会的机会进行集体卫生咨询也是一个行之有效的好办法。有些学校坚持这一做法已有几年历史。每次利用家长会后1小时时间,针对学生中普遍存在的问题,进行卫生宣教,解答家长提出的各种问题,很受欢迎,参加者十分踊跃。对青春期孩子的家长进行集体咨询可使他们了解青春期孩子的特点,利于为儿童青少年创建宽松的家庭环境。

第三节 学校健康教育的评价

只有通过评价,才能了解学校健康教育的手段是否能达到使学生改变不良行为、提高生存质量的目的。评价的实质就是对健康教育前后或是否开展健康教育的两组学生中,比较他们知识、信念和行为方面的变化与差异,从而进一步衡量所制订的健康教育计划的可接受性,包括教育的内容、方法、材料、工作人员的水平等各方面。效果评价是学校健康教育的重要环节。

一、评价方法

目前,对学生健康教育效果评价常用的方法有问卷法、观察法、自我评估法、个别交谈法等。通常应依据健康教育的目的选择评价方法。

1. 问卷调查法

根据事先设计好的表格、问卷、量表等,由被试者自行选择答案的一种方法,是评价学生知识、态度和行为最常用的一种方法,最常用于效应评价。多数情况下,问卷和行为观察法结合使用。设计问卷时要注意:①内容、难度和形式与文化水平、智力状态和卫生基础相适应,如对幼儿园、小学低年级儿童,设计以图像为主的问卷;②问题简单明确,有统一答案和评分方法;③尽可能使问题具体化、量化;④问卷内容适量,答卷时间不宜过长。

2. 行为观察法

在评价方法中观察法是比较客观精确的方法,主要用于行为观察。通常采用自然观察法,观察他人的行为,并把学生的态度和行为表现加以量化,用以反映教育活动对学生态度和行为所产生的影响。

3. 自我评估(自我报告)

指学生自己向教师、保健老师或健康教育者报告个人与健康教育项目有关的认知、兴趣、态度、信念和行为。如报告吸烟、饮酒、膳食、锻炼等方面的情况，报告者可对报告的内容做出评价。

4. 个别交谈

指健康教育项目开展前后，由教师、调查人员与接受教育的对象面对面地交谈。这是估计学生健康知识、态度与实际询问改进的必要步骤之一。可了解学生知、信、行方面的典型表现。

5. 家长调查法

采用召开家长会、与家长进行座谈或家访，以了解学生卫生知识掌握和提高的情况，是否向家人传播健康知识以及已养成哪些卫生习惯，还有哪些薄弱环节等，并可征求家长对健康教育实施的意见，争取家长的配合，以便正确作出有关学生健康行为的评估。

二、评价指标

为对健康教育的效果做出客观、全面的评价，评价指标的选择是至关重要的。要依据健康教育的内容、目的及目标人群的特点，选择可行的、有效的、超越文化范畴的及可重复使用的，最好是简便和低成本的评价指标。我国 1995 年颁布的《学校健康教育评价方案》中明确规定了学校健康教育的评价指标。学校评价指标体系共三级 20 项。包括了教学条件，教学卫生，教学管理，教学活动，开课情况，知识掌握，习惯培养，公共卫生及缺课情况等方面的内容。充分反映经过健康教育，学生知识、信念和行为的变化。

学校健康教育评价是促进学校健康教育工作开展，强化工作目标，不断改进和完善学校健康教育，逐步使其纳入科学化和规范化轨道的需要。我国中小学健康教育的效果评价要按照国家教委颁布的《学校健康教育评价方案（试行）》进行。

1. 近期指标

（1）学生卫生知识水平的提高　要了解学生卫生知识水平的提高，可采用书面测验、询问谈话、看图回答问题等各种方法。其内容和难度应视不同年龄学生的智力状况、文化水平和卫生基础而定，同时要统一答案和评分方法。如对小学 3～4 年级以上儿童，可以在进行卫生知识教育后一周左右，举行事先不通知的卫生知识小测验（如表 10-1）。小测验的题目可以是问答题，也可以是是非题，可根据不同需要选用，但同一年级各班应统一。根据各班平均分数的高低，评出不同的卫生知识水平。

表 10-1　卫生知识小测验

＿＿＿年级＿＿＿班	姓名＿＿＿＿	＿＿＿年＿月＿日
1　晚上刷牙比早上刷牙更重要	对（　）	不对（　）
2　横刷牙容易损伤牙龈，引起出血	对（　）	不对（　）
3　为了取得好成绩，应该抓紧每分钟，所以要充分利用课间休息的 10 分钟	对（　）	不对（　）
4　蛔虫能吃掉肠子里多余的食物，可以帮助消化	对（　）	不对（　）
5　生吃不干净的蔬菜容易得蛔虫病	对（　）	不对（　）
	分数＿＿＿＿＿	

这类小测验一般费时短，通过测验既有助于学生巩固卫生知识，还能引起热烈的讨论以加深印象，所以效果一般比较好。对 1～2 年级的小学生，常可采用个别谈话询问的方法进

行了解，看能正确回答的学生有多少，根据准确率可比较各班卫生知识掌握的程度。

(2) 养成卫生习惯的人数增加　学生中养成卫生习惯的人数是否增加，即养成卫生习惯的学生所占比例，也是直接评价卫生教育效果的重要指标。这既可以通过晨间检查记录来获得，也可以通过家长填写的"卫生习惯调查表"了解。如培养前检查，脸颈部干净的占76.4%，自觉带水杯的占53.5%，带手帕的占63.1%；经过培养后三项指标分别达到87.8%、82.3%和86.0%，而且多次复查结果良好，说明这些卫生习惯已比较巩固。

(3) 学校卫生面貌的改善　学校环境卫生是否改善，卫生制度是否健全、各级卫生人员是否发挥作用，都是反映卫生教育效果的重要指标。

2. 远期指标

主要反映包括健康教育在内的各种综合措施的结果，因此需要经过一定时间才能做出评价。如学生各种常见病的发病率的下降。

学生中有许多常见病，如龋齿、近视、沙眼、结膜炎、痢疾、肠炎、感冒、泌尿道感染、脊柱弯曲等，既能治疗又能预防，而且预防效果一般都很明显。反映常见病健康教育效果常用的指标有：

- 患病率：如龋齿、近视眼、沙眼等
- 感染率：如蛔虫、钩虫、蛲虫等
- 新发病率：如近视眼、龋齿、沙眼等
- 治愈率：如沙眼等
- 再感染率：如蛔虫、蛲虫等
- 复发率：如沙眼、肺结核等

第四节　健康促进学校

一、健康促进学校的概念

20 世纪 50 年代末，世界卫生组织首先提出"通过学校促进青少儿健康"的倡议，有计划地向学校卫生工作提供指导；20 世纪 80 年代中期国际上提出健康促进学校的概念，旨在通过学校及学校所在社区的共同努力，来创造一个安全、健康的环境，全面积极地促进和保护学生及社区成员的健康。90 年代初在欧洲开展试点；1995 年在日内瓦召开会议，以全球学校健康教育与健康促进专家委员会"决议"形式，将欧洲经验推广到世界各国，加速了健康促进学校工作在全球范围的迅速开展。我国于 1995 年引进了健康促进学校的概念并开始在部分地区实践。

1995 年世界卫生组织提出健康促进学校的完整定义：学校所有成员为保护和促进学生健康而共同努力，为学生提供完整、有益的经验和知识体系，包括设置正式的和非正式的健康教育课，创造安全、健康的学校环境，提供适当的卫生服务，动员家庭和更广泛的社区参与，促进学生健康。

健康促进学校的目标人群以学生为主，同时包括所有与学生的生活、学习密切相关的人们，如学校领导、教职员工、家长、社区和大众媒介工作者。世界卫生组织为该工作确立了基本政策、规定工作范畴，就其主要措施向各国政府提出建议。目的有两个：①希望各国能以法制形式建立健康促进学校；②建立一个统一衡量标准，使不同学校的领导能通过自身学校前后、自身和其他学校间的差距比较，明确努力方向，增加投入，提高参与力度。

二、健康促进学校的内容

1. 学校卫生政策

它指的是明确规定并广泛公布的规章制度，这些规章制度影响着促进健康的各方面的行动和资源分配。工作重点是健康体检，改善学生营养，预防和控制学生常见病，艾滋病和性病预防教育，控制吸烟、酗酒和吸毒，确保男女学生平等，正确处理学校突发事件等。政策还应明确规定，对那些卫生工作规划不完善的学校，要采取措施促其尽快整改和完善。

2. 学校物质环境

包括学校为儿童提供安全的环境；学校鼓励强化环保的行为；校园绿化等，重视改善饮用水、厕所等生活必需条件和设施，保障学生获得良好生活、学习条件。

3. 学校社会环境

创造一个师生间、学生间、教职员工间相互关怀、信任和友好的环境，使每个学生的个人优势或特长都得到充分发挥。在为学生营造良好环境的同时，应充分考虑教职员工的需求，提高学校领导的素质，因为他们在学校日常生活中，会通过行为、态度和价值观对学生产生很大影响。

4. 社区关系

指的是学校与家庭之间的关系，学校与当地支持及促进健康的关键团体之间的联系。学校与家庭、社区团体保持密切协作关系，充分考虑家长对学生教育和健康的需求，鼓励家庭和社区组织积极、主动参与学校健康促进活动。

5. 个人健康技能

学生和教职员工通过课堂内外各种健康促进活动，获得健康的知识、态度和技能，提高自我保健意识，从而以更强的责任感、更积极主动的态度，参与对健康促进学校的建立和维护工作。

6. 卫生服务

充分发挥医院、疾病控制中心、中小学保健所等当地卫生服务机构的作用，鼓励他们向学生和教工提供各项基本卫生服务，参与学校的健康促进活动，帮助校医和保健教师提高业务水平。

三、健康促进学校的特点和优势

健康促进学校工作顺应社会发展的潮流。它以学校为中心，考虑多种因素对学生健康的综合影响。它的上述工作内容具有鲜明特点，表现出以下优势：

1. 体现了新的整体健康观

健康促进学校提供了有利于学生身心发育的学习和生活环境，包括良好的物质环境、心理环境和社会环境。它符合新的医学模式（生物、心理、社会医学模式）和世界卫生组织提出的整体的健康观。从而为促进学生身心健康发育、培养欢乐情绪和积极人生观等，提供有力保障。

2. 提出学校—社区概念，注重发挥社区和家庭的力量

健康促进学校强调社区和家庭的参与，这将促使在校外形成一个有利于学生养成健康行为的良好氛围。同时通过学生将健康信息辐射到社区和家庭成员，建立互动机制。这些措施便于充分利用有限的资源，和学校健康教育工作相辅相成，对促进学生健康知识的获得和技能的发展、预防健康危险行为也有明显的促进作用。

3. 考核标准的科学性和可操作性

健康促进学校的考核标准包括多方面的内容，每个方面都有细化的指标和量化的分值，便于对健康促进学校进行科学的评价。

四、开展健康促进学校创建工作的实施策略

我国自 1995 年开展健康促进学校试点工作以来，取得显著成绩和成功经验。这一切为进一步开展健康促进学校创建工作，提供了许多有益的启示。

1. 突出政府行为，促进观念更新

开展健康促进学校活动，必须有当地卫生、教育行政主管部门的领导和参与。政府参与有利于协调多部门工作，进行整体规划；便于地区间、国家间、国家与国际组织间的协调和合作。

2. 选择适宜的突破口

健康促进学校为学校卫生和学生常见病防治工作提供了全方位的工作思路和先进的工作策略。每个学校都有特点和优势，都有急需解决的问题。学校应据此制定有特色的学校卫生项目，突出重点，带动全面。加强对健康促进工作的理解和支持。

3. 创造良好的社会环境

为保证健康促进学校的有效性和持续性，要挖掘社区和学校的资源潜力，联合行动为学生营造健康、安全、优美的学校物质环境和良好的社会环境。如思考怎样在课堂、操场和健康促进活动中创造平等、互敬、关心、自尊和体验成功的机会；怎样通过教师和家长共同努力，帮助学生解决诸如性别歧视，性发育过程中的问题和困惑；怎样通过社会动员，让行政官员、非政府团体、企业等都认识到健康促进学校是社区工作的一部分，并发动他们积极参与健康促进活动的全过程。

(天津医科大学　席　薇)

第十一章 妇女健康教育与健康促进

第一节 妇女健康教育概述

一、妇女健康教育的概念

妇女健康教育是用健康教育的理论、策略和方法促使女性树立健康观念,激发健康行为,以提高妇女和女性群体的健康水平为目的的教育活动。

二、妇女健康教育与健康促进的意义

妇女是创造人类文明和推动社会发展的一支伟大力量。妇女的健康状况是社会发展的重要指标,也是衡量社会进步程度的尺度。加强妇女健康教育工作,不仅能促进全民健康,而且是改变家庭和社会面貌的一项基础性工作。我国政府制定并发布的《中国妇女发展纲要(2001～2010年)》,将妇女与健康确定为6个优先发展领域之一。

(一) 妇女健康教育与健康促进是保护妇女健康的需要

由于妇女有着特殊的解剖生理特点,所以她们对健康教育也有着特殊的需求。妇女在其一生的过程中,需要经过小儿期、青春期、性成熟期、更年期和老年期。青春期是妇女生殖系统从发育到成熟之间的过渡时期,更年期是生殖系统机能从衰退到消失的过渡时期。这两个过渡时期,全身的变化较大,只有加强健康教育,并做好保健工作,才能保证妇女的正常发育和防止提前衰老。妇女在性成熟期,要经过妊娠、分娩、产褥和哺乳等特殊生理过程,这个时期最容易引起妇女疾病的发生。通过妇女健康教育,可以有效的预防有关妇科疾病的发生。

(二) 搞好妇女健康教育与健康促进是促进民族健康、增强人口素质的重要措施

妇女占全国总人口的二分之一,她们是社会物质财富和精神财富的创造者。同时,妇女又是伟大的母亲,她们担负着养育后代的重大责任,只有健康的父母,才能孕育健壮的下一代。妇女健康直接关系到子孙后代的健康、家庭幸福、民族素质提高和计划生育基本国策的贯彻落实。

(三) 搞好妇女健康教育与健康促进是改造家庭、社会面貌的一个基础条件

家庭环境和家庭成员之间的影响与每一成员间的健康息息相关,妇女是家庭生活管理和教育的主要成员,她们的卫生知识水平和卫生习惯如何,其拥有健康知识和技能的多少,态度和行为,都在家庭健康中发挥不同的作用,对一个家庭起着重要的影响。所以,通过健康教育,提高妇女的卫生科学知识水平,是改造家庭面貌以至社会面貌的一个基础条件,是发挥家庭潜力,实现健康目标的重要渠道。

第二节 妇女健康教育的方法

开展妇女健康教育，必须坚持从实际出发，充分考虑面对不同年龄、不同的生活环境、不同的知识层次等，有针对性地做出不同的健康教育计划，采取不同的方法。

一、大众传媒

可通过电台、电视台、报刊、杂志、网络、张贴标语、宣传画，举办卫生知识小报、专栏、展览，发放卫生知识传单，放映卫生科普电影等多种形式开展有利于妇女健康的宣传教育。

二、系统教育

包括举行讲座、办学习班。例如，以社区为基础的各种专题学习班、婚前学习班、新婚夫妇学习班、产前学习班、家长学习班、家庭主妇学习班、家庭保健知识学习班等。

三、访谈法

访谈具有针对性、适应性、双向性以及灵活性强的特点，可以及时、准确、详细地了解妇女的健康问题，也是进行妇女健康教育的重要方法。个别访谈包括个别调查、健康咨询（包括门诊健康咨询、信件咨询、电话咨询、网上咨询等）。集体访谈包括小组讨论和专题讨论等。

第三节 妇女健康教育的主要内容

女性从胎儿形成到衰老是一个渐进的生理过程，妇女一生各阶段具有不同的生理、心理特点和行为特征，妇女健康教育的内容应根据其生理、心理特点做到有针对性和系统性。

随着社区卫生服务模式的全面推开，妇女健康教育必须适应新形势的需要，开展妇女健康教育，要兼顾妇女自身的生理特点及其家庭成员的具体情况和特殊性，同时结合考虑基本的卫生法律法规、公共卫生知识的普及。面对妇女本身的健康教育，要根据妇女不同生理时期的特点，重点抓好青春期、围婚期、妊娠期、哺乳期、围绝经期保健知识教育以及妇女常见病防治知识的教育，兼顾家庭成员的健康教育。

一、青春期健康教育

1. 青春期（adolescence or puberty）

是从月经初潮至生殖器逐渐发育成熟的阶段。世界卫生组织（WHO）规定青春期为10～19岁。

青春期身体迅速发育，在形态发育的同时各器官的生理功能也发生变化，逐渐发育成熟。经过青春期发育，人的认知、心理和行为大体达到成人水平。青春期是人体生长发育的重要时期，是决定一生中体质、性格、心理发育的关键阶段。对于大多数青少年来说，青春期不仅仅是生理发育和心理发育急剧变化的时期，也是伦理观和人生观逐步形成的重要时期,青春期是情绪经常发生变化的时期,他们对身体和感觉变化的不适应和担心,可能会造成情绪紧张,各种暂时的心理障碍或不良行为也比较多见。适当地对他们进行青春期健康教育,是促进和保护青少年成长的需要,也是提高民族素质的重要措施。有调查发现,大多数青春期女生对月经初潮感到紧张、恐惧、害羞,她们大多数不太明白月经是怎么回事,特别是那些合并痛经、月经量多、周期不规律及有经期综合征者。因为这些女生一来月经就身体不适,情绪不佳影响上课,更是不懂如何注意经期卫生。因此,对青春期女性应讲授健康教育课,使她们懂得青春期生理、心理卫生知识,增强适应能力,使她们健康地成长,这将对她们今后的生活和工作产生深远的影响。

2. 青春期健康教育的主要内容

(1) 性教育　用科学的态度传播性知识,提高她们的卫生知识水平和自我保健能力,使青春期女性了解生长发育、性生理方面的特点,消除紧张、恐惧等不良情绪,避免由于不了解性知识而出现的心理及社会问题。主要内容有以下几个方面:首先是有关性生理的知识,如女性生殖器官各有哪些解剖特点和功用?女孩会有哪些第二性征出现?女孩为什么会来月经?其次是针对青春期发育期各种易发生的问题,应采取哪些保健措施,如:月经不规则怎么办?月经期要注意哪些保健措施?怎样处理痛经?怎样保护乳房?此外,应适时适度地将生育知识、避孕知识及性病知识等生殖健康知识提供给青春期快速发育阶段的青少年女性,帮助她们树立正确的性道德观念。

(2) 健康理念的培养和健康人生观、世界观、价值观的塑造,防治青春期不良行为倾向

女性青春期不良行为倾向主要包括:焦虑、抑郁、自杀倾向;同性恋、卖淫;出走、吸烟、酗酒、吸毒等。尽管有这些表现的青少年女性只是少数,但若不及时发现并提供帮助、教育、启发和疏导,其中有些不良行为可延续到成年,给青少年的健康和终生幸福蒙上阴影。教育内容包括:自尊自爱、男女平等、建立健康人生观、培养坦荡的胸怀,坚强的意志,开朗的性格和乐观向上的情感等。

3. 青春期健康教育方法

针对青春期不同阶段的生理、心理问题由家庭、学校和社会共同肩负起青春期健康教育的责任。

(1) 父母应该在少女青春期发育之前(月经来潮前),对她们进行必要的教育,帮助孩子正确了解青春期生理发育及性知识、性道德。

(2) 学校是进行青春期性教育的主要场所,应根据不同年龄特点,在小学、中学、大学各个阶段把有关内容渗透到各类课程当中,使她们正确理解性的概念。

(3) 社会要通过大众传媒宣传青春期知识。可通过提供各种内容充实,丰富的报刊杂志,配合学校卫生老师给中学生传授青春期知识;针对青春期不同阶段的生理、心理问题制作展牌,由专业人员进行讲解并解答学生的相关问题;观看有关青春期健康知识方面的光盘、实物及模型,同时开设咨询室回答青春期学生及家长的相关问题。

二、婚前健康教育

为了使男女双方婚后能有美满幸福的家庭生活,孕育健康的下一代,双方应在婚前从身心两方面做好准备。婚前教育主要包括:男女生殖器官解剖生理知识,性生理、心理及性生活卫生,婚前检查的意义,受孕机理,优生咨询,计划生育方法的选择,婚姻法、《母婴保

健法》等有关内容；在心理上、随着结婚的到来，两个属于不同家庭的男女从此组成了新的家庭，各自的社会角色有了变化，女子要承担社会、家庭赋予"妻子"的很多责任，因此，婚后将经过一个心理变化过程。所以，婚后的心理卫生教育，也应成为婚前教育的重点。

三、孕产期健康教育

妊娠分娩是由妻子向母亲转变的必经阶段，准妈妈不仅要接受生理上的改变，而且要有充分的心理准备和孕产期自我保健知识。应该通过健康教育将正确的孕产期保健知识传授给孕妇及家人，培养孕期健康行为和观念，这将对孕产妇的安全和下一代的健康产生重要影响。

(一) 孕产期及哺乳期健康教育的主要内容

1. 妊娠的生理、心理卫生知识

介绍妊娠早期、中期、晚期的正常生理过程和发生的解剖及生理变化；讲解分娩的先兆症状以及分娩的全过程。妊娠是自然的生理过程，妇女由于妊娠、分娩带来的种种应激反应，往往造成孕产妇出现一些心理变化。在妊娠妇女中心理变化主要表现为焦虑、抑郁、人际关系敏感、躯体化症状和睡眠障碍等。要让孕妇及其家属充分了解孕育胎儿的漫长过程及各个时期孕妇发生的变化，消除孕妇的思想顾虑。指导孕妇保持心情愉快，使其树立信心，正确了解和对待妊娠、分娩这一自然生理现象，消除不良心理因素对孕产妇的影响。

2. 定期产前检查的必要性

孕早期是胚胎、胎儿分化发育阶段，易受外界环境因素及孕妇疾病的影响导致胎儿畸形或发生流产。应尽早确诊妊娠，确定基础血压、基础体重，及时发现、预防不良外界因素及孕妇疾病对胎儿发育的影响；孕中期是胎儿发育较快的阶段，应定期监护胎儿宫内生长发育、做好高危妊娠的各项筛查；孕晚期定期产前检查及时发现并矫正异常胎位，注意防止妊娠并发症，还应做好胎儿监护。

3. 孕期劳动、休息、均衡营养等保健知识

妊娠期必须合理安排工作和休息、均衡地安排饮食。

4. 孕期用药及性生活等注意事项

许多药物可以通过胎盘进入胚胎内，影响其发育，导致流产、畸形或功能异常，因此孕妇用药要慎重，但"孕期不能吃任何药物，有病不治疗"的观点也是错误的，同样会对胎儿产生不良影响，应在医生的指导下合理用药。妊娠前三个月及末两个月，应禁止性生活。

5. 孕期胎儿自我监护

让孕妇知道正常胎心音及胎动的范围，学会听胎心音及胎动计数的方法，这是孕妇自我监护胎儿的重要手段。

6. 胎教

帮助每个孕妇进行有目的、有计划的科学胎教。

7. 产褥期常见疾病的预防

指导产后日常生活保健，如卫生、营养、休息及情绪的调节等。

8. 大力宣传母乳喂养的好处，指导母乳喂养的方法和技巧、持续时间及添加辅食知识

(二) 孕期健康教育的基本方法

进行孕产期健康教育要从影响健康行为的心理、社会、文化因素、传统观念与习惯着

手，根据不同年龄，不同文化层次，不同知识水平，以及对学习的兴趣多方面因素来选择教育的方法，结合本地实际，深入浅出地把孕期健康知识和简易护理方法通俗化、具体化、形象化。

1. 大众传媒宣传方式

发行"优生优育优教"、"胎教"、"孕期营养"、"孕期用药"、"产前运动"等方面的刊物、书籍、音像制品等，广泛宣传孕产期保健知识。

在诊室设立黑板及橱窗，按照孕产期保健健康教育的内容定期出黑板报，利用孕妇来院就诊时间，进行观看和咨询。

2. 建立门诊孕妇学校

孕妇学校制定健康教育计划课程表，按时讲授孕期保健和胎儿自我监护知识，产前体操，胎教指导，分娩的生理经过和与医护人员配合的技巧，母乳喂养知识教育等。上课采用多种多样的形式，运用高科技手段进行直观形象地教学，如播放生动有趣的胎教VCD，详细直观的孕期保健录像片，运用模型和图片讲解分娩的过程等方法，帮助孕妇对妊娠分娩充满信心，可收到良好的效果。利用电话、互联网等资源，为孕产妇及其家人提供咨询服务。

四、围绝经期健康教育

1. 围绝经期（menopausal transition period）

指从开始出现绝经趋势直至最后一次月经的时期。可始于40岁，历时短至1～2年，长至10～20年。

此期卵巢功能逐渐衰退，卵泡数明显减少且易发生卵泡发育不全，因而月经不规律，常为无排卵月经。最终由于卵巢内卵泡自然耗竭或剩余的卵泡对垂体促性腺激素丧失反应，导致卵巢功能衰竭，月经永远停止，称绝经。我国妇女绝经年龄80%在44～54岁之间。以往一直采用"更年期"一词来形容女性这一特殊生理变更时期。由于更年期定义含糊，1994年WHO提出废除"更年期"这一术语，推荐采用"围绝经期"一词，将其定义为从卵巢功能开始衰退直至绝经后一年内的时期。在围绝经期由于雌激素水平降低，可出现血管舒缩障碍和神经精神症状，表现为潮热、出汗、情绪不稳定、不安、抑郁或烦躁，失眠等，称为围绝经期综合征。

搞好围绝经期健康教育不仅是围绝经期妇女的特殊需要，也是提高妇女晚年生活质量的重要基础。

2. 围绝经期健康教育的目的

通过实行围绝经期健康教育使围绝经期妇女关心健康，主动要求卫生保健与服务，实行躯体上的自我保护、心理上的自我调节、人际关系上的自我调整，采纳有利于健康的生活方式，提高围绝经期女性生活质量，减少围绝经期症状与围绝经期综合征的发生。

3. 围绝经期健康教育的内容

（1）围绝经期生理知识　女性一般在45～55岁便进入围绝经期，进行健康教育，主要是帮助女性了解围绝经期是一个逐渐变化的过程。在生理上的主要变化特征是性腺功能的逐渐衰退，包括卵巢功能的衰退、卵泡的老化、雌激素水平的下降。其生理标志就是绝经；了解由于雌激素水平的急剧下降而导致身体内分泌及植物神经功能紊乱，所带来的一系列症状如：潮热、出汗、失眠、心悸、血压升高、月经紊乱、外阴瘙痒、骨质疏松和关节痛等。

(2) 心理知识 围绝经期妇女体内雌激素水平显著降低，引起神经体液调节紊乱，导致绝经前后的心理障碍。主要表现为情绪不稳定、易激惹、焦虑、抑郁、失眠及性功能障碍等。此时，女性心理上最大的特点是感到自己的衰老，由于大部分女性缺乏对围绝经期所带来的一系列心理和生理变化的了解，对一些由于雌激素水平下降所带来的症状不了解，误认为是疾病缠身、大难临头，同时因为心理上的波动，易产生寂寞心理、自责心理、失落心理等，使很多女性，对绝经期的到来，不知所措，难以适应，甚至造成不应有的身心伤害。

(3) 学会自我调节、倡导健康生活方式 要保持乐观的情绪，克服消极的自我暗示；围绝经期健康生活方式要领包括合理营养、适当运动、个人卫生、保持心理平衡、标准体重、和谐的性生活和定期体检等。

(4) 个人卫生教育 围绝经期的妇女要注意个人卫生，尤其是生殖器官的卫生。经常保持外阴清洁，防止生殖道感染，积极防治常见的妇科病，如阴道炎、绝经后出血、子宫脱垂、尿失症等。一旦发现应在早期得到积极诊治，以便提高她们的生命质量。

(5) 性激素替代治疗（HRT）知识的教育 妇女进入围绝经期后约有 2/3 的人可出现各种症状，为提高生活质量和工作效率，消除围绝经期症状，可给予性激素替代疗法，待症状消失后即可减量或停药。要使围绝经期妇女了解 HRT 的意义、安全性及给药途径，使围绝经期女性接受并能正确使用 HRT，以改善围绝经期症状，预防远期疾病的发生。

(6) 自我监测 教育妇女掌握围绝经期自我监测的内容和方法。监测内容包括 WHO 衡量健康人标准，即五快（食、便、睡、说、走）和三良好（良好的个性、处理能力和人际关系）；按时记录月经卡；学会体重、腰围的测定；学会自我检查乳房。

(7) 预防疾病 围绝经期是妇科肿瘤的好发年龄，要提高围绝经期妇女的保健意识和保健知识水平，定期进行妇科检查，对妇科癌症的"三早"（早发现、早诊断、早治疗）具有重要的意义，每 1～2 年进行一次宫颈刮片检查，以便及早发现异常及时进行处理；此外，要进行围绝经期好发疾病预防知识的教育，如定期健康检查，每年至少一次，检查血压、体重、血糖、血脂、心电图等，及时发现并治疗高血压、冠心病、糖尿病等慢性疾病。

围绝经期健康教育的方法：应根据围绝经期人群特点，采取不同的方法。可通过电台、电视台、报刊、杂志等多种形式开展有利于围绝经期妇女身心健康的宣传教育。在人员较为集中，条件较好的社区、工矿企事业单位可采用健康讲座、卫生报刊、组织培训等方式进行健康教育；在知识层次及物质条件较差的农村可采取标语、宣传单、宣传册等；在医疗卫生单位，可设立围绝经期保健咨询门诊，并坚持发放围绝经期健康教育处方。

五、老年期妇女健康教育

国际老年学会规定 60～65 岁为老年前期，65 岁以后为老年期。一般 60 岁以后妇女机体逐渐老化进入老年期。此期卵巢功能已完全衰竭，雌激素水平低落，不足以维持女性第二性征，生殖器官进一步萎缩老化。由于生理方面的明显改变所带来的心理及生活的巨大变化，处于老年期的妇女较容易患各种身心疾病，例如老年性阴道炎、子宫脱垂、妇科恶性肿瘤、骨质疏松等。通过对老年妇女的健康教育，防治老年期常见病多发病，提高老年妇女生命质量，以利于健康长寿。

老年妇女健康教育的部分内容可参考第十二章——老年健康教育与健康促进（包括卫生保健教育、心理卫生教育、死亡教育等），此外针对老年妇女的生理特点，应加强老年妇女常见疾病防治的健康教育。主要内容包括：老年妇女定期体格检查，加强身体锻炼；重视老年性阴道炎、子宫脱垂等老年妇女常见妇科疾病的预防和治疗，以提高她们的生命质量；防癌知识教育，定期进行妇科检查，防止老年妇女妇科肿瘤；预防骨质疏松知识的教育，通过适当运动、合理膳食、补充钙剂和雌激素替代治疗等方法防治老年妇女骨质疏松。老年妇女的性教育内容包括：树立正确的性观念，使老年妇女认识到老年人性生活是一种正常生理现象，应该保持有规律的性生活；老年性科学与性生活技巧；预防泌尿生殖道感染的知识。

六、妇女常见疾病的防治教育

对不同层次女性人群进行妇科病的防治知识教育，使其懂得自我防护以及自我检查方法，积极参加定期检查，以便早发现、早诊断、早治疗。妇女常见的妇科疾病有：生殖系统肿瘤、生殖道炎症、月经病等。这些疾病对妇女健康、生活质量造成较大影响。近年来，我国妇女性传播疾病如梅毒、淋病、艾滋病等的发病率也在不断增长，也已成为影响妇女健康的重要疾病，所以，性病、艾滋病的防治知识也应作为妇女健康教育的重要内容。

七、婴幼儿保健知识教育

对于年轻妇女，要进行婴幼儿保健知识教育，包括以下内容：

（1）婴幼儿生长发育知识及一般护理知识，指导她们学会对婴幼儿生长发育的监测，教其认识婴幼儿正常和异常的生理状况，以便发现孩子的异常反应后能及时寻求医生的帮助。

（2）婴幼儿心理特点教育，使年轻母亲懂得小儿的语言发育特点和情感意志的发展特点以便其能正确地对孩子进行早期教育。

（3）计划免疫知识，使其能够按时领孩子去进行预防接种和早期发现孩子的病症而能及时求医。

（4）母乳哺养、辅助食品添加及婴幼儿营养知识，使其懂得母乳喂养方法及添加辅食的正确方法。

（5）婴幼儿常见病预防知识，特别是小儿急性呼吸系统感染、腹泻、贫血、佝偻病的预防知识。

（6）创造良好的家庭卫生、家庭育儿环境，教给孩子养成良好的卫生习惯的内容及方法。

（7）婴幼儿体格锻炼、游戏知识。

八、家庭健康知识教育

妇女是家庭生活的主要管理者和教育者，她们的家庭卫生知识在家庭健康中发挥重要作用。要通过健康知识教育，提高妇女的卫生科学知识水平，从而实现促进家庭成员健康的目标。

家庭健康知识教育的主要内容包括：家庭环境卫生知识教育；健康生活方式教育；家庭用药知识；疾病护理知识；心理卫生知识等。

九、妇女劳动保护方面的教育

为保护女工健康，我国陆续颁布了相关的法律和条例，如1988年国务院颁发了《女职工劳动保护规定》，1990年劳动部又颁布了《女职工劳动范围的规定》，1992年，我国又公布了《中华人民共和国妇女权益保障法》等等。

要大力宣传国家关于女职工劳动保护和保健的法规，教育妇女自觉维护自己的合法权益，了解不良体位、生产性毒物、粉尘、噪声、震动对母体及胎儿的影响，了解妇女经期、孕期、产褥期、哺乳期、围绝经期的劳动负荷、法定哺乳假、哺乳时间和卫生保健方面的规定，以降低健康危险因素的侵袭，促进女性健康。

第四节　妇女健康促进

一、妇女健康促进目标

1. 使妇女在整个生命周期享有卫生保健服务，提高妇女的预期寿命。
2. 提高妇女生殖健康水平。
3. 保障妇女享有计划生育的权利。
4. 流动人口中的妇女享有与户籍所在地妇女同等的卫生保健服务。
5. 将妇女艾滋病病毒感染率控制在较低水平。
6. 提高妇女的健身意识，增强妇女身体素质。

二、妇女健康促进的策略与措施

（一）制定健康公共政策，保障妇女健康权益

1. 国家的宏观政策

在国家的卫生改革与发展规划中体现妇女健康的主要目标。妇女卫生保健以预防为主，以农村为重点。在优化卫生资源配置中，合理安排妇女卫生保健服务经费和科研经费。引导卫生保健产业发展，不断满足妇女的健康需求。通过宣传教育，在全社会树立正确的妇女健康观念，普及健康知识。完善计划生育管理和技术服务体系，提倡避孕节育的知情选择，强化夫妻共同承担计划生育的责任。

2. 法律和部门政策

贯彻落实《中华人民共和国母婴保健法》，不断完善妇幼卫生法律法规及政策，保护妇女的健康权利。

（1）加快卫生立法，完善和落实以公共卫生和妇女健康为主要内容的法律法规。

（2）强化卫生行政执法，加大对卫生保健产品、卫生机构和专业人员的监督管理，依法查处各类危害妇女身体健康的违法行为。

（3）强化社区在健康服务中的作用，把人口与计划生育工作纳入社区管理和服务体系，建立以现居住地为主的管理模式。将流动人口孕产妇保健纳入流入地孕产妇保健范围。

（4）加强农村卫生组织建设，完善卫生服务网，做好预防保健的综合服务，重点筛查和治疗严重危害农村妇女健康的疾病，预防和减少农村妇女妇科病的发生。

（5）对妇幼卫生人员进行卫生保健专业知识培训，强化基本知识和基本技能，提高卫生保健技术水平和服务质量。

（6）针对妇女不同时期生理和心理特点，提供生殖保健服务和精神健康服务，提高妇科

常见病的普查普治率。

（7）加强产科建设，创造住院分娩条件，使全国孕产妇死亡率进一步下降，提高农村孕产妇住院分娩率和高危孕产妇住院分娩率。提高产科质量，减少不必要的医学干预，降低剖宫产率。

（8）开展生殖保健科学研究，提高对严重危害妇女健康疾病的预防和治疗水平、推广安全、有效的避孕节育新技术、新方法，提供避孕节育的优质服务。

（9）以生殖健康教育为中心，普及生殖保健、优生优育、避孕节育知识，提高生殖保健知识普及率和育龄人口计划生育知识普及率。

（10）加强艾滋病防治工作，强化对采供血机构和血制品生产单位的管理；利用宣传教育网络，全民普及艾滋病防治及自我防范知识，提高艾滋病知识知晓率。

（二）创造促进妇女健康的社会保障和服务

完善医疗保障制度，保障妇女享有基本的医疗服务。

1. 促进城镇职工基本医疗保险、生育保险制度的进一步完善。

2. 通过合作医疗等多种形式的健康保障制度，提高农村妇女享受卫生保健的水平和抵御疾病风险的能力。

3. 实现医疗卫生服务观念和服务模式，从以病为本向以人为本的根本转变，治病与保健相结合，不断满足广大妇女的健康需求。

4. 倡导科学文明的健身方式，提高妇女身体素质。利用现有体育设施以及在社区、公园兴建和开辟健身场所，为妇女参与全民健身运动创造条件。

（天津医科大学　孙增荣）

第十二章 老年健康教育与健康促进

老年健康教育与健康促进力图通过各种教育手段,有计划、有组织、有系统、有评价的对老年人群开展针对性强的健康教育活动,使老年人接受、补充各种有益身体健康的卫生保健知识,提高他们的健康水平和生命质量,以达到预防和降低老年性疾病的发病率和患病率的目的。在开展老年健康教育的基础上,通过社区参与和社会动员,制定能促进老年人健康的公共政策,创造良好的支持环境对提高老年人的健康水平和生活质量有着非常重要的意义。

第一节 概 述

一、老年人和社会人口老化

(一)老年人的概念

随着年龄的增长,由成熟走向老化是生物的自然规律,老年健康教育与健康促进是一个综合性的社会问题,开展老年健康教育与健康促进活动,首先应该准确、全面地了解老年人(the elderly)的概念。对老年人的概念可以从生物学、心理学、社会学和法律等几个方面来界定。

1. 生物学上的界定

一般来讲,自然人在成熟期后,随着年龄的增长,躯体各器官出现不同程度的慢性退行性改变,包括机能、形态、代谢等,生物学称此现象为老化。从生物学角度来讲老年人不仅有生理年龄的增长,而且也伴随着机体对内外环境适应能力的逐渐减退。

老年期按照年龄的累进,可分为三个不同时期:老年前期,65～74岁;老年中期,75～84岁;老年后期,85岁以上。处于不同时期的老年人的身体机能和行为心理特征既有共性也有差异,因此,可根据不同老年期的情况开展老年健康教育与健康促进。

2. 心理学上的界定

从心理学角度界定老年人,是以老年人的心理特征及其变化情况作为基础的,主要强调老年人个人的感官或感觉过程、知觉、听觉等感知及社会适应能力的变化。

3. 社会学上的界定

从老年社会学的观点出发,对老年人的界定主要侧重于老年人的社会角色的转变,强调老年人在群体社会中的社会地位、社会功能的改变。

4. 法律上的界定

法律上对老年人的界定主要体现在对年龄的限定上。有关老年人的年龄,世界各国的规定不尽相同,美、英、法、日以60岁为界,瑞典、丹麦以67岁为界,以色列以70岁为限。目前我国对于老年人界定的法律是《中华人民共和国老年人权益保障法》,其中明确指出:"本法所称老年人是指60周岁以上的公民。"

目前国际通用的是以 60 岁或 65 岁作为标准。

(二) 社会人口老化

随着社会经济的飞速发展，社会人口老龄化已经成为世界人口发展的趋势。老年健康教育和健康促进作为一个综合性的社会问题，和社会人口老化密不可分。

社会人口老龄化（population aging）：是指某一人口总体中，老年人口的比重逐渐增加的过程，简称人口老化。按照国际上通行的标准，一个国家或地区 60 岁及以上的人口占总人口的比例大于 10% 或者 65 岁及以上的人口占总人口的比例超过 7% 就可以定义该国家或地区的人口已经老化。

2000 年我国第五次人口普查，60 岁以上人口占总人口数的 10.2%，其中 65 岁以上人口占总人口的 6.96%，这表明我国已经跨入老龄化社会的行列。步入老龄化社会，由此产生的老年人的健康问题，无疑将成为一个重要的社会问题。

二、老年教育和老年健康教育与健康促进

(一) 老年教育

自 1982 年在维也纳召开老龄问题世界大会以后，人口老龄化已被公认为是一个全球性问题，给世界带来了严峻的挑战。

1990 年 9 月世界卫生组织在丹麦哥本哈根会议上率先提出健康老龄化的战略目标。联合国制定的《2001 年全球解决人口老龄化问题方面的奋斗目标》界定了健康老龄化的概念。

健康老龄化（healthy ageing）：是指从整体上促进老年人的健康，从而使老年人在体力方面、才能方面、社会方面、感情方面、脑力和精神方面得到平衡发展。

老年教育是当代社会提出的用来解决社会人口老龄化问题，实现健康老龄化的一个有效手段，很多老年问题可以通过老年教育予以解决。正像《阿德莱德宣言》所指出的："通过教育应使老年人自己能够确信他们有能力自我服务和独立活动，使他们获得充足的信息，在生活的各个方面做出自己的选择。"

从健康教育与健康促进的观点出发，要切实解决老年人的卫生保健问题，必须要全面提高老年人的素质，而老年人素质的提高很大程度上有赖于老年教育。

目前国内外在开展老年教育方面取得了很大发展。老年教育的形式多样，老年学院和老年大学是老年教育的一种普遍而重要的形式。在老年教育中健康教育是其中最主要的教育内容。

我国也开展了形式多样的老年教育。经过多年的发展，已初步构成一个多层次的老年教育网络。《老年人权益保障法》中明确规定："老年人有继续受教育的权利。国家发展老年教育，鼓励社会办好各类老年学校。各级人民政府对老年教育应当加强领导，统一规划。"2002 年 7 月天津市通过了全国第一部老年人教育的专门法规——《天津市老年人教育条例》。把老年人的教育问题纳入法制管理轨道，表明了我国在社会人口老龄化进程中，对老年人教育的重视。

(二) 老年健康教育与健康促进

1. 老年健康教育与健康促进的概念

是一种运用健康教育和健康促进的相关理论，根据老年人的生理、心理和行为特点，对老年人群所进行的有计划、有组织、有系统、有评价的教育活动。

2. 老年健康教育与健康促进的意义

(1) 老年健康教育与健康促进是实现老年人社会化的重要手段　老年社会化主要包含两层含义：一是当人们进入老年期以后，生理、心理都会发生相应的变化，老年人应根据其生理、心理的特点，对个体所处社会地位和社会角色有一个重新调整和适应的过程；二是老年人要适应社会的发展与环境的变迁，应该学会用新的眼光观察事物，有一个掌握和接受新事物、新观念，不断充实新知识和丰富人生的过程。

老年人在长期的生活、工作或劳动过程中，会自然而然地形成一整套习惯性的生活方式和行为模式，当老年人从以生产型为主的社会角色转变为以休息型为主的社会角色时，往往会因为社会角色、生活节奏的突变，在心理上产生不同程度的障碍，有一个与社会重新建立关系的过程。如果老年人对新老交替的自然规律缺乏心理准备和角色期望，就会造成心理上的不平衡，甚至产生逆反心理、对立情绪等。如果这种心理和情绪在老年人群中长期广泛的存在，对老年人个体、群体和社会整体都是不利因素。对此，如不及时加以调节，给予社会化再教育，使之逐步与新的生活方式相适应，将会导致一系列功能性乃至器质性疾病，甚至过度的衰弱或过早的死亡。为了改善这种状况，需要动员全社会的力量，通过给予老年社会化再教育和正确的指导，包括健康教育、心理矫正、情绪培养、全社会帮助关心老年人等，使老年人克服某些不良因素和角色冲突，从而建立老年人和老年人群对社会的再适应。

(2) 开展老年健康教育与健康促进是树立正确的社会老人观和老人健康观的有效途径　老年人是特定历史条件下具有社会属性的群体，又是具有自然属性的个人。一个社会对老年人的态度是以社会老人观为尺度来衡量的，社会老人观是一个社会整体对老年人的价值、地位、功能、作用的认识和评价的综合反映，体现了一个社会在老年问题上的观念和政策。不同时代背景和社会制度会有不同的社会老人观和老人健康观。在老年型社会里，良好社会风尚的构成，是社会老人观和老人健康观相互作用，互相补充而形成的。现代社会，由于社会生产力水平、科学技术的迅猛发展及家庭结构的变迁，使老年人在社会功能的转换过程中，如在身份、地位、心理活动发生改变的情况下，各种内外环境及主客观因素都会对老年人形成一定的压力，从而使老人与非老人、老人与社会、老人与家庭间产生不同程度、不同形式的矛盾、冲突，如果忽略了这种社会现象，势必会对老年人群带来不良影响。

我国老年人口数量大，增长速度快，而且分布广、文化层次相对偏低，这都会对开展老年健康教育与健康促进带来诸多困难，需要根据他们的生理、心理特点和行为特征，联系上述不利因素有针对性地开展健康教育与健康促进。

(3) 积极开展老年人健康教育与健康促进具有一定的经济意义　健康教育与健康促进作为卫生保健的战略措施，已经得到全世界的公认，随着疾病谱和死亡谱的改变，影响人群健康的已经由传染性疾病和营养不良为主转变为慢性病为主，而慢性病多与行为生活方式、职业、环境因素有关。健康教育可以促使人们自愿采纳有益健康的行为生活方式，改变不良的生活方式和行为，减少自身制造的危险性，是一项投入少、产出高、效益大的保健措施。同样，如果积极开展老年健康教育与健康促进也是具有一定经济意义的。美国洛杉矶加利福尼亚大学的安德烈亚斯·斯特拉克博士曾经领导一个老年研究小组跟踪调查了414名年逾74岁的老人，其中有215人的专业护士定期上门检查老年人的健康并对老年人进行自我保健等方面的健康教育。3年之后，研究小组得出结论说：这些有效的家庭健康教育1年大约要花费6000美元，但是这与把病人托付给养老院相比，接受家庭健康教育的老年人每天可节省

35美元的养老院的费用。

老年期是患病率高的一个时期,尤其以慢性病为主,疾病负担无论对于国家还是个人都是一个巨大的压力。如果社会能够大力开展老年健康教育与健康促进,就有望降低因老年人患病而造成的经济负担,这对个人、家庭和社会都具有一定的经济意义。

3. 老年健康教育与健康促进的任务

(1) 使老年人树立正确的健康观,创造有益于老年人健康的支持环境　开展老年健康教育与健康促进首先应该让老年人树立正确的健康观。要使老年人成为一个健康老年人,就应当通过开展健康教育与健康促进,使老年人为达到身心健康和较好地适应社会的完美状态,有能力去认识和实现这些愿望,努力满足需求和改善环境。当然,通过老年健康教育与健康促进不仅使老年人树立正确的健康观,也使社会全体树立"人人为健康,健康为人人"的观念,开展有效的社会动员,使各级政府和各个部门重视老年工作,让社区、家庭和个人对老年人和老年人群给予更多关怀和帮助,使老年人在离开工作岗位以后能够重新更好地融入社会、适应社会。

(2) 通过健康教育与健康促进使老年人建立良好的生活方式,学会科学地安排生活　现代医学研究已经证明,不良的行为生活方式是影响人类健康的最主要的因素。开展健康教育与健康促进活动,使老年人明确哪些是健康行为,会对健康有益;哪些是危险行为,会危害健康,其目的是将老人引向正确健康的行为方向,形成良好的卫生习惯和健康行为,最终使老年人建立文明、健康、科学的生活方式,达到增进健康的目的。

(3) 提高老年人的自我保健能力,努力降低老年人常见病的发病率　人进入老年期以后,由于身体组织的衰老以及生理功能的减退,对疾病的抵抗能力降低,因此,对老年人开展健康教育时,要向老年人普及常见病防治知识,提高老年人的自我保健水平。向老年人提供完善的预防、医疗和康复服务,做到无病早防,有病早治。

(4) 使老年人学会自我心理调节,保持良好的社会适应状态　保持正常的心理状态和良好的社会适应的能力,不仅是身心健康的表现,而且是抵御外界刺激、预防疾病的重要措施。人到老年常会出现一些特殊的心理变化,甚至产生心理上的危机。开展健康教育与健康促进时,就要针对老年人的心理特点,向老年人和老年人群普及有关的心理卫生和精神保健知识,指导老年人保持良好的心理状态,顺利度过社会角色转变的时期,防止老年人身心疾病的发生。

第二节　老年人的生理、心理特点和行为特征

开展健康教育与健康促进时应该了解老年人的生理、心理特点和行为特征,这样可以使健康教育与健康促进活动更具有科学性和针对性。老年人的生理功能、心理变化和行为特征既有共性,也有差异。

一、老年人的生理特点

(一) 形态变化

老年人在形态上会发生很多变化,一般从体表就可以判断出来。如毛发变白或稀疏脱落,全身皮肤松弛,弹性降低,皱纹增多,出现色素沉着、老年斑。牙龈萎缩,牙齿脱落。

另外，体力减弱，肌肉逐渐萎缩，动作和步履迟缓。此外，在衰老过程中，老年人的身高与体重也会发生一定的变化。出现身高下降，弯腰驼背等现象。

(二) 各器官系统功能的变化

1. 器官功能减退。
2. 内分泌系统及代谢功能的改变。
3. 心血管系统的变化。
4. 老年人呼吸功能明显减退。
5. 老年人的胃、肠功能减弱。
6. 神经、精神发生相应的变化。
7. 视、听等感觉功能的改变。
8. 免疫能力降低，防御功能减弱。

二、老年人的心理特点

人到老年不仅由于新陈代谢衰退引起机体的逐渐衰老，而且在心理功能、个性特征上也会产生相应变化。大量研究表明，老年期的心理伴随生理功能的减退而出现老化。

(一) 老年人生理功能衰退导致的心理特点

1. 智力的变化

老年人在限定时间内学习速度比年轻人难，老年人学习新东西、新事物不如年轻人，其学习也易受干扰。

2. 记忆的变化

随年龄增长，老年人记忆能力变慢、下降。

3. 思维的变化

由于记忆力的减退，因此，无论在概念形成上，解决问题的思维过程方面还是创造性思维和逻辑推理方面都会对老年人产生影响。

4. 情感与意志的变化

老年人的情感和意志过程随社会地位、生活环境、文化素质的不同而有极大差异。

(二) 老年人因社会角色改变形成的心理特点

老年人由于社会角色的转折，心理变化非常明显，因而产生独特的心理特点。

1. 日常生活中的不适应感

如离退休对于老年人来讲是一个重大的社会生活变化，老年人在心理上易产生不适应，精神烦闷。老年人日常生活中的不适应感会随离退休时间的增长而逐步减退。

2. 孤独寂寞感

孤独寂寞是老年期最常见的心理特征。长期的孤独、寂寞会使老年人产生一系列的消极情绪，时间长了会引发行为改变，这对老年人的身心健康极为不利。

3. 无用感和失落感

老年人中的"无用感"、"失落感"较为普遍。

4. 焦虑抑郁感

老年人爱操心，他们既关心儿孙的进步成长，对有些年轻人的生活习惯又看不惯，管不了，就觉得自己年龄大了，力不从心，不中用了，因而焦虑不安。尤其是生病的时候，这种心理更为明显。

三、老年人的行为特征

行为是机体对内外环境因素刺激所作出的能动反应。了解老年人在社会角色变换中的各种行为特征，保持老年人生理和心理的调适，预防、控制异常行为对老年人健康的影响，是做好老年健康教育与健康促进的前提。

老年人和老年人群的行为基本是过去行为的继续，因此开展健康教育与健康促进时应该依据老年人的行为特征采取有效措施，才能有的放矢的开展健康教育与健康促进。

1. 由于衰老导致的行为特征

老年人由于衰老所发生的行为改变主要体现在感知方面。感知能力的降低，其结果常常会使老年人出现一些行为变化，如记忆力和学习能力降低。从健康教育与健康促进的角度来讲，因为学习具有促进和保持智力的功能，老人适度学习，可防止老年人生理上和心理上的老化。

2. 老年人的性格行为特征

常见的老年人的性格类型主要有以下几种，不同的性格类型决定了老年人自身行为的特征。

（1）成熟型　这类老人通常身体健壮，思维敏捷，智力人格完善，性格豁达，乐观向上，较少受外界影响，对周围事物、环境变化较易适应。这一类型的老年人长寿高龄者居多，属于典型的适应性良好的行为模式。

（2）安乐型　这种类型的老人性情平和，温顺，胸襟宽宏，待人诚恳，对于生活要求悠闲自得即可，也属于适应性较好的行为模式。

（3）抑郁型　此种类型的老年人性格一般内向，不善与人交流，十分孤僻，对他人从不表示关心，属于适应性较差的行为模式。

（4）愤怒型　性格外向，容易冲动急躁，遇事不冷静、情绪不稳，对他人或社会现象有较强的敌意和攻击性。

（5）猜疑型　对周围事物和他人易产生猜疑和不信任感，是一种典型的适应不良的行为模式。

第三节　老年健康教育与健康促进的内容

老年人的健康教育与健康促进应该按照老年人的健康需要，向他们传播健康长寿的一般知识，使老人懂得自觉祛除和预防致病因素的侵袭，保持和维护身心健康更好地适应社会环境的重要性；此外，通过主动争取和促进领导层及决策层观念的转变，从政策上创造开展老年健康教育与健康促进的支持环境，促进个人、家庭和社会群体对老年人群健康的关注，从而共同创造一个有益于老年人健康的外部环境。具体来讲，老年人健康教育与健康促进主要包括卫生保健教育、心理卫生教育、性教育和死亡教育这四部分内容。

一、卫生保健教育

（一）生活卫生

合理的生活卫生，对老年人健康长寿至关重要。通过健康教育与健康促进，使老年人养成良好的卫生习惯，使老年人及老年人的家人和社区的相关人员懂得老年人良好生活卫生习惯的重要性。老年人的卫生保健教育，一方面要针对老年人自身，另一方面要针对老年人的家庭和社区其他人员。

1. 个人卫生

老年人穿着应宽松合体，柔软、轻便、保暖。老年人对环境的应变能力降低，衣物要随季节和气候的变化及时更换。衣物最好选择棉、麻和丝制品，并要经常换洗。

老年人应当经常保持口腔及皮肤清洁，洗澡的时候水温不应该过凉过热，洗澡时间也不宜过长，年老体弱者，洗澡时身旁要有人照料。

2. 生活规律

老年人要养成有规律的生活，要尽量保持足够的睡眠，以第二天精力充沛为宜。为能保持良好的睡眠，应该使老年人在睡前保持精神的放松，养成按时作息的习惯。此外，老年人的饮食要节制，定时定量，尽可能不饮酒、少饮酒，不吸烟，娱乐时间也不宜过久。

3. 保持适当的体力活动

体力活动包括体力劳动与体育活动。经常体力活动，可增进机体的新陈代谢，改善血液循环，减轻肌肉萎缩，增强体质，延缓组织器官衰老，而且可以减少高血压和冠心病等疾病的发生。

老年人应坚持适当的体力活动，但体力活动必须量力而行，适可而止，注意劳逸结合。一般来说，老年人的体育锻炼应选择一些对抗性不太强、不剧烈的运动。对于识字老人，练习书画是对身心健康都有益处的活动。此外，老年人应经常保持户外活动，但活动要慢、稳，防止摔倒，老年人夏季外出要预防中暑，冬季外出最好戴帽，预防感冒和冻伤的发生。

4. 减少老年人的意外伤害

由于老年人步履艰难，行动不便，故行动时宜谨慎，防止摔倒，老年人由于骨质疏脆，摔跤则易骨折，高血压、心脑血管患者摔跤则更危险。此外，由于老年人的听力的衰退，对老人说话速度要放缓，必要时加以肢体语言，对老人不要大声叫嚷，以免老人反感，导致情绪急剧变化而发生意外伤害情况。

（二）合理安排膳食、提供饮食指导

营养因素与人体健康、疾病和长寿有着重要的关系，影响老年人健康和长寿的一些疾病如恶性肿瘤、心脑血管疾病、糖尿病、老年性痴呆、骨质疏松等也和营养有关。因此开展老年健康教育与健康促进活动时，应该对老年人的饮食给予合理指导，使营养的供应符合老年人的生理特点。

1. 老年人的营养需要

老年人受生理、心理状况及环境因素的影响，其营养需要也有所变化。随着年龄的增长，老年人的基础代谢会降低，活动量也会减少，老年人每天所需的热能也会相应减少。因此老年人应避免过多热能的摄入，避免多食导致的身体发胖，当然也不能过度限食而导致营养不良。

蛋白质对老年人是极为重要的，老年人应注意补充优质蛋白质，当然蛋白质的补充也不宜过多，以免加重老年人肝脏、肾脏的负担。应限制含饱和脂肪酸高的食物的摄入，饮食中应以植物性脂肪为主，应减少胆固醇含量高的食物的摄入，当然适量摄入胆固醇对机体是有益的。碳水化合物的供应也应相应的减少。

在老年人的饮食中，膳食纤维具有相当重要的作用。老年人由于年龄增长，消化功能减弱，容易发生便秘，适量膳食纤维的摄入可以刺激消化液分泌和肠蠕动，促进排便，而且膳食纤维也有助于食物胆固醇的排出。

维生素对于调节和控制代谢、推迟衰老有极其重要的作用。研究证明，补充维生素可以抵抗自由基对机体细胞的损伤，延缓衰老。维生素 A 能促进免疫耐受性、增强机体的自然免疫活力。维生素 D 能促进正常粒细胞诱导分化，促进骨组织钙化，防止骨质疏松。维生素 E 是极有效的天然抗氧化剂，由于机体中的维生素 E 会随着年龄的增长而下降，因此老年人可以增加维生素 E 的摄入，延缓衰老。此外，维生素 C 能提高人体的免疫力，维生素 B_6 缺乏时容易导致细胞免疫功能障碍，所以老年人应补充维生素 B_6。

老年人还应该补充足够的钙和硒等矿物质。钙可以防止骨质疏松，硒是重要的抗氧化剂，对心肌有保护作用。

2. 老年人膳食保健的措施

由于老年人体力活动相对减少，新陈代谢降低，食欲、消化和吸收功能也有所变化，对糖和饥饿耐受性较差。因此，老年人合理的膳食结构应是：低热量、低脂肪、低胆固醇、低糖、低盐、蛋白质和维生素充足。

可以按老年人膳食安排的四原则来指导老年人的饮食，即：

（1）适合咀嚼　老年人应多吃新鲜的蔬菜水果，多食抗氧化营养素（维生素 C、维生素 E 和硒等）。三餐都应有蔬菜，但蔬菜加工时应该切细煮软，以便老人食用。

（2）易消化吸收　老年人应控制总能量的摄入，饮食摄入宜饥饱适中，要注意食物的色香味，味宜清淡，食物少油腻和刺激性。饮食要注意荤素搭配，少食多餐，不暴饮暴食。

（3）防止老年人便秘　由于老年人的胃肠功能减弱，容易出现便秘，所以老年人要多喝水，食物中应增加易消化的富含膳食纤维的食品（如海藻、豆制品），防止老人出现便秘。

（4）补充必需的维生素　老年人最易缺乏钙、铁、硒、维生素 C 和 D 等营养素，所以在日常饮食中应选择富含这些矿物质和维生素的食物。

一些患有慢性病的老年人，还可在医生指导下，选择合理的传统药膳，予以食补。

（三）老年常见病防治知识和合理用药知识的教育

1. 常见病防治知识教育

老年人患病常表现为：病程长、往往多病共存、症状不典型、发病缓慢、恢复慢、并发症多及病情常突然恶化、治疗难度大等，对老年人健康危害很大。因此，开展老年人慢性非传染性疾病防治的健康教育与健康促进十分重要。

老年人常见病为心脑血管疾病、老年常见肿瘤、老年常见眼病、老年运动系统疾病以及神经系统常见的老年性痴呆，泌尿系统多见的前列腺肥大等疾病。研究证明，有很多疾病是可以通过自我防护达到预防、控制或取得康复效果的。通过开展健康教育与健康促进，使老年人在日常生活中学会如何预防这些疾病，教给老年人具体的预防措施和方法，使老年人做到无病早防，有病早治，提高老年人自我保健能力，从而减少老年人常见病对他们身心健康的危害。同时创造有效的支持环境，动员社区参与，使相关人员都能了解、掌握一些老年人常见病的防治知识。

健康检查是临床医疗和预防保健的具体措施，随着社区卫生服务体系的不断完善，老年人应建立健康档案，并针对每人的健康问题，有侧重的定期进行保健体检，通过健康教育与健康促进，不仅让老年人了解健康检查的益处，也让老年人的子女支持老年人坚持定期体检。

2. 老年人合理用药知识教育

随着年龄的增长，老年人所患的疾病也会相对增多，因而老年人的用药也会相应增加，尤其是一些慢性病患者，更需要长期服药，同时服用多种药物。对老年人及其家人进行合理用药的健康教育，具体内容包括：一定要听从医嘱，不能乱用药，要严格控制用药剂量，以免药物蓄积中毒；用药时应注意的事项及忌用、慎用药品；家庭常备药的使用方法和注意事项；服用补药及药膳的适应证和注意事项；怎样识别过期、失效及变质药品等等。

（四）对于卧床老人提供护理和康复指导

开展健康教育与健康促进时可以通过社区卫生服务机构对因病卧床老人提供相应的护理和康复指导。尤其是对有久病卧床的老人的家庭，可以提供以下指导和帮助：

1. 指导老人家属或护理人员帮助老人调整病床到适宜位置，使老人能够保持合理的卧床姿势。

2. 指导家人或护理人员及时帮助卧床老人翻身；保持老人皮肤的清洁、卫生；防止久病卧床的老人发生褥疮。

3. 指导老人家属或有关护理人员学会观察患有危重疾病老人的病情，指导他们掌握急救常识。

4. 要教育老人的家人或相关护理人员对老人有耐心，经常给予老人精神上的安慰。

5. 对因患病而出现病残的老人，教育家人在老人病情逐步稳定后尽早提供康复帮助。家人或护理人员在帮助老人机体功能康复的同时，也应该从心理上关怀帮助老人，使老人在疾病过后实现心理上的康复。

二、心理卫生教育

心理因素与健康关系密切，老年人退休离开工作岗位后，社会生活环境发生了变化。这样老年人的心理上就必然要经过一个重新适应社会角色的过程，这期间不可避免的会出现一些心理刺激，而心理刺激产生的各种情绪反应，可引发一系列生理、生化变化，严重者可导致功能障碍或者器质性改变。如果老年人在适应新的社会角色的过程中，主动调适自己的心理，往往能比较客观地接受现实，比较愉快地度过晚年。如果自我调适不好，往往会被消极情绪包围。老年健康教育与健康促进应把老年人的心理卫生教育作为重点。

（一）老年人常见的心理压力

老年人常见的心理压力主要包括以下几类：

1. 日渐衰老而产生的心理压力。
2. 社会角色变更困难。
3. 社会疏远感和孤独寂寞。

（二）老年人心理卫生教育的内容

对于老年人的常见心理压力，开展健康教育与健康促进时，应指导老人自我调适，维护身心健康。同时，家人、社区和社会应该给老人创造良好的支持环境，为老人重新融入社会生活提供便利条件。具体包括以下内容：

1. 教育老年人树立正确的老年价值观和健康观

愉快、稳定的情绪，对生命活动功能有着积极的作用。生活得有目的、有乐趣、有意义，是促进老年人健康长寿的主要因素。

老年人在退休之后，一般说来，大都希望自己的晚年生活充实而富有意义，能够对社会继续作出贡献，这就是所谓"老有所为"。老有所为的问题，一方面关系到老年人智力资源的合理利用，另一方面也关系到老年人自身心理平衡。从健康教育和健康促进角度来讲，对老人老有所为的问题，应当予以高度重视，并妥善地加以引导和解决，帮助老年人适应新环境。

老年人离退休后，常有一种老朽感。这种心理压抑，会使老人丧失老有所为的自信心。对老年人开展心理卫生的健康教育和健康促进活动时，应该首先教育老年人树立正确的老年观。应该看到，老年人有丰富的工作经验，有较强的观察和分析问题的能力，不少老年人在人们的心目中，有很高的威信。由于现在平均期望寿命的延长，老年人离退休后的还有十几年的时间发挥自己的特长和潜能。

此外，通过开展健康教育与健康促进让老年人明白，健康不仅仅是没有疾病，健康还应该是社会适应能力上的完美状态。引导老年人正确看待退休，尽快适应社会角色的转变，保持身心健康。此外，教育老年人成为情绪的主人，保持平静恬淡的心态。

2. 指导老年人寻求老有所为和老有所乐的新途径

老年人最害怕的就是孤独寂寞，针对老年人存在的这种心理，要指导身体健康的老年人多参加社会公益活动，鼓励老人们继续保持密切的社会关系。如可以让身体健康的老人协助维护社区环境、维护交通秩序、为鳏寡孤独和病卧老人提供有益的帮助。助人的乐趣本身会重建老年人的自信，加大老年人重返社会大家庭的动力。还可以组织老人参加老年学习活动，通过本类活动，大家相互交流、畅所欲言，有利于老年人重新焕发青春。通过以上方式，老年人会组建新的交际圈，以积极的方式延缓自身的衰老进程，实现老年人的老有所为。

老年人可以培养自己广泛的兴趣和爱好使自己的生活充实起来，比如，养花、钓鱼等，只要活动适度，其作用往往比心理治疗和行为指导作用更大。例如，倾听老人喜爱的音乐，可帮助老人唤回失去的记忆，推迟大脑的衰老；下棋能促进思维，使老人重新全神贯注，增加注意广度；听相声、小品，开怀大笑，有助于加速血液循环，消除大脑疲劳。以上活动，不仅能修身养性，陶冶情趣，而且也达到了老有所乐的目的。

3. 动员社会参与，为老年人创造良好的生活环境

良好的生活环境对老年人的心理健康很重要。国家在制定社会发展规划和决策的时候应充分考虑老人对于自然环境和社会环境的需求，制定能促进老年人健康的公共政策，重点应放在创造并保持能提高老年人、特别患有慢性病老年人生活质量的自然环境和社会环境方面。有条件的地方则应开设老年人的心理咨询、老年门诊。社会成员都应尊敬老人，爱护老人，使老年人有一个良好的生活大环境。

家庭的和睦欢乐对老年人的心理健康亦至关重要,健全的家庭功能有益于老年人健康。"合家欢、老人安"充分说明了这一点。老人的家庭成员都应该尊敬、爱护老人,一般老人在家庭中生活的时间增多,与他的第二、第三代人接触的时间也就增多,处理好相互之间的关系,可增进老少情感,对防止心理衰老很有好处。有条件的家庭应该鼓励老年人积极参加"老年活动中心"、"老年之家"等场所的娱乐、休息、学习活动。为老人的身心健康创造良好的家庭环境,为他们重返社会提供支持。

此外,对丧偶的老人开展健康教育与健康促进应该让其子女更多地关心老人的生活,支持老人的正当要求和需要,这对老年人的心理健康有益。心理学的研究表明:丧偶后老人需在家庭生活中寻找一种新的依恋关系,这可补偿丧偶后的心理失落感,因此再婚是一个比较好的方法,对于老年人再婚的行为,子女和家人应给予支持。

三、老年人的性教育

(一) 正确对待老年人的性问题

性是生物的本能,是人类正常的生理需要,一个健康的老年人,虽然性机能渐渐地衰退,同样具有性欲和性生活的要求及本能。但在生活中老年人的这种正常生理需要却往往被社会所忽视,缺乏应有的认同感和同情感。甚至在人们传统世俗的目光里,老年人的性行为是可耻的,社会上对老年人性生活的这种态度是错误的,会对老年人的身心健康造成危害。

性教育是一项严肃、科学的教育活动,具有普遍性、特殊性和差异性,老年人的性教育要根据老年人性生活的特点和差异,有针对性的、耐心的对老年人加以指导。老年人的性教育除了有关性的基本知识外,应侧重于性行为和再婚两个方面。

(二) 老年人的性行为

性功能虽然到老年期会逐渐减退,但老年人同样具有性行为的需求。随年龄的增长,老年人的性行为在生理上、心理上、形式上会有不同。

开展老年人性教育时,除了让老年人树立正确的性观念外,还应该让老年人了解老年夫妇性生活的特点。对老年人的美满婚姻关系,较少依赖于强烈的性高潮,更多归因于夫妻间的精神欢乐。这样,性活动就可能以各种形式保持下去,带来感情上的满足,这有助于消除老年人的孤独感,增强自信心。开展健康教育与健康促进活动时,应该通过各种形式的宣传教育让老人、老人家人及社会公众改变对老年人性行为的错误观念,减少对老年人性行为的不理解,甚至歧视,为老年人性教育创造良好的支持环境。

(三) 老年人的再婚问题

从生理学角度看,独居老年人的再婚有益于健康。调查表明,老年人丧偶后,有的表现为精神不振,忧患意识加重,体质下降,加快老化。资料显示独身老人的发病率和死亡率较高的原因是由于情绪忧郁、焦虑、悲观,对生活失去稳定的目标和信念。

老年人再婚对家庭生活、身心健康有益。我国对老年人的赡养,主要是由家庭养老。随着社会人口老龄化趋势的加剧,老年人口数量的增多,完全依靠子女养老是不够的。所以,再婚是解决家庭负担,对老年人健康有益的好方法。

在我国,受传统思想的影响,对老人再婚的行为至今仍有不正确的观点,尤其是对老年妇女再婚,更是如此。因此,可以通过开展健康教育和健康促进,使每个人都树立正确的观念,正确地对待老年人的再婚问题,尤其是再婚老人的子女要理解老人的生活需要,支持有再婚愿望的老人，不抵制、鄙视、离弃他们。

四、老年人的死亡教育

死亡是机体生命活动和新陈代谢的终止，是生命的正常现象和不可抗拒的自然规律。由于受传统观念和世俗文化的影响，人们对死依然是讳莫如深，所以死亡教育开展的也比较少。随着社会的发展人们不得不面对越来越多的死亡问题，死亡教育的迫切性也就显示出来了。

（一）老年人死亡教育的意义和目的

老年人的心理活动较为复杂，且处于人生的最后阶段，直接面对死亡的问题。对老年人开展死亡教育，不仅让老年人懂得如何活得健康、有价值、无痛苦，而且还要死得有尊严。通过死亡教育，使老年人认识到死亡是不可抗拒的自然规律。除了让老年人认识到死亡是必然规律外，针对老年人存在的死亡意识和死的意念，让老年人知道，这是对死亡来临前的正常心态反映，也是自然人的一种本能，从而降低老人面对死亡时的恐惧心理。

在老年人人生的最后阶段，如何使老年人愉快地、充实地度过，作为健康教育工作者关键是对老年人进行有关的死亡教育，通过各种媒介手段引导老年人克服心理上对死亡的恐惧，不必为此整日忧心忡忡，要从容、理智的面对死亡，保持合理的心态，而不是消极的回避死亡。

对老年人开展死亡教育的目的：引导老年人、老年人群及全社会科学地认识死亡，树立正确的观念，让老年人做好心理准备，避免各种不利因素引起的死亡恐惧对老年人身心健康的影响。加强老年人的死亡教育的同时，应该教育老年人在未来的余生中合理安排自己的生活，使自己的生活过得更有意义。从健康教育与健康促进的角度来讲，开展死亡教育，对于社会来讲，就是要引导人们走出死亡心理误区，树立正确的死亡观，同时动员社会共同参与对临终老人给予更多的关怀和帮助，促进社会临终关怀事业的发展。

（二）老年人对待死亡的态度类型

老年人对待死亡的态度因人而异，由于不同因素的影响，对死亡的态度一般可有五种类型：

1. 计划型

这类人对死亡具有正确态度。死亡观念正确，死亡准备较充分，能从容面对死亡。这类人一般心理素质好，能正确的对待人生，是值得提倡的一种类型。

2. 接受型

这类人对死亡毫无恐惧感、压力感，多在死亡前做好心理准备，对死亡是可以接受的。

3. 恐惧型

此类人对死亡缺乏正确认识，极端恐惧死亡，对死亡毫无心理准备。

4. 解脱型

属于此类者对死亡心理活动较为平静。

5. 超然型

对死亡毫无心理准备，对死亡多持无所谓态度。

开展健康教育与健康促进时应针对老年人对待死亡的不同态度、不同类型进行有针对性的死亡教育，才能收到良好效果。

(三）开展死亡教育的内容

1. 教育人们树立科学正确的死亡观

死亡教育的核心是死亡观教育，通过这种教育来帮助人们正确地面对自我之死和他人之死，理解生与死是人类自然生命历程的必然组成部分，是不可抗拒的自然规律，从而正确的树立科学的死亡观。

2. 教育人们对死亡心理上要有充分的准备

首先应在心理上做好准备，即一方面要积极地消除因死亡带来的各种不利因素，认识到哪些会加重精神负担和心理障碍；另一方面要使他们对死亡和濒死有个正确态度，通过死亡教育来消除人们对死亡的恐惧、焦虑等病态的心理，防止由此引发的身心疾病。

3. 正确对待疾病

对于老年人来说，疾病的威胁和痛苦，不亚于对死亡的畏惧，因为多数人视疾病为死亡的前兆。因此，在加强老年人死亡教育的同时，教育老年人提高自我保健意识，改变不良行为和生活方式，努力提高生活质量和生命质量，是积极应对疾病和死亡的态度。

开展健康教育与健康促进时，针对死亡教育的内容，应从社会层面上呼唤更多人对死亡教育的重视，可以使人们以社区为基础，通过不同的阶层组织为濒死老人或晚期病人提供从生理到心理上的支持和照顾，提高临终老人的生活质量，使他们在温馨的环境中充满尊严地走完人生的最后旅程。

五、老年健康促进

健康促进是导致健康的行动和健康的生活条件的教育和环境支持的组合。从现代健康促进理论的角度出发，开展老年健康促进，就要更多的创造有效的支持环境。老年健康促进的目的在于努力改变老年人群不健康的行为生活方式，改变预防性卫生服务，创造有利于老年人健康的良好的社会和自然环境。其内容包括：

（一）制定促进健康的公共政策，提高社会对老年人健康的责任感

在社会人口老龄化已经成为世界人口发展趋势的今天，主动争取及有效促进各个国家或地区的决策者、领导层的观念的转变，制定能促进老年人健康的公共政策，使之提高对老年人健康的社会责任感。政府和非政府部门以及民众都应该通过执行政策和开展实践来促进老年人健康。在提高社会对老年人健康的责任感方面，各国都有所行动，如开办老年大学开展老年教育；比如我国为了保护老年人的权益通过了《中华人民共和国老年人权益保障法》等。从决策层和领导层的角度来讲，要承担对老年人健康的责任，还应该解决各种有害环境（如环境污染）对老年人健康的危害。

（二）创造促进老年人健康的支持环境

创造有利于老年人健康的支持环境是指在促进老年人健康的过程中，必须使物质环境、社会环境等各个方面都有助于老年人的健康。创造健康的支持环境需要政府倡议、各部门合作以及个人积极参与，如强调老年人的社会地位的重要性，提倡老年人更多的参与到社会生活中，尊重老年人和老年人群，使老年人能发挥其对社会的积极作用，做到老有所为。

（三）强化社区行动，提高老年人健康水平

社会的公平和平等是每个公民获得较好健康状况的一个先决条件，而没有个人和社区居民的积极参与，就不可能创建良好的环境支持。强化社区行动的核心，就是动员社区积极参

与，积极支持、促进个人、家庭和社会承担老年人的卫生保健工作，为提高老年人健康水平共同努力。

（四）发展老年人的个人技能

影响健康的因素很多，其中行为生活方式是健康的重要影响因素之一。健康促进通过提供信息、健康教育和提高生活技能改变人们不良的行为生活方式，支持个人和社会的健康发展。通过开展老年健康教育与健康促进，提高老年人解决健康问题的个人技能，使老年人和老年人群能更有效地维护自身的健康和有益于健康的生活环境。

（五）适应老年人健康需要，调整卫生服务方向

卫生服务是决定健康的因素之一，调整卫生服务的方向，就是通过更为合理的方式解决卫生资源的分配问题，改进卫生服务的内容和质量，增加和改善预防性卫生服务设施，根据社会人口老龄化的情况，适应老年人的健康需要，投入更多资源，以促进老年人的健康。

（天津医科大学　刘会平）

参 考 文 献

1. 马骁等．健康教育学．北京：人民卫生出版社，2004
2. 吕姿之等．健康教育与健康促进．第2版，北京：北京大学医学出版社，2002
3. 黄敬亨等．健康教育学．第3版，上海：复旦大学出版社，2005
4. 黄敬亨等．健康教育学．北京：科学出版社，2000
5. 谭晓东等．社会医学与健康促进学．北京：科学出版社，2000
6. 龚幼龙等．卫生服务研究．上海：复旦大学出版社，2002
7. 田本淳等．健康教育与健康促进实用方法．北京：北京大学医学出版社，2005
8. 李鲁等．社会医学．第二版，北京：人民卫生出版社，2003
9. 傅华等．预防医学．第四版，北京：人民卫生出版社，2004
10. 王增珍，张述林等．社会行为医学．北京：科学出版社，2004
11. 李兴民，王明旭等．现代行为医学．北京：军事医学科学出版社，2000
12. 卢明俊等．实用健康教育学．哈尔滨：黑龙江科学技术出版社，1999
13. 国务院．"中国妇女发展纲要（2001～2010年）"
14. 林琳，米光明等．社区健康教育．北京：中国医药科技出版社，1999
15. 季成叶等．儿童少年卫生学．第5版，北京：人民卫生出版社，2004
16. 李权超等．老年人健康促进．北京：军事医学科学出版社，1999
17. 耿德章等．中国老年医学（上、下册）．北京：人民卫生出版社，2002
18. 徐允诚译．青少年的健康与成长．北京：人民卫生出版社，2000

后　记

经全国高等教育自学考试指导委员会同意，由全国高等教育自学考试指导委员会医药学类专业委员会负责高等教育自学考试医药学类专业教材的组编工作。

《健康教育与健康促进》教材由天津医科大学张竞超副教授担任主编。参加编写的人员有张竞超副教授（第一、二、四、五章），孙增荣教授（第十一章），李敬永副教授（第七、八、九章），席薇讲师（第十章），刘会平讲师（第十二章），哈尔滨医科大学王小雪副研究员（第三章），王琪助理研究员（第六章）。最后张竞超副教授统稿。

全国高等教育自学考试指导委员会医药学类专业委员会组织该教材的审稿会。天津医科大学汪培山教授担任主审，天津医科大学汤乃军教授、北京大学常春副教授、天津市医学高等专科学校董宣副教授参加审稿并提出改进意见。

全国高等教育自学考试指导委员会医药学类专业委员会最后审定通过本教材。

　　　　　　　　　　　　　　　全国高等教育自学考试指导委员会医药学类专业委员会
　　　　　　　　　　　　　　　2006 年 3 月

附

全国高等教育自学考试
营养、食品与健康专业（独立本科段）

健康教育与健康促进自学考试大纲

（含考核目标）

全国高等教育自学考试指导委员会　制定

健康教育与健康促进课程自学考试大纲出版前言

为了适应社会主义现代化建设事业对培养人才的需要，我国在20世纪80年代初建立了高等教育自学考试制度；经过20多年的发展，高等教育自学考试已成为我国高等教育基本制度之一。高等教育自学考试是个人自学，社会助学和国家考试相结合的一种高等教育形式，是我国高等教育体系的一个重要组成部分。实行高等教育自学考试制度，是落实宪法规定的"鼓励自学成才"的重要措施，是提高中华民族思想道德和科学文化素质的需要，也是造就和选拔人才的一种途径。应考者通过规定的专业考试课并经思想品德鉴定达到毕业要求的，可以获得毕业证书；国家承认学历并按照规定享有与普通高等学校毕业生同等的有关待遇。

从80年代初期开始，各省、自治区、直辖市先后成立了高等教育自学考试委员会，开展了高等教育自学考试工作，多年来为国家培养造就了大批专门人才。为科学、合理地制定高等教育自学考试标准，提高教育质量，全国高等教育自学考试指导委员会（以下简称"全国考委"）组织各方面的专家对高等教育自学考试专业设置进行了调整，统一了专业设置标准。全国考委陆续制定了200多个专业考试计划。在此基础上，各专业委员会按照专业考试计划的要求，从造就和选拔人才的需要发出，编写了相应专业的课程自学考试大纲，进一步规定了课程学习和考试的内容与范围，有利于社会助学，使个人自学要求明确，考试标准规范化、具体化。

全国考委按照国务院发布的《高等教育自学考试暂行条例》的规定，根据教育测量学的要求，对高等教育自学考试课程的自学考试大纲进行了探索、研究与建设。目前，为更好地贯彻党的十六大和全国考委五届二次会议精神，以"三个代表"重要思想为指导，全国考委办公室及其各个专业委员会在2003年开始较大幅度地对新一轮的课程自学考试大纲组织修订或重编。

全国考委医药学类专业委员会在考试大纲建设过程中结合高等教育自学考试工作的实践，参照全日制普通高等学校相关课程的教学基本要求，并力图反映学科内容的发展变化、体现自学考试的特点，组织制定了《健康教育与健康促进自学考试大纲》，现经教育部批准，颁发施行。

《健康教育与健康促进自学考试大纲》是该课程编写教材和自学辅导书的依据，也是个人自学，社会助学和国家考试的依据，各地教育部门、考试机构应认真贯彻执行。

全国高等教育自学考试指导委员会
2006年6月

目　录

I　课程性质与设置目的……………………………………………………………（199）
II　课程内容和考核目标……………………………………………………………（200）
　第一章　健康及健康层次观……………………………………………………（200）
　第二章　健康教育与健康促进的基本理论……………………………………（201）
　第三章　行为与健康……………………………………………………………（202）
　第四章　健康心理………………………………………………………………（203）
　第五章　传播与健康教育………………………………………………………（204）
　第六章　健康促进测量及其评价指标…………………………………………（206）
　第七章　健康促进计划的设计…………………………………………………（207）
　第八章　健康促进计划的执行…………………………………………………（208）
　第九章　健康促进计划的评价…………………………………………………（209）
　第十章　学校健康教育与健康促进学校………………………………………（210）
　第十一章　妇女健康教育与健康促进…………………………………………（211）
　第十二章　老年健康教育与健康促进…………………………………………（212）
III　有关说明与实施要求……………………………………………………………（214）
附录　题型举例………………………………………………………………………（217）
后　　记………………………………………………………………………………（219）

Ⅰ 课程性质与设置目的

一、课程性质和特点，在本专业中的地位、设置目的任务与作用

《健康教育与健康促进》是一门介绍如何通过健康信息的传播和行为干预，帮助个人和群体掌握卫生保健知识，树立健康观念；并通过促使行为、环境改变的组织、政策、经济支持等各项策略，强调社会、部门以及个人对促进人类健康应承担的义务和责任，以及应采取的行为和策略，使目标人群能自觉采纳有利于健康的行为，消除不良的生活方式和行为对健康的影响。对于解决当今生活方式时代的健康问题是非常重要的一门学科，具有很强的理论性和实践性。

行为对健康和疾病发生发展的影响已经越来越清晰地呈现在人类面前，行为与生活方式成为健康问题的主要影响因素，世界卫生组织（WHO）在 2002 年世界卫生报告中，将改善人们的行为作为当前减少疾病风险的最重要策略。而健康教育与健康促进理论的核心就是唤起社会、人群对"大卫生"的自觉性和责任感，最终达到人群健康促进的目的，建设健康的社会。

《健康教育与健康促进》是高等教育自学考试营养食品与健康专业（独立本科段）的专业必考课程，占 5.0 学分。它涉及到健康教育和健康促进的基本理论和技能、不同人群的健康促进方法等相关内容。未来的卫生工作者，不论是做食品营养师、咨询师，还是做诊疗工作、预防保健、康复、科学研究等工作，都应该首先树立预防为主的观念，而健康教育与健康促进是初级卫生保健中不可或缺的重要组成部分。

二、本课程的基本要求

健康教育与健康促进利用的原则来自于医学、行为学、教育学、心理学、人类学、社会学、传播学、经济学、管理学等，具有很强的理论性和实践性。

本教材以基本理论、基本知识和基本技能为出发点，通过学习，目的是培养学生掌握为受众提供行为改变所必须的知识和技能。

《健康教育与健康促进》是本专业的基础课程，其中重点章节为健康与健康层次观、健康教育与健康促进基本理论、健康行为、健康心理、健康传播、健康促进计划设计、实施与评价；次重点章节为健康促进测量及其指标；一般章节为不同人群的健康教育与健康促进特点与内容。只要学生遵循生物—心理—社会医学模式的思维模式，系统全面的认识健康影响因素的多维性，就有助于学习和掌握这门课程的精髓。

Ⅱ 课程内容和考核目标

第一章 健康及健康层次观

一、学习目的与要求

本章主要介绍健康观和健康的影响因素。学习本章应该深刻理解多维健康观的内涵,理解健康的四类影响因素以及健康与疾病的动态发展变化的过程。只有在理解健康的影响因素前提下,才能加深对健康教育目标的认识。随着对健康认识的不断深入,相应的健康教育与健康促进的任务和内涵也发生变化。

二、课程内容

第一节 健康观
1. 健康的概念
2. 健康观与健康教育和健康促进的发展

第二节 健康的决定因素
1. 健康的影响因素
2. 健康影响因素细分学说

第三节 疾病的自然史
1. 疾病与健康
2. 生命全程健康观与预防的价值
3. 健康与疾病的中间态——亚健康、亚临床状态

三、考核知识点

1. 健康观
2. 健康的决定因素
3. 疾病的自然史

四、考核要求

1. 健康观
(1) 识记:健康的概念及三维健康观的释义。
(2) 领会:现代医学模式——生物、社会、心理医学模式;健康的层次;健康的特性;健康教育与健康促进随着健康观的发展所划分的三个阶段。

2. 健康的决定因素
(1) 识记:健康的四类影响因素。

(2) 领会：生活方式的重要作用。

3. 疾病的自然史

(1) 识记：健康问题、疾病及疾病的自然史、亚健康。

(2) 领会：健康与疾病的动态连续过程，之间没有截然的界限。

(3) 简单应用：疾病或健康问题的"冰山现象"给我们带来的启示。

(4) 综合应用：三级预防在卫生服务中的运用。

第二章　健康教育与健康促进的基本理论

一、学习目的与要求

本章主要介绍健康教育与健康促进的基本概念，健康教育和健康促进的发展历程、基本特征、策略、意义和任务。通过本章的学习，应深刻理解健康教育、健康促进的内涵与特征，了解健康教育与健康促进的发展史，掌握健康教育的目的、策略和重大社会意义。

二、课程内容

第一节　健康教育

1. 健康教育的涵义
2. 健康教育的发展

第二节　健康促进

1. 健康促进的涵义
2. 健康促进的发展历程
3. 健康促进的活动领域
4. 健康促进的基本特征
5. 健康促进的基本策略

第三节　健康教育与健康促进的社会作用和任务

1. 健康教育与健康促进的社会作用
2. 健康教育与健康促进的任务

第四节　健康教育与健康促进的相关学科

三、考核知识点

1. 健康教育
2. 健康促进
3. 健康教育与健康促进的社会作用和任务

四、考核要求

1. 健康教育

(1) 识记：健康教育的概念。

(2) 领会：健康教育的研究领域；健康教育常用的研究方法。健康教育与卫生宣传的区别与联系。

2. 健康促进

（1）识记：健康促进的概念，健康促进所涉及的五个主要活动领域或任务。

（2）领会：健康教育与健康促进的内在联系；《渥太华宣言》指出的健康促进的基本策略；健康促进的核心策略是"社会动员"。

（3）简单应用：健康促进所涉及的五个主要活动领域或任务。

3. 健康教育与健康促进的社会作用和任务

领会：健康教育与健康促进的社会作用和任务。

第三章　行为与健康

一、学习目的与要求

通过本章的学习，应了解人类行为的概念、特点以及人的行为的影响因素，包括自身和环境因素，深刻理解健康相关行为，促进健康行为和危害健康行为的特点，深刻理解健康行为改变的知—信—行模式和健康信念模式，并熟悉行为干预的原理和常用方法。

二、课程内容

第一节　人类行为的特点

1. 行为、行为要素与行为过程
2. 人类行为的生物学基础

第二节　行为的心理影响因素

1. 需要、动机与健康相关行为
2. 认知与健康相关行为

第三节　健康相关行为

1. 促进健康的行为
2. 危害健康行为

第四节　健康相关行为改变理论

1. 国内外健康教育实践中常用的健康相关行为改变理论
2. 知信行模式
3. 健康信念模式
4. 行为变化阶段模式
5. 健康相关行为的干预

三、考核知识点

1. 人类行为的特点
2. 行为的心理影响因素
3. 健康相关行为
4. 健康相关行为改变理论

四、考核要求

1. 人类行为的特点
(1) 识记：行为的概念、行为构成的基本要素。
(2) 领会：人类行为的生物学基础。
2. 行为的心理影响因素
领会：需要、动机、认知与健康相关行为。
3. 健康相关行为
(1) 识记：健康相关行为的概念、促进健康行为的概念、危害健康行为的概念。
(2) 领会：促进健康行为的判断标准和类别。
(3) 简单应用：危害健康行为。
(4) 综合应用：分析影响健康的行为与生活方式。
4. 健康相关行为改变理论
(1) 识记：知信行模式的概念、健康信念模式的概念。
(2) 领会：知信行模式的内涵；健康信念模式在产生促进健康行为的实践中遵循的步骤；行为变化阶段模式的步骤。健康相关行为的干预和矫正方法。
(3) 简单应用：举例说明各种行为矫正的技术和方法。健康信念模式的实际应用。

第四章　健康心理

一、学习目的与要求

理解健康心理的概念与标准，了解常见心理卫生问题，熟悉心理评估的方法，掌握心理咨询方式和手段。理解心理健康促进的内容和方法，了解健康心理的重要性及现状。

二、课程内容

第一节　健康心理的基本概念
1. 健康心理的研究角度
2. 健康心理的标准
3. 健康心理的现状

第二节　常见心理卫生问题
1. 情绪与健康
2. 个性心理特征与健康
3. 人际关系与健康

第三节　心理健康的评估
1. 心理评估的概念
2. 心理评估的内容
3. 心理评估方法和量表

第四节　心理咨询

1. 心理咨询的概念
2. 心理咨询的意义
3. 心理咨询的方式
4. 心理咨询的原则

第五节　心理健康的促进

三、考核知识点

1. 健康心理的基本概念
2. 常见心理卫生问题
3. 心理健康的评估
4. 心理咨询
5. 心理健康的促进

四、考核要求

1. 健康心理的基本概念
（1）识记：健康心理的概念。
（2）领会：健康心理的标准。
2. 常见心理卫生问题
（1）识记：情绪、个性、气质、性格、人际关系的概念。
（2）领会：情绪对健康的影响；个性心理特征的特点；气质、性格是个性的重要部分，人格特征与疾病有一定的关联。保持良好的人际关系的因素，人际交往的心理障碍及人际交往的原则。
（3）简单应用：健康情绪的培养；A型、B型和C型行为模式与健康。
3. 心理健康的评估
（1）识记：心理评估的概念。
（2）领会：心理评估的内容、心理评估方法。
4. 心理咨询
（1）识记：心理咨询的概念。
（2）领会：心理咨询的方式、心理咨询的原则。
5. 心理健康的促进
领会：心理健康的促进。

第五章　传播与健康教育

一、学习目的与要求

理解健康传播的概念、传播结构与传播关系、影响健康传播效果的因素及对策；理解人际传播概念及特点、大众传播概念及特点；掌握人际传播技巧、熟悉传播的分类；理解健康信息传播的基本类型、特点和优劣。了解开展健康教育信息传播应该注意的问题。

二、课程内容

第一节 健康传播概论

1. 健康传播的发展
2. 与传播有关的基本概念的理论
3. 传播的基本特性与社会功能
4. 传播的分类
5. 传播结构与传播关系

第二节 人际传播

1. 人际传播的概念
2. 人际传播的特点和社会功能
3. 人际传播在健康教育中的应用
4. 人际传播技巧

第三节 大众传播

1. 大众传播的概念及特点
2. 大众传播常见障碍

第四节 影响健康传播效果的因素与对策

1. 健康传播效果
2. 影响健康传播效果的因素与对策

三、考核知识点

1. 健康传播概论
2. 人际传播
3. 大众传播
4. 影响健康传播效果的因素与对策

四、考核要求

1. 健康传播概论

（1）识记：健康信息的概念、健康传播、传播策略的概念、传播模式的概念。人类传播活动的五种基本类型和概念。

（2）领会：信息加工的理论、传播的要素和基本特性、建立传播关系必需依靠共同经验域、契约关系和反馈这三个基本条件。

（3）简单应用：常见的传播模式：拉斯韦尔五因素传播模式、施拉姆双向传播模式。

2. 人际传播

（1）识记：人际传播的概念。
（2）领会：人际传播的特点。
（3）简单应用：健康教育中常用的五种人际传播形式。
（4）综合应用：结合实例掌握人际传播技巧的应用。

3. 大众传播

(1) 识记：大众传播的概念、媒介组合的概念、大众传播常见障碍。
(2) 领会：大众传播的特点，传播媒介的选择原则。
(3) 简单应用：为了提高传播的效果，大众传播媒介的媒介组合。
4. 影响健康传播效果的因素与对策
(1) 识记：健康传播效果。
(2) 领会：影响健康传播效果的因素与对策；健康传播的效果按可达到的难度层次由低向高依次分为四个层次。

第六章　健康促进测量及其评价指标

一、学习目的与要求

了解健康促进测量指标的作用和意义，了解健康状态测量的常用指标，掌握健康促进测量指标的选择应用原则。

二、课程内容

第一节　健康促进测量的指标体系
1. 健康促进测量指标分类及作用
2. 健康促进测量指标体系

第二节　健康促进测量常用指标及意义
1. 生理健康测量指标
2. 心理健康测量指标
3. 健康结果指标
4. 社会健康测量指标
5. 生活质量评价指标
6. 卫生政策指标
7. 社会经济测量指标
8. 卫生服务测量指标
9. 健康行为测量指标

第三节　健康促进测量指标的选择原则

三、考核知识点

1. 健康促进测量的指标体系
2. 健康促进测量常用指标及意义
3. 健康促进测量指标的选择原则

四、考核要求

1. 健康促进测量的指标体系
(1) 识记：在《国家健康促进行动规划框架》中指出的健康促进结果评价的测量指标。

(2) 领会：各类健康测量指标的功能及健康测量指标之间的联系和区别。在实际工作中，常根据需要和可能将多种分类结合起来，以不同的组合形式加以归纳和应用。

2. 健康促进测量常用指标及意义

(1) 领会：健康促进测量常用指标。

(2) 简单应用：常用的健康行为指标有：吸烟率、人均烟草消耗量、经常饮酒者在人群中百分比、人均酒精消耗量及未婚少女怀孕率等。

3. 健康促进测量指标的选择原则

识记：健康促进测量指标的选择应用原则。

第七章 健康促进计划的设计

一、学习目的与要求

掌握开展健康促进的计划设计的原则、模式、步骤。掌握教育诊断的内容及倾向因素、促成因素、强化因素；熟悉社会诊断的内容与方法，流行病学诊断的内容，行为诊断的内容；确定优先项目的基本原则。

二、课程内容

第一节　健康促进计划设计的原则
第二节　健康促进计划设计的模式
1. PRECEDE 阶段。
2. PROCEED 阶段。
第三节　健康促进计划设计的步骤

三、考核知识点

1. 健康促进计划设计的原则
2. 健康促进计划设计的模式
3. 健康促进计划设计的步骤

四、考核要求

1. 健康促进计划设计的原则

领会：掌握制定目标的"5W 和 3H"，健康促进计划设计的原则。

2. 健康促进计划设计的模式

综合应用：PRECEDE—PROCEED 模式，是从最终的结果追溯到最初的起因，包括两个阶段的内容。

诊断阶段或称需求评估内容：
● 社会诊断的概念和主要内容。
● 流行病学诊断的目的。
● 行为与环境诊断。

- 教育与组织诊断：健康行为的影响因素——倾向、促成和强化因素的概念和研究目的。
- 管理与政策诊断。

执行评价阶段：
- 包括执行过程及评价、近期评价、中期评价、结局评价。

3. 健康促进计划设计的步骤

领会：健康促进计划设计程序的七个步骤。确定优先项目的原则和方法、目标人群的分级、健康促进目标的设定要求和分类、制定教育干预策略等。

第八章 健康促进计划的执行

一、学习目的与要求

掌握健康教育与健康促进计划执行的 SCOPE 模式，了解健康教育材料制作的程序，熟悉人员培训的常用方法，了解时间表的用途、内容；质量控制的方法。

二、课程内容

第一节 健康促进计划执行的 SCOPE 模式
1. 制订实施时间表
2. 实施的质量控制
3. 建立实施的组织机构
4. 实施人员的组织与培训
5. 配备实施的材料设备

第二节 健康促进计划执行的要素

第三节 健康促进计划执行中的教育形式
1. 社会教育
2. 城市社区健康教育主要形式
3. 农村社区健康教育主要形式

三、考核知识点

1. 健康促进计划执行的 SCOPE 模式
2. 健康促进计划执行的要素
3. 健康促进计划执行中的教育形式

四、考核要求

1. 健康促进计划执行的 SCOPE 模式

（1）识记：SCOPE 模式，时间表的用途和内容、质量控制的方法、健康促进计划实施所需的健康教育材料及设备物件准备。

（2）简单应用：结合实例掌握健康促进计划执行的 SCOPE 模式，人员培训的常用方法。

2. 健康促进计划执行的要素

领会：健康促进计划执行的要素。

3. 健康促进计划执行中的教育形式

(1) 识记：社会教育、社区卫生服务。

(2) 领会：城市社区健康教育主要形式、农村社区健康教育主要形式。

第九章　健康促进计划的评价

一、学习目的与要求

熟悉健康促进计划的评价，掌握形成评价、过程评价、效应评价、结局评价的内容，效应评价和结局评价的主要指标；熟悉评价的性质；影响评价的因素。

二、课程内容

第一节　概述

1. 评价的概念
2. 评价的性质
3. 评价的目的及意义

第二节　评价的分类

1. 按评价内容分类
2. 按评价研究方法分类
3. 按评价时间分类
4. 按世界卫生组织推荐的分类方法
5. 按评价的主体分类
6. 按评价的形式分类

第三节　评价的基本程序

1. 确定和阐明目标
2. 明确定义和测量标准
3. 进行预评价和正式评价
4. 资料收集
5. 资料分析
6. 结果报告和建议

第四节　评价的内容

1. 形成评价
2. 过程评价
3. 效果评价
4. 结局评价
5. 综合评价

第五节　影响评价的因素

1. 历史因素（时间因素）
2. 测试或观察因素

三、考核知识点

1. 概述
2. 评价的分类
3. 评价的基本程序
4. 评价的内容
5. 影响评价的因素

四、考核要求

1. 概述

(1) 识记：评价、健康促进计划的评价的概念。

(2) 领会：评价的性质。

2. 评价的分类

(1) 识记：评价的分类方法。

(2) 领会：评价不同的分类方法的各自内容。

3. 评价的基本程序

(1) 识记：评价的基本程序。

(2) 领会：选择指标应考虑的特征，遵循的原则。

(3) 简单应用：资料的获取途径。

4. 评价的内容

(1) 识记：形成评价、过程评价、效果评价、结局评价的概念。

(2) 领会：过程评价的指标；过程评价中的质量控制方法；效果评价的指标、结局评价的指标、综合评价的常用评价方法。

5. 影响评价的因素

识记：影响评价的因素。

第十章　学校健康教育与健康促进学校

一、学习目的与要求

了解学校健康教育的意义，掌握学校健康教育、健康促进的内容和方法。

二、课程内容

第一节　概述

1. 学校健康教育的意义
2. 学校健康教育的现状

3. 学校健康教育的目标与原则
第二节　学校健康教育的内容和方法
1. 学校健康教育内容的选择依据
2. 中小学学校健康教育内容
3. 学校健康教育方法
第三节　学校健康教育的评价
1. 评价方法
2. 评价指标
第四节　健康促进学校
1. 健康促进学校的概念
2. 健康促进学校的内容
3. 健康促进学校的特点和优势
4. 开展健康促进学校创建工作的实施策略

三、考核知识点

1. 概述
2. 学校健康教育的内容和方法
3. 健康促进学校

四、考核要求

1. 概述
（1）识记：学校健康教育的概念。
（2）领会：学校健康教育的意义，全球学校健康教育发展突现的两大主流特点。
2. 学校健康教育的内容和方法
（1）识记：中小学学校健康教育内容。
（2）领会：学校健康教育常用的方法。
3. 健康促进学校
（1）识记：健康促进学校的概念。
（2）领会：健康促进学校的内容。

第十一章　妇女健康教育与健康促进

一、学习目的与要求

妇女是社会的重要组成部分和力量，而且会经历几个特殊时期，妇女健康状况对社会和家庭具有举足轻重的影响。应掌握妇女健康教育尤其是特殊时期的健康教育与健康促进方法。

二、课程内容

第一节 妇女健康教育概述
1. 妇女健康教育的概念
2. 妇女健康教育与健康促进的意义

第二节 妇女健康教育的方法

第三节 妇女健康教育的主要内容
1. 青春期健康教育
2. 婚前健康教育
3. 孕产期健康教育
4. 围绝经期健康教育
5. 老年期妇女健康教育
6. 妇女常见疾病的防治教育
7. 婴幼儿保健知识教育
8. 家庭健康知识教育
9. 妇女劳动保护方面的教育

第四节 妇女健康促进
1. 妇女健康促进目标
2. 妇女健康促进的策略与措施

三、考核知识点

1. 妇女健康教育概述
2. 妇女健康教育的主要内容
3. 妇女健康促进

四、考核要求

1. 妇女健康教育概述
（1）识记：妇女健康教育的概念。
（2）领会：妇女健康教育与健康促进的意义。
2. 妇女健康教育的主要内容
领会：妇女不同时期的健康教育的主要内容。
3. 妇女健康促进
领会：妇女健康促进的目标。

第十二章 老年健康教育与健康促进

一、学习目的与要求

老年健康教育与健康促进是根据老年人的生理、心理和行为特点，对老年人群进行有针对性的健康教育活动。达到提高健康水平、生活质量，促进老年人群的智力开发的目的。

二、课程内容

第一节　概述

1. 老年人和社会人口老化
2. 老年教育和老年健康教育与健康促进

第二节　老年人的生理、心理特点和行为特征

1. 老年人的生理特点
2. 老年人的心理特点
3. 老年人的行为特征

第三节　老年健康教育与健康促进的内容

1. 卫生保健教育
2. 心理卫生教育
3. 老年人的性教育
4. 老年人的死亡教育
5. 老年健康促进

三、考核知识点

1. 概述
2. 老年人的生理、心理特点和行为特征
3. 老年人健康教育与健康促进的内容

四、考核要求

1. 概述

（1）识记：老年健康教育概念。

（2）领会：从生物学、法律学、心理学和社会学的角度领会老年人的界定。老年健康教育意义和任务。

2. 老年人的生理、心理特点和行为特征

领会：老年人的生理、心理特点，不同的行为特征。

3. 老年人健康教育与健康促进的内容

领会：老年人健康教育与健康促进的主要内容。

Ⅲ 有关说明与实施要求

一、健康教育与健康促进自学考试大纲的目的和作用

本大纲是根据专业自学考试计划的要求，结合自学考试的特点而确定的。其目的是为个人自学、社会助学和课程考试命题进行指导和规定。

本大纲明确了健康教育与健康促进课程学习和内容和深度广度，规定了课程自学考试的范围和标准。因此，它是编写自学考试教材和辅导书的依据，是社会助学组织进行辅导的依据，是自学者学习教材、掌握课程内容知识范围和程度的依据，也是进行自学考试命题的依据。

二、健康教育与健康促进自学考试大纲与教材的关系

本大纲与教材所体现的课程内容一致，大纲所要求的课程内容和考核知识点，在教材中均有体现。自学大纲是学生学习和考核的依据，教材是学生系统学习，掌握知识的基本内容与范围的工具。

三、关于自学教材

《健康教育与健康促进》，全国高等教育自学考试指导委员会组编，张竞超主编，北京大学医学出版社，2006年版。

四、关于自学要求和自学方法的指导

本大纲的课程基本要求是依据专业考试计划和专业培养目标而确定的，明确了课程的基本内容，以及对基本内容掌握的程度。基本要求中的知识点构成了课程内容的主体部分。因此，课程基本内容掌握程度、课程考核知识点是高等教育自学考试考核的主要内容。

在自学要求中，对各部分内容掌握程度的要求由低到高分为四个层次，依次是：了解、知道；理解、清楚；掌握、会用；熟练掌握。

为有效的指导个人自学和社会助学，本大纲已指明了课程的重点和难点，在各章的基本要求中也指明了各章的内容的重点和难点。

"健康教育与健康促进"是高等教育自学考试食品营养与健康专业（独立本科段）的专业基础必考课程，占5.0学分。

对自学方法的指导：

1. 首先应更新观念、强化意识　自学应考者应培养以群体为对象的健康教育与健康促进的观念，顺应生物—社会—心理医学模式的转变要求。明确健康教育与健康促进在群体健康中的重要地位和作用。

2. 系统学习，重点把握　本课程各部分既有内在联系，又有各自特点，自学者应系统学习课程内容，融会贯通，全面把握课程的基本概论、基本原理和基本方法。

3. 联系实际，善于应用　健康教育与健康促进是一门理论性和实践性很强的学科，而且涉及多学科的基本理论和方法，所以，学生在掌握健康教育与健康促进的理论基础上，应联系本人的实际工作，学会将基本理论、基本原理和基本方法与实际工作，如营养师、营养咨询、人群营养干预等联系起来，把实际工作提高到理论水平上来。

五、对社会助学的要求

社会助学应本着辅助自学应考者系统全面的掌握本课程内容的原则，帮助自学应考者采用正确的学习方法，提高自学能力；要帮助自学应考者正确对待本课程内容的重点与一般的关系，系统的领会健康教育与健康促进的理论框架，可结合实际，为学员提供案例，提高学员理论联系实际的能力。

六、对考核内容和考核目标的说明

1. 本课程要求考生学习和掌握的知识点内容都作为考核的内容。课程中各章的内容均由若干知识点组成，即考核知识点。所以，课程自学考试大纲中所规定的考试内容是以分解为考核知识点的方式给出的。

2. 由于各知识点在课程中的地位、作用以及知识自身的特点的不同，自学考试将对各知识点分别按四个能力层次确定其考核要求。四个能力层次由低向高依次为：识记；领会；简单应用；综合应用。

识记：要求考生能够对大纲中的知识点，如概念、原理、知识的涵义、原则等有清晰明确的认识，并能正确认识或识别。

领会：要求考生在识记的基础上，能把握本课程的基本概念、基本原理和基本方法，清楚它与有关知识点的联系和区别，并能做出正确的表述和解释。

简单应用：要求考生在领会的基础上，能够运用本课程中各部分的少数的几个知识点，分析和解决一般的理论问题或实际问题。

综合应用：要求考生在简单应用的基础上，运用学过的多个知识点，综合分析和解决稍复杂的理论和实际问题。

七、关于考试命题的若干规定

1. 本课程考试命题，应根据考试大纲规定的内容和目标，确定考试范围和考核要求。命题不应有超出大纲中考核知识点范围的题，考核目标不得高于大纲中所规定的相应的最高能力层次要求。不可任意扩大或缩小考试范围，也不可任意提高或降低考核要求。试题应覆盖本课程各部分及各章节的内容，并适当突出重点章节的内容。

2. 命题应着重考核自学者对基本概念、基本知识和基本理论的掌握情况，对基本方法是否会用或熟练。不应出与基本要求不符的偏题或怪题。

3. 本课程在试卷中对不同能力层次要求的分数比例大致为：识记占20%，领会占30%，简单应用占30%，综合应用占20%。

4. 要合理安排试题的难易程度，试题的难度可分为易、较易、较难和难四个等级，在试卷中的不同难度试题的分数比例为2∶3∶3∶2。

5. 本课程考试采用笔试方法，考试时间为150分钟。

6. 试卷的主要题型有名词解释、填空题、单项选择题、多项选择题、简答题、论述题和应用题。在命题工作中必须按照本课程大纲中所规定的题型命制，考试试卷使用的题型可以略少，但不能超出规定。

附录 题型举例

一、单项选择题（每小题列出的四个备选项中只有一个是符合题目要求的，请将正确选项前的字母填在题后的括号内）

1. 下列哪个因素是影响健康的最主要因素　　　　　　　　　　　　　　　[　]
   A. 生物学因素　　　　　　B. 环境因素
   C. 卫生服务系统　　　　　D. 行为与生活方式
2. 早发现、早诊断、早治疗属于　　　　　　　　　　　　　　　　　　　[　]
   A. 一级预防　　　　　　　B. 根本性预防
   C. 二级预防　　　　　　　D. 三级预防

二、多项选择题（每小题列出的五个备选项中至少有两个是符合题目要求的，请将正确选项前的字母填在题后的括号内，多选、少选、错选均无分）

1. 人际传播的特点　　　　　　　　　　　　　　　　　　　　　　　　　[　]
   A. 不需要任何非自然媒介　　B. 交流的双方可以互为传播者和受传者
   C. 有益于提高传播的针对性　D. 人际传播的速度快
   E. 信息容易走样
2. 健康相关行为改变理论中应用于个体水平的理论包括　　　　　　　　　[　]
   A. 知信行模式　　　　　　B. 健康信念模式
   C. 创新扩散理论　　　　　D. 紧张和应对互动模式
   E. 行为变化阶段模式

三、填空题
1. 大众传播常见障碍有讯息障碍、_____、_____和心理障碍。
2. 健康传播效果按可达到的难度层次由低向高依次分为四个层次，它们是：知晓健康信息、_____、_____和采纳健康的行为和生活方式。

四、名词解释
1. 促进健康行为
2. 健康促进

五、简答题
1. 简述"五因素传播模式"的内容。
2. 说明健康教育与健康促进的内在联系。

六、论述题
1. 论述健康观与健康教育和健康促进的发展关系。
2. 影响健康传播效果的因素与对策。

七、综合应用题
1. 请拟定一份某社区防治高血压病的健康促进规划。
2. 如要开展某特定人群的健康促进，如何从健康促进所涉及的五个主要活动领域开展工作。

后 记

《健康教育与健康促进自学考试大纲》是根据全国高等教育自学考试营养食品与健康专业（独立本科段）考试计划的要求，由医药学类专业委员会组织编写。

《健康教育与健康促进自学考试大纲》由张竞超副教授编写。天津医科大学汪培山教授担任主审，天津医科大学汤乃军教授、北京大学常春副教授、天津市医学高等专科学校董宣副教授，对本大纲进行了审定。

《健康教育与健康促进自学考试大纲》最后由医药类专业委员会审定。编审人员付出了辛勤劳动，特此表示感谢。

全国高等教育自学考试指导委员会
医药类专业委员会
2006年3月